本报告的出版得到
国家重点文物保护专项补助经费资助

新疆文物考古研究所丛刊之二

新疆下坂地墓地

新疆文物考古研究所　编著

文物出版社

封面设计 周小玮
责任印制 陈 杰
责任编辑 杨新改

图书在版编目（CIP）数据

新疆下坂地墓地／新疆文物考古研究所编著．—北京：文物出版社，2012.11

ISBN 978－7－5010－3606－6

Ⅰ．①新…　Ⅱ．①新…　Ⅲ．①墓葬（考古）－发掘报告－塔什库尔干塔吉克自治县　Ⅳ．①K878.85

中国版本图书馆 CIP 数据核字（2012）第 258049 号

新 疆 下 坂 地 墓 地
新疆文物考古研究所 编著

*

文物出版社出版发行
（北京东直门内北小街 2 号楼）
http://www.wenwu.com
E-mail:web@wenwu.com
北京盛天行健印刷有限公司印刷
新 华 书 店 经 销
889×1194 1/16 印张：15
2012 年 11 月第 1 版 2012 年 11 月第 1 次印刷
ISBN 978－7－5010－3606－6　定价：220.00 元

Xiabandi Cemetery in Xinjiang

Compiled by

Xinjiang Institute of Cultural Relics and Archaeology

Cultural Relics Press

目　录

插 图 目 录

青铜时代墓葬

汉唐时期墓葬

明清时期墓葬

彩版目录

第一章　绪　言

第一节　地理环境

下坂地墓地位于新疆喀什地区塔什库尔干塔吉克自治县班迪乡辛迪村和下班迪村境内。墓地因大部分位于下班迪村境内而得名。下班迪村位于塔什库尔干河与班迪沟交汇处南侧塔什库尔干河一级河谷台地上，西南距县城约40千米；辛迪村位于下坂地村东北约5千米处，地处塔什库尔干河与辛迪沟交汇处塔什库尔干河北岸二级台地上（图一）。

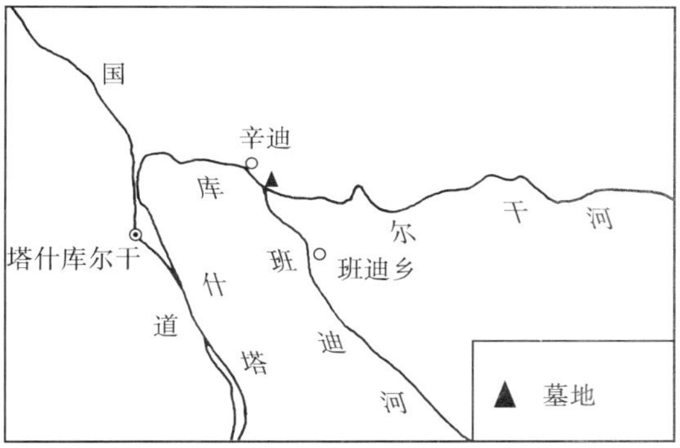

图一　下坂地墓地位置示意图

塔什库尔干塔吉克自治县地处新疆西南边陲，东北与喀什地区的莎车、疏附、皮山等县毗邻，西、南与塔吉克斯坦、阿富汗、巴基斯坦、印度等国接壤，总面积达67624平方千米。

塔什库尔干塔吉克自治县地处帕米尔高原东端，平均海拔高度在3000米以上。地势南高北低，并从西向东倾斜。境内有世界第二高峰——喀喇昆仑峰（海拔8611米）和著名的冰山之父——慕士塔格峰（海拔7546米）。诸山间河谷地带的海拔高度也多在3000米以上。高山上终年积雪，冰川众多。主要河流有叶尔羌河及其支流塔什库尔干河。

帕米尔高原古称葱岭，帕米尔地区自古以来是东西交通的要冲，对于中西经济、文化交流起着非常重要的作用。汉唐时期横贯亚洲大陆的“丝绸之路”就是通过帕米尔高原向西北延伸，直达大月氏、康居、安息及黑海之滨等地。

帕米尔高原气候属于高原山区温寒干旱气候。冬长夏短，四季不分明，高山上多终年不化的积雪、冰川。终年降水量少，空气干燥，植被稀少。气压低，光照充足，紫外线辐射强。

塔什库尔干河经塔什库尔干县城东继续北流，于什曼大拐弯处折向东。流经辛迪村附近北有辛迪沟水来汇。又东流约5千米，南有班迪沟沟谷内流水来汇。最后于大同乡的其盖里克附近汇入叶尔羌河。河水主要是源自高山冰雪融化的雪水。河流上游人迹罕至，在这一带雪线以下属于高山草场，山间河谷地带散布少量牧场、畜牧点。河流中游两岸台地宽阔，黄土堆积比较厚，加之灌溉方便，是宜牧宜农的理想场所。全县大部分的牧场和可耕地集中在这一带。农作物主要是小麦、青稞和马铃薯等。

下坂地水利枢纽工程所在地的塔什库尔干河段，两岸高山山势高耸，罕有植物生长。河谷狭窄，最宽处不过2千米。两岸台地多呈东西向条带状分布，并且支离破碎，发育不全。河谷内现有居民点两处，附近有少许可耕地。

第二节 历史沿革

塔什库尔干县境内有众多的古文化遗存，迄今为止已发现各类遗址、墓葬等110余处。1983年在吉日尕勒发现一处旧石器时代的遗迹①，说明早在距今六七千年以前就有人类在帕米尔高原地区生存。1976～1977年在香宝宝墓地发掘40座春秋战国时期的墓葬②，表明至迟春秋战国时期就有人长期在此定居生活，并形成一定的规模。

据《汉书·西域传》记载，公元前后，帕米尔地区有无雷、难兜、休循、捐毒、蒲犁、依赖等国。公元前60年（汉神爵二年）归属于西域都护管辖③。三国时期，休循、捐毒等并入疏勒，归曹魏设置的西域戊己校尉管辖。南北朝时期，本地区的渴盘陀国向北魏遣使朝贡，接受北魏的招抚。隋朝时西域相率来朝贡的凡三十余部，因设西域校尉以应接之。唐代在西域先后设立北庭、安西两大都护府，在于阗以西、波斯以东共设置十六个都督府、八十个州、一百一十个县、一百二十六个军府以管辖广大的西域地区。唐政府还在朅盘陀（今塔什库尔干）设葱岭守捉。唐以后这里又相继归喀喇汗王朝、西辽管辖。元朝初年归入成吉思汗次之察合台汗国领地。元朝建立后为别失八里属境，由元朝宣慰司（后改为元帅府）直接管辖。明代以后别失八里部经常朝贡。清朝时归喀什噶尔参赞大臣管辖④。

塔什库尔干县共有塔吉克、吉尔吉斯、维吾尔、汉、回等多个民族。由于地广人稀，平均每平方千米不足3人。

第三节 发掘经过

2001年，为了配合塔里木河流域综合治理项目之一——下坂地水利枢纽工程的建设，新疆文物考古研究所及喀什地区文物管理所等单位联合对分布于塔什库尔干河南、北两岸水库淹没区内的遗址进行了调查。共发现墓地13处⑤。除BⅣ号墓地（阿发司流沟墓地）为1989年全疆文物普

---

① 新疆维吾尔自治区博物馆、北京自然博物馆、新疆维吾尔自治区地质局测绘大队联合考察队：《塔什库尔干县吉日尕勒旧石器时代遗址调查》，《新疆文物》1985年第1期。

② 新疆社会科学院考古研究所：《帕米尔高原古墓》，《考古学报》1981年第2期。

③ 《汉书·西域传》。

④ 《钦定大清一统志》卷四百二十；甘肃师范大学历史系编：《帕米尔资料汇编》，1978年。

⑤ 郭建国：《塔什库尔干下坂地水库区文物调查》，《新疆文物》2002年第3、4期合刊。

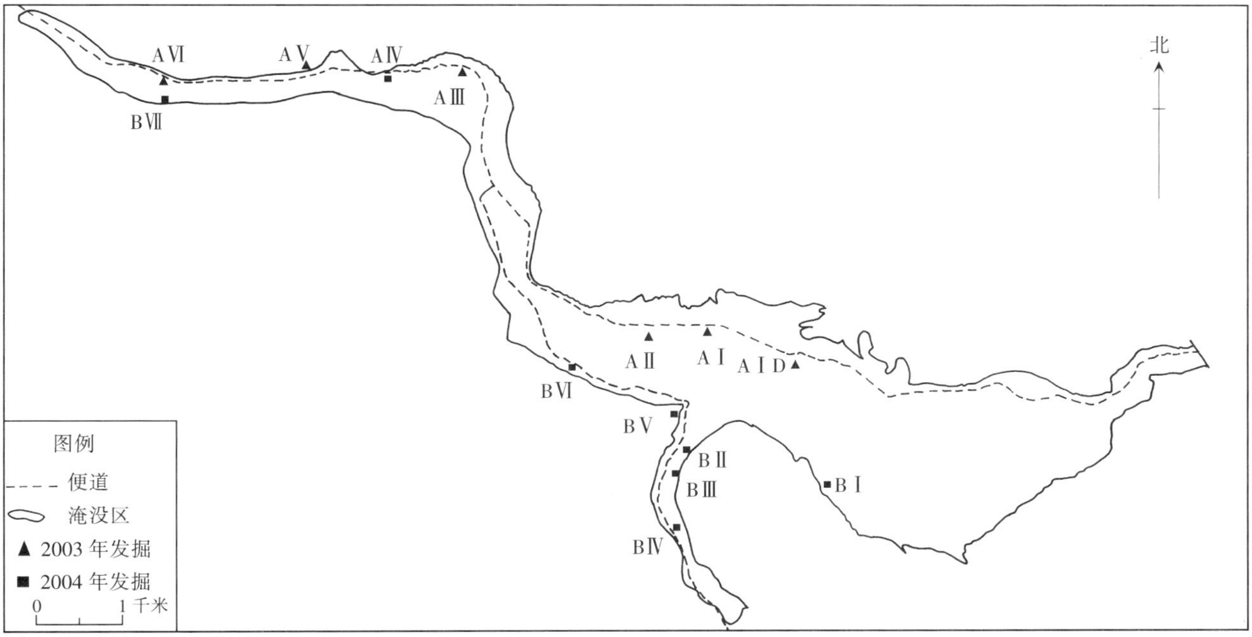

图二　下坂地墓地分布示意图

查时发现之外，其余均为此次调查发现的。2003 年，在墓地发掘工作进行期间，在 AⅠ号墓地东约 1 千米处又发现一座被破坏的墓葬，编号为 AⅠD 墓地。

14 处墓地零散分布在东西长约 8、南北宽约 2 千米的狭长河谷地带内，其中河北岸 7 处，自东向西依次编号为 AⅠD、AⅠ~AⅥ号墓地；河南岸 7 处，自东向西依次编号为 BⅠ~BⅦ号墓地（图二）。墓葬分布具有大分散小集中的特点，每处墓地的墓葬数量也不等，多的上百座，少的仅 1 座。

2003 年 8~9 月，新疆文物考古研究所对塔什库尔干河北岸 AⅠD、AⅠ~AⅢ、AⅤ、AⅥ号等六处墓地进行考古发掘，共发掘墓葬 147 座。另外，在 AⅡ号墓地南部发现清代驿站遗址 1 处，房址 2 座；在 AⅤ号墓地北发现清代驿站遗址 1 处。墓地发掘工作结束后对上述 2 处驿站遗址进行了调查，对其中 2 座房址进行了清理。

2004 年 5~6 月，对 AⅣ、BⅠ~BⅦ号等八处墓地进行发掘，共发掘墓葬 31 座。

两次共发掘小型墓地 14 处（彩版一至三），墓葬 178 座，但是只有 150 座墓葬有墓室或者遗物，其余 28 座地表有封堆，但无墓室，也无遗物出土。其中：

AⅠD 墓地有墓葬 1 座；AⅠ号墓地 17 座中 8 座地表有封堆，但无墓室，也无遗物出土，实有墓葬 9 座；AⅡ号墓地 114 座中 AⅡM64~AⅡM67 为空号，4 座地表有封堆，但无墓室，也无遗物出土，实有墓葬 106 座；AⅢ号墓地 2 座中 1 座地表有封堆，但无墓室，也无遗物出土，实有墓葬 1 座；AⅤ号墓地 7 座中 4 座地表有封堆，但无墓室，也无遗物出土，实有墓葬 3 座；AⅥ号墓地 6 座地表有封堆，但无墓室，也无遗物出土；BⅠ号墓地有墓葬 11 座；BⅣ号墓地 4 座中 1 座地表有封堆，但无墓室，也无遗物出土，实有墓葬 3 座；BⅤ号墓地有墓葬 7 座；BⅥ号墓地有墓葬 6 座；BⅦ号墓地有墓葬 3 座。

14处墓地中，AⅣ、BⅡ、BⅢ等3处墓地地表散布少量陶片等遗物，经过布方发掘，证实这3处墓地没有墓葬，也没有任何文化层堆积；AⅥ号墓地虽然有封堆，但是无任何文化现象。因此，排除AⅣ、AⅥ、BⅡ和BⅢ等4处墓地，下坂地墓地实际上有小型墓地10处，墓葬150座（图三至七）。

发掘前，我们根据各个小墓地的具体分布及地层堆积情况，制定了具体的发掘计划。例如对AⅠ、AⅡ、AⅢ、AⅤ、AⅥ及BⅦ等六处墓地，由于墓葬分布区具有地表散落石头多、部分墓葬地表封堆比较明显的特点，发掘时即以独立封堆为单位进行地上部分的发掘，即先保留比较明显

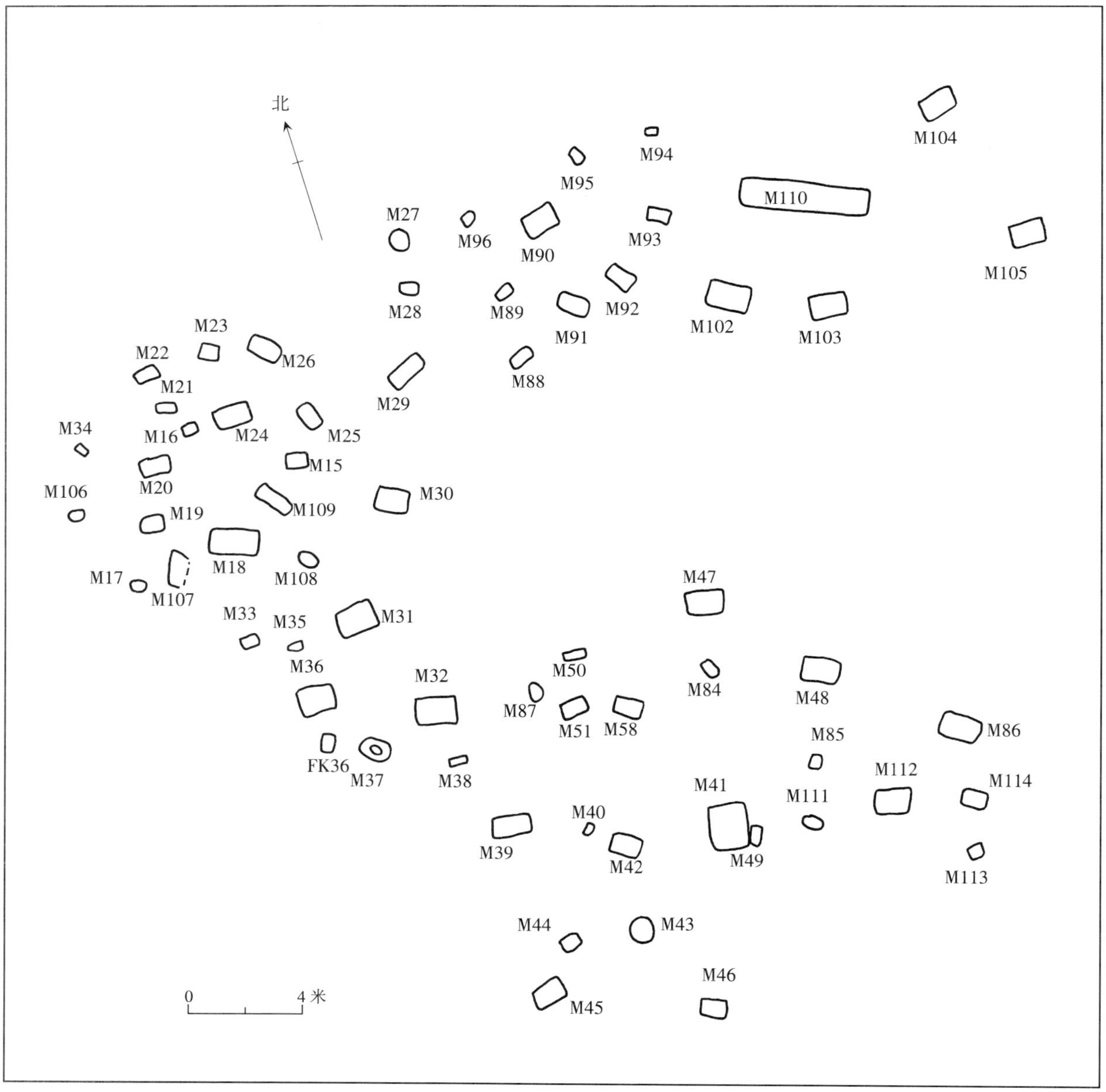

图三　AⅡ号墓地墓葬分布图（局部）

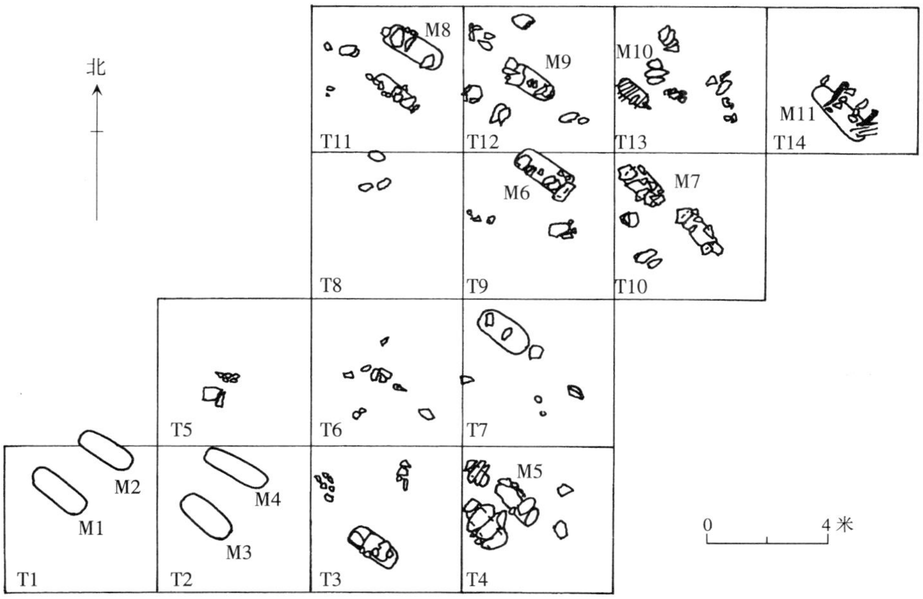

图四　BⅠ号墓地墓葬分布图

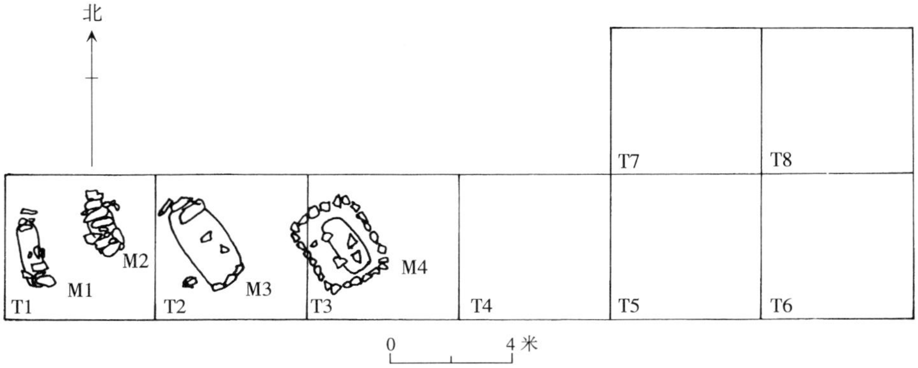

图五　BⅣ号墓地墓葬分布图

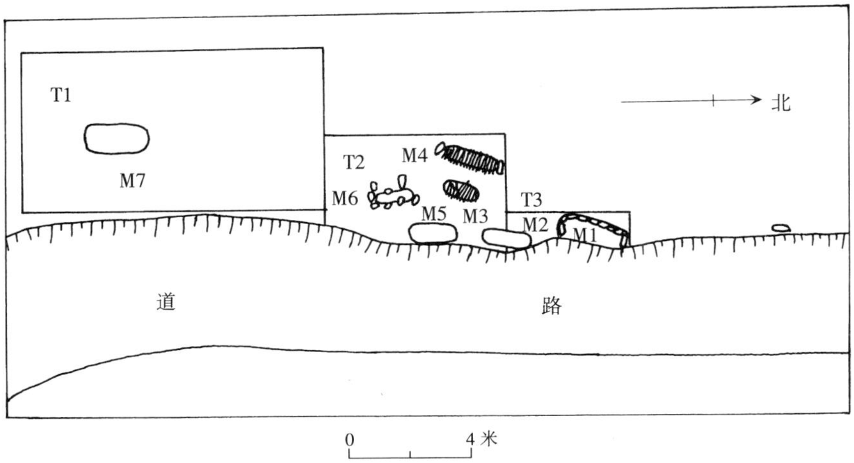

图六　BⅤ号墓地墓葬分布图

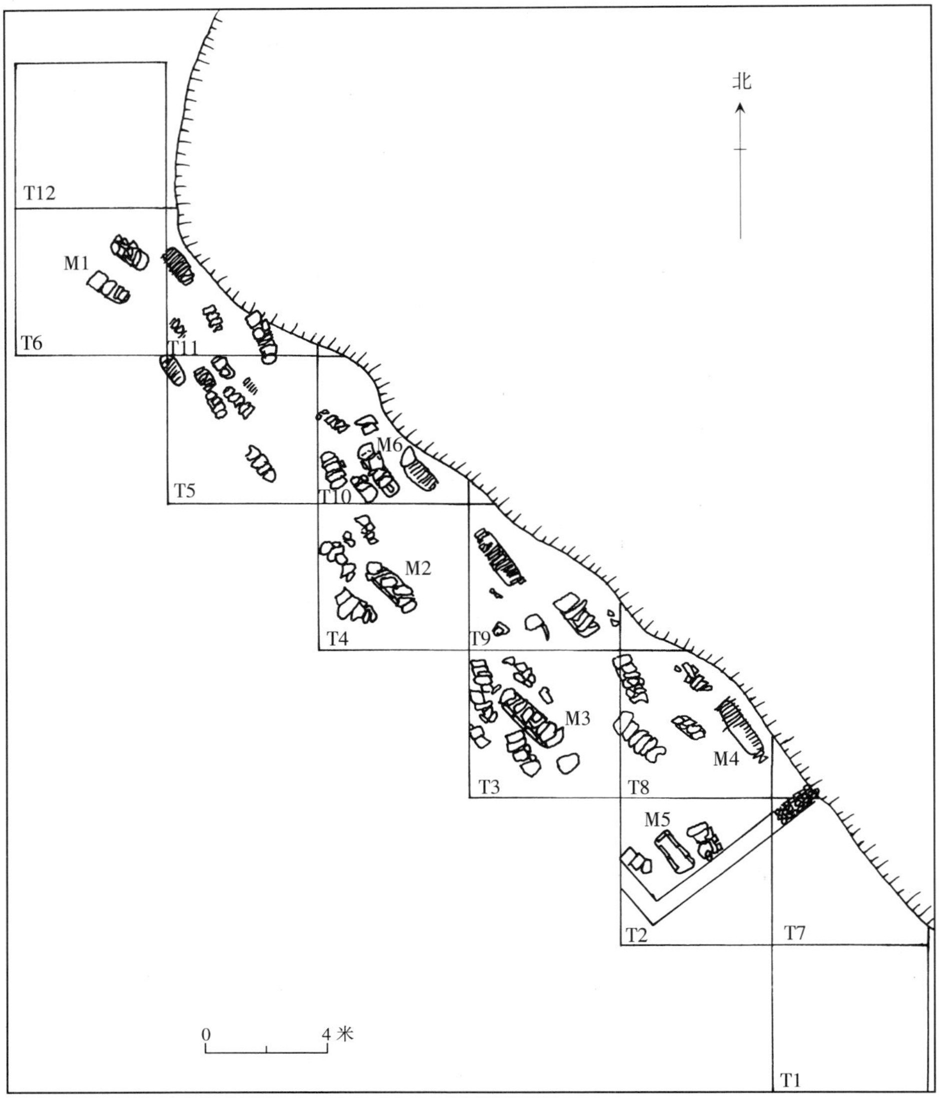

图七　BⅥ号墓地墓葬分布图

的封堆，对封堆间地表上散落的石头甄别判断，如果石头漂浮于地表之上、排列又无规律，就将石头和现代表土层一并清理，直至原生黄土层暴露为止；如果石头排列有一定规律则一律予以保留。最后将整个墓地地表完全暴露，将墓葬分布情况弄清楚，以墓为单位逐一进行发掘清理；对于BⅠ、BⅣ、BⅤ、BⅥ等四处墓地，由于墓葬地表特征不明显，我们采用探方法进行发掘。探方以5米×5米为主，方向取正北。个别墓地如BⅤ号墓地西依山崖、东临河，整体呈南北向长条形分布的特点，个别探方呈南北向的长方形。

上述10处墓地地层堆积均比较薄，现代层直接压在封堆或原生地层之上，各墓之间缺少叠压打破关系。

第二章　墓葬概述

下坂地墓地150座墓葬大致分属于青铜时代、汉唐和明清三个时期，其中青铜时代墓葬主要分布在AⅡ号墓地，AⅠD墓地仅有的1座墓葬（AⅠDM1）也可归于青铜时代，该时期共有墓葬92座；汉唐墓葬主要分布在AⅠ、AⅡ、AⅤ墓地等3处，共有墓葬27座；明清墓葬主要分布在AⅢ、BⅠ、BⅣ、BⅤ、BⅥ、BⅦ等6处墓地，共有墓葬31座。

第一节　青铜时代墓葬

共92座墓葬，可分为土葬墓和火葬墓两大类。其中土葬墓74座（含土、火葬共存2座），编号为AⅠDM1、AⅡM1、AⅡM4～AⅡM6、AⅡM8、AⅡM10～AⅡM12、AⅡM15、AⅡM16、AⅡM18～AⅡM22、AⅡM24～AⅡM26、AⅡM28～AⅡM32、AⅡM35、AⅡM36、AⅡM38～AⅡM49、AⅡM51～AⅡM56、AⅡM58、AⅡM59、AⅡM61、AⅡM84、AⅡM85、AⅡM87～AⅡM105、AⅡM107、AⅡM109、AⅡM112～AⅡM114、AⅡM116；火葬墓18座，编号为AⅡM7、AⅡM9、AⅡM14、AⅡM17、AⅡM23、AⅡM27、AⅡM33、AⅡM34、AⅡM37、AⅡM50、AⅡM57、AⅡM62、AⅡM63、AⅡM86、AⅡM106、AⅡM108、AⅡM110、AⅡM111。

一　土葬墓

1. 地表标志

74座土葬墓中大部分墓葬地表有封堆标志。除1座墓葬（AⅠDM1）破坏严重、形制不明外，余73座按形制可分为石（土）堆、石围、石围石堆和无标志等四种。

（1）石（土）堆

计16座，即AⅡM1、AⅡM4、AⅡM5、AⅡM10～AⅡM12、AⅡM16、AⅡM35、AⅡM38、AⅡM40、AⅡM52、AⅡM54、AⅡM56、AⅡM58、AⅡM59、AⅡM61。除AⅡM12为黄土堆成、表面散布少许岩石块外，余均为石堆。石堆多较低矮，形状不规整。最大一座石堆直径6、高0.4米。所用石头除少部分是取自河里的卵石外，大部分是取自附近山上的黑褐色页岩。

（2）石围

计32座，即AⅡM19～AⅡM22、AⅡM24、AⅡM25、AⅡM28、AⅡM31、AⅡM32、AⅡM42、AⅡM44～AⅡM49、AⅡM53、AⅡM55、AⅡM84、AⅡM85、AⅡM87～AⅡM91、AⅡM93～AⅡM95、AⅡM102～AⅡM105。石围是用石块在墓室四周地面上摆放一圈而成。石头多水平放置，平面多呈长方形，部分呈方形或圆形。规模较小，长、宽大多在1～2米之间，最大一座石围直径约3米。

（3）石围石堆

计10座，即AⅡM6、AⅡM8、AⅡM15、AⅡM18、AⅡM36、AⅡM41、AⅡM92、AⅡM112～AⅡM114。石围石堆是在墓室四周地面上摆放一圈石块后再在上面堆石。石围直径一般在1.5～3米之间，石堆直径稍大于石围。

（4）地表无标志

计15座，即AⅡM26、AⅡM29、AⅡM30、AⅡM39、AⅡM43、AⅡM51、AⅡM96～AⅡM101、AⅡM107、AⅡM109、AⅡM116。地表没有明显的封堆标志，有的仅仅是在地面上凌乱放着几块石头。

2. 墓葬形制

（1）墓室结构

一般一座墓葬只有一个墓室，多室墓仅2座（AⅡM5、AⅡM52）。最多的一座墓葬（AⅡM5）封堆下有4个墓室。74座墓中除AⅡM10无墓室、AⅠDM1因墓室被毁形制不明外，余72座墓均为竖穴。其中AⅡM103足端一侧墓壁向外掏挖进去约0.46米，形成一个足龛。

（2）墓室平面形状

按墓室的平面形状可分为四种，即圆角长方形、长方形、椭圆形和圆形。

圆角长方形占绝对多数，计有61座，即AⅡM1、AⅡM4、AⅡM5A①、AⅡM6、AⅡM8、AⅡM11、AⅡM12、AⅡM15、AⅡM16、AⅡM18～AⅡM22、AⅡM24～AⅡM26、AⅡM28～AⅡM32、AⅡM35、AⅡM36、AⅡM38～AⅡM42、AⅡM44～AⅡM49、AⅡM52A、AⅡM53～AⅡM55、AⅡM58、AⅡM59、AⅡM61、AⅡM84、AⅡM85、AⅡM88～AⅡM94、AⅡM97、AⅡM99、AⅡM102～AⅡM105、AⅡM109、AⅡM112～AⅡM114。

长方形次之，计有6座，即AⅡM51、AⅡM56、AⅡM95、AⅡM96、AⅡM107、AⅡM116。

椭圆形计有3座，即AⅡM87、AⅡM100、AⅡM101。

圆形计有2座，即AⅡM43、AⅡM98。

（3）墓室尺寸

墓室比较小，长度一般为1～1.4米，最长的达1.9米，最短的约0.5米；宽度多为0.7～0.9米，最宽的近1.3米，最窄的仅0.3米多；深度多为0.3～1米，最深的近1.1米，最浅的仅0.3

① 多室墓的墓室形状按主要墓室（A）统计。

米左右。一般是成年人墓墓室较大，未成年人墓墓室较小。

（4）墓向

绝大多数墓葬墓向为北偏西，有一部分为南偏西，极个别的为东向。

3. **葬式葬具**

74 座土葬墓中有 8 座不见人骨、1 座墓墓室内放置动物骨骼，其余 65 座墓葬出土人骨 75 具。多单人葬，个别墓室内放置 2～3 具人骨。AⅡM5 和 AⅡM52 封堆下有多个墓室，每个墓室内放置人骨 1～2 具。

墓葬葬式比较复杂，主要可以分为四种。

（1）人骨完整，摆放方式清楚。

计 64 具。其中 52 具为单人一次葬；10 具为双人合葬，合葬墓有的是成人之间合葬，有的是成人和婴幼儿合葬，还有的是人与骨殖合葬；AⅡM18 为三人合葬，上层两具人骨为一次葬，下层为单人二次葬。其又可以分为两种。

①侧身屈肢葬

54 具。为土葬墓中的主要葬式，均为一次葬。部分人骨上半身呈半侧身状态。墓主蜷曲较甚，头及上身弯曲，双臂屈曲，手多置于头、颈、胸及身体两侧；还有一部分墓主人双手抱膝或双手合抱于胸前。下肢多呈上下重叠放置，两腿交叉的现象较少，屈曲较甚，大部分墓主人腹、大腿和小腿贴在一起，更有甚者膝与下颌贴在一起。多左向侧身，右向侧身较少。其中：

单人侧身屈肢一次葬 48 具，即 AⅡM4、AⅡM5A、AⅡM15、AⅡM16、AⅡM19～AⅡM22、AⅡM24、AⅡM26、AⅡM28、AⅡM30、AⅡM35、AⅡM39、AⅡM42、AⅡM43、AⅡM45～AⅡM48、AⅡM51、AⅡM52B、AⅡM54～AⅡM56、AⅡM61、AⅡM84、AⅡM85、AⅡM87、AⅡM89～AⅡM101、AⅡM103、AⅡM104、AⅡM105、AⅡM107、AⅡM113、AⅡM114。

双人侧身屈肢一次合葬 4 具，即 AⅡM29、AⅡM52A（2 具）、AⅡM102。其中 AⅡM29 和 AⅡM102为人骨与骨殖合葬。

三人合葬 2 具，即 AⅡM18 上层。

②俯身屈肢葬

8 具。俯身，四肢屈曲于腹部，呈跪式。部分人骨呈半俯身状态。其中单人一次葬 4 具：AⅡM6、AⅡM8、AⅡM32、AⅡM40；双人合葬 4 具：AⅡM31（2 具）、AⅡM36（2 具）。

（2）有头骨，其他骨骼散乱不完整。

计 3 具，即 AⅡM5C、AⅡM5D、AⅡM18 下层。AⅡM5C 和 AⅡM5D 为单人葬，AⅡM18 为三人合葬。应为二次葬。

（3）无头骨，其他骨骼散乱不完整。

计 8 具，即 AⅡM1、AⅡM5B、AⅡM12、AⅡM25、AⅡM41、AⅡM88、AⅡM109、AⅡM112。均单人葬。骨骼大量缺失，有的仅存几根小骨头。应为二次葬。

（4）无人骨。

计 8 座，即 AⅡM10、AⅡM38、AⅡM44、AⅡM49、AⅡM53、AⅡM58、AⅡM59、AⅡM116。墓室内不见人骨，个别墓室内放置陶器等遗物。

大部分墓葬没有葬具，只有少数墓葬有简单的葬具，如棚木、石盖板和木框架等。有的墓葬墓口盖一层木头、石板或铺一层草，墓底铺一层草。

4. 随葬品放置情况

随葬品数量较少，大部分墓葬仅随葬 1 件遗物。从随葬品的位置来看，陶器、木器多置于人头部附近，极少部分置于胸前、腹部或足底。铜耳环、手镯、足链等多出自墓主人头、手腕和足髁部，属于墓主人的随身装饰品。个别尸体保存较好，呈半干尸状，身上尚存少许皮靴、绢衣等服饰残片。

二　火葬墓

1. 地表标志

火葬墓 18 座，地表标志按形制可分为石堆、石围、石围石堆、石棺和无标志等五种。石围、石堆、石围石堆的构筑方式与土葬墓相同。

（1）石堆

计 6 座，即 AⅡM9、AⅡM14、AⅡM37、AⅡM57、AⅡM62、AⅡM63。石堆多较低矮，形状不规整。最大一座石堆长 33.2、宽 9.1 米。

（2）石围

计 2 座，即 AⅡM17、AⅡM110。规模均较小，长、宽大多在 1～2 米之间，最大一座石围长 5.7、宽 2.4 米。

（3）石围石堆

计 1 座，即 AⅡM86。

（4）地表无标志

计 3 座，即 AⅡM7、AⅡM106、AⅡM108。

（5）石棺

计 6 座，即 AⅡM23、AⅡM27、AⅡM33、AⅡM34、AⅡM50、AⅡM111。石棺是用大块片石在地面上垂直插立一圈而成，西北开口。石棺平面多呈长方形、椭圆形。石棺比较小，最大一座长 1.5、宽 1.2 米。石棺底部有一小墓室。

2. 墓葬形制

（1）墓室结构

一般每座墓只有一个墓室。根据墓室结构将其可分为竖穴火葬墓和石棺火葬墓两种。

竖穴火葬墓 12 座，即 AⅡM7、AⅡM9、AⅡM14、AⅡM17、AⅡM37、AⅡM57、AⅡM62、

AⅡM63、AⅡM86、AⅡM106、AⅡM108、AⅡM110。其中AⅡM57靠北侧墓壁斜放一块大片石，片石外侧和墓室南部被火烧过而发红；AⅡM86墓室用土和石块重新改建过。

竖穴石棺墓6座，即AⅡM23、AⅡM27、AⅡM33、AⅡM34、AⅡM50、AⅡM111。

（2）墓室平面形状

按墓室的平面形状可分为四种，即圆角长方形、长方形、椭圆形和圆形。

圆角长方形计有6座，即AⅡM7、AⅡM23、AⅡM33、AⅡM34、AⅡM50、AⅡM57。

长方形计有2座，即AⅡM62和AⅡM110。

圆形计有2座，即AⅡM9、AⅡM63。

椭圆形计有8座，即AⅡM14、AⅡM17、AⅡM27、AⅡM37、AⅡM86、AⅡM106、AⅡM108、AⅡM111。

（3）墓室尺寸

墓室大小相差悬殊，圆角长方形和长方形竖穴墓较大，长度一般为1.2～1.5米，最长一座长度超过30米；宽度多为0.7～1米，最宽的近1.2米；深度多为1米左右。

圆形和椭圆形竖穴墓墓室比较浅小，长径一般为0.4～0.8米，短径一般为0.4～0.7米。

（4）墓向

墓向以西北—东南向居多，西南—东北向较少。

3. 葬式葬具

18座火葬墓的埋葬方式有两种，即在墓室内火化后直接掩埋和火化后拣拾大块骨殖重新掩埋。

第一种，在墓室内火化后直接掩埋。计有15座，即AⅡM7、AⅡM9、AⅡM14、AⅡM17、AⅡM23、AⅡM27、AⅡM33、AⅡM34、AⅡM37、AⅡM50、AⅡM57、AⅡM63、AⅡM106、AⅡM108、AⅡM111。墓室内堆积大量灰烬、木炭、骨灰等遗物。部分墓室内残留少量未燃尽的木棍。

第二种，火化后拣拾大块骨殖重新掩埋。计有3座，即AⅡM62、AⅡM86、AⅡM110。墓室不是直接火化场所，里面只放置拣选干净的大块骨殖。有的墓室内放置2～4堆骨殖。

4. 随葬品放置情况

大部分墓葬无随葬品，实行第一种埋葬方式的墓葬多无随葬品出土，只有个别墓葬在火化时将随葬品一同放入烧掉。一些陶器因被火烧过而酥化成粉末，铜手镯则被火烧得变形。还有一部分墓葬回填时在墓口放置一只完整羊或一块羊肉。实行第二种埋葬方式的墓葬与土葬墓一样，墓室内放入陶、木、铜器等随葬品，最多的一座墓葬出土随葬品20余件（组）。

三　随葬品

92座青铜时代墓葬中75座墓葬有随葬品出土。共出土陶、木、铜、银器等156件（组）。

随葬品以陶器为大宗，木器次之，还有少量铜、银、皮革制品及纺织品等。其中陶器87件、陶片6件、铜器21件（组）、银器2件、木器24件、皮制品3件、纺织品3件、动物骨骼10件。

器物缺乏组合，器类单一。绝大部分墓葬只随葬1件陶器，只有AⅡM62出土陶、铜、木器等随葬品20余件。未成年人墓内多放置1件陶罐底。铜耳环、戒指、手镯和足链等装饰品均出于女性墓内。

1. **陶器**

出土陶器的墓葬有64座，共出土陶器87件；另有4座墓出6件陶片。陶器均为夹砂陶，陶色不匀，多为灰褐或红褐色皮灰胎。少量器物陶色呈红色，器表施咖啡色陶衣。手制，器形不规整，部分器物上有刮抹痕。多素面，纹饰较少，个别陶罐上有简单的戳印圆点纹、三角刻划纹等纹饰。多为实用品，器物表面多残留有烟炱、污垢，器内亦有污垢。有的陶罐内盛有羊肉等食物。部分陶器器形较小，制作较粗糙，无使用痕，可能属于明器一类。

最常见的器形是陶束颈罐，其次是陶双耳罐、陶釜、陶钵、陶碗和陶杯等。多平底器，圜底器较少。

陶束颈罐　40件。侈口，束颈，鼓腹，饼状平底，边沿外侈。部分陶罐肩部有一道折棱。

陶双耳罐　1件。侈口，束颈，鼓腹，圜底。颈部有双系耳。

陶釜　4件。形体较大。口部特征较丰富，口或敛、或侈，束颈，鼓腹，腹比较深，圜底。其中2件釜肩腹部有横鋬耳。

陶钵　2件。敞口，浅弧腹，圜底。

陶杯　16件。手制。器形较小，不规整。敞口，深腹，平底或者圜底。

陶碗　10件。敞口，浅斜腹，平底。

陶罐底　14件。仅存陶罐下腹部及器底部分。

2. **木器**

木器24件。器形主要有木钵、带柄木勺、木单耳杯、木盘、木铲、木结具和木片等。器形较大的盘、钵、杯等均是用一截木板或木柱刳挖而成。绝大部分为横向刳挖，只有一件为顺着木纹纵向刳挖。

木盘　15件。保存较差，多酥朽。器形多不规整。敞口，口沿宽窄不等，浅腹，圜底或平底。

木钵　2件。敛口或敞口，浅鼓腹，圜底。

带柄木勺　1件。敞口，浅腹，圜底，一侧有一只短鋬耳。

木单耳杯　3件。敞口，深腹或鼓腹，平底或圜底，口沿下有一只长柄或桥形耳。

木铲　2件。长方形，顶端有短柄。

木结具　1件。哑铃型。

此处还出土木片3件。

3. **铜器**

铜器21件（组）。均为小件装饰品，器形主要有耳环、手镯、戒指、足链、铜泡和铜珠等。

铜耳环　6件。较具特色。是用一根细铜丝弯曲成圆环形。耳钩较尖细，耳坠部分系将铜丝捶成三角形薄片后卷曲成喇叭形。耳钩前端伸入喇叭口内。

铜手镯　7件。用一条宽铜片弯曲成圆环形。铜片剖面呈月牙状弧形，较宽、厚。这种形制的手镯较罕见。

铜戒指　2件。用铜丝或窄铜条弯曲而成。有的绕两匝。

铜足链　2组。由各类铜珠串成。最长一条足链有铜珠近50枚。

铜泡　2件。平面呈圆形，剖面呈弧形。无纽。

铜珠　2件（组）。圆环形，剖面为椭圆形。

4. **银器**

2件。出自同1座墓，为一对银耳环。形制与铜耳环相同，为喇叭形。

5. **皮制品**

3件。均为浅腰皮靴。靴底、腰均用一张完整的皮子制成。

6. **纺织品**

3件。均为墓主人身上衣服残片。

7. **动物骨骼**

10件。主要是羊的骨骼，有羊头、羊肋骨、脊椎骨、趾骨等。这些都是墓内随葬的羊肉类食物腐烂后的残余部分。有一座墓放置1只完整的黄毛羊，有一座墓出马牙。

青铜时代墓葬中只有3座墓存在不同器类的陶器共存的现象，即：AⅡM18为双耳罐和钵、釜共存；AⅡM31为束颈罐、碗共存；AⅡM62为束颈罐、杯共存。但是在上述三组共存关系中，共存的对象完全不同，缺乏固定的组合形式和演变规律。

第二节　汉唐时期墓葬

共27座墓葬，有土葬墓和火葬墓两大类。其中土葬墓22座，编号为AⅠM8～AⅠM10、AⅠM14、AⅠM15、AⅠM17、AⅡM13、AⅡM68、AⅡM70、AⅡM72～AⅡM74、AⅡM77～AⅡM83、AⅡM115、AⅡM117、AⅤM6；火葬墓5座，编号为AⅠM12、AⅠM13、AⅠM16、AⅤM1、AⅤM4。

一　土葬墓

1. **地表标志**

22座土葬墓大部分墓葬地表有封堆标志。按形制可分为石堆、石围和无标志等三种。

（1）石堆

石堆多较低矮，形状不规整。最大一座石堆直径9.5、高0.6米。所用石头除少部分是取自河里的卵石外，大部分是取自附近山上的黑褐色页岩。

石堆墓计10座，即AⅠM8、AⅠM9、AⅡM13、AⅡM68、AⅡM70、AⅡM72～AⅡM74、AⅡM117、AⅤM6。

（2）石围

计3座，即AⅠM10、AⅠM14、AⅠM15。平面多呈长方形，部分呈方形或圆形。最大一座石围长3、宽1.8米。

（3）地表无标志

计9座，即AⅠM17、AⅡM77～AⅡM83、AⅡM115。

2. 墓葬形制

（1）墓室结构

除AⅤM6外，余21座墓每座墓葬只有一个墓室。墓室形制高度统一，除1座（AⅡM13）为竖穴偏室墓外，余均为竖穴墓。

（2）墓室平面形状

按墓室的平面形状可分为五种，即圆角长方形、长方形、椭圆形、圆形和竖穴偏室。

圆角长方形计有9座，即AⅠM8、AⅠM10、AⅠM14、AⅡM70A、AⅡM77～AⅡM80、AⅡM117。

长方形次之，计有6座，即AⅠM15、AⅠM17、AⅡM68、AⅡM72、AⅡM73、AⅡM115。

椭圆形计有2座，即AⅠM9、AⅡM74。AⅠM9墓室内有卵石垒砌的石室1座。

圆形计有3座，即AⅡM81～AⅡM83。

竖穴偏室计有1座，即AⅡM13。竖穴为圆角长方形，偏室位于竖穴北壁下部。

（3）墓室尺寸

墓室多比较狭长，长度一般为2米左右，最长的达2.9米，最短的不足0.8米；宽度多为0.5～1米,最宽的近1.5米，最窄的仅0.5余米；深度多为0.3～1米，最深的近1.8米，最浅的仅0.3米。一般是成年人墓葬墓室较大，未成年人墓葬墓室较小。

（4）墓向

绝大多数墓葬墓向为北偏西，有一部分为南偏西或者向东。

3. 葬式葬具

22座土葬墓中只有11座有人骨，余11座墓墓室内不见人骨。多为单人葬，双人合葬仅1座。其葬式主要可以分为五种，除第一种为一次葬外，余为二次葬。

（1）人骨完整，摆放方式清楚。

计4具。其中2具为单人一次葬；双人葬2具，为上下重叠放置。其葬式又可以分为仰身直肢葬和仰身上屈肢葬两种。

①仰身直肢葬

3具。其中单人仰身直肢一次葬1具，即AⅠM10；双人仰身直肢葬2具，即AⅠM14。

②仰身上屈肢葬

1具，即AⅡM117。仰身，下肢向右上方弯曲，双手置于身侧。

（2）只缺头骨，其他骨骼完整无散乱。

仅1具（AⅠM8）。为单人仰身直肢葬。

（3）头骨移位不在正常位置，其他骨骼完整无散乱。

计3具：AⅠM15、AⅡM13、AⅡM77。均单人葬，葬式为仰身直肢葬。

（4）有头骨，其他骨骼散乱不完整。

计1具（AⅡM115）。

（5）无头骨，其他骨骼散乱不完整。

计3具：AⅡM78、AⅡM80、AⅡM81。骨骼大量缺失，有的仅存几块小骨头。均单人葬。

另有11座墓无人骨，即AⅠM9、AⅠM17、AⅡM68、AⅡM70、AⅡM72～AⅡM74、AⅡM79、AⅡM82、AⅡM83、AⅤM6。其中AⅡM68、AⅡM72、AⅡM74内出少量动物骨骼，个别墓室内放置陶器等遗物。

有的墓葬墓口盖一层木头或铺一层草，墓底铺一层草。大部分墓葬没有葬具，只有少数墓葬有简单的葬具，如棚木、木棺和石室等。

4. 随葬品放置情况

随葬品数量较少，大部分墓葬仅随葬1件遗物。从随葬品的位置来看，陶器、木器、铁器等置于人头部附近。个别尸身上尚存少许绢衣等服饰残片。

二　火葬墓

1. 地表标志

火葬墓5座，地表标志按形制可分为石堆、石围、石围石堆、石棺和无墓室等五种。

（1）石堆

计1座，即AⅤM1。石堆直径6.55～7.8、高0.55米。

（2）石围

计1座，即AⅠM12。石围长1.8、宽1.7、高0.15米，用碎石块平铺而成。

（3）石围石堆

计1座，即AⅤM4。石堆直径9～13、高0.3米，石围长8.9、宽4.8米。

（4）石棺

计1座，即AⅠM13。

（5）地表无标志

计 1 座，即 AⅠM16。

2. 墓葬形制

（1）墓室结构

5 座火葬墓中有 2 座墓（AⅤM1、AⅤM4）封堆下没有墓室，封堆下有火烧的痕迹，地面发红，并散布少量灰烬、木炭等，其余 3 座墓根据墓室结构将其可分为竖穴墓和石棺墓两种。

竖穴火葬墓 2 座，即 AⅠM12、AⅠM16。

石棺火葬墓 1 座，即 AⅠM13。

（2）墓室平面形状

按墓室的平面形状可分为圆角长方形、长方形、椭圆形三种。

圆角长方形计有 1 座，即 AⅠM13。

长方形计有 1 座，即 AⅠM12。

椭圆形计有 1 座，即 AⅠM16。

（3）墓室尺寸

墓室规格很小，长度一般为 0. 8 ~ 1 米之间，宽度多为 0. 8 米左右，深度 0. 3 米左右。

3. 葬式葬具

4 座火葬墓的埋葬方式均为在墓室内火化后直接掩埋。墓室内没有葬具。

4. 随葬品放置情况

火葬墓罕有随葬品出土，仅在 AⅤM4 封堆下出土石锥、陶片和动物骨骼等少量遗物。

三　随葬品

27 座墓葬中仅有 12 座出土随葬品，共出土陶、木、石、琉璃及铁器等 35 件（组）。

随葬品匮乏，绝大多数墓葬无随葬品，有随葬品的墓葬一般只随葬 1 件器物，只有 AⅡM13 出土木、铁器等随葬品 13 件（组）。

35 件（组）随葬品中陶器 2 件、陶片 5 件、铁器 5 件、木器 6 件、复合器 3 件、石器 1 件、琉璃器 1 件、葫芦器 1 件、纺织品 3 件、动物骨骼 7 件、植物种子 1 件（组）。

1. 陶器

仅有 2 座墓出土陶器，另外 4 座墓出陶片 5 件。陶器均为夹砂陶红陶。手制，器形不规整。素面。器形为罐和釜。

陶罐　1 件。侈口，圆沿，束颈，鼓腹，小平底。

陶釜　1 件。形体较大。敛口，深腹，平底。

2. 木器

6 件。器形主要有木罐、木钵、木盘、木刀鞘。器形较大的罐、盘、钵等均是用一截木板或木柱刳挖而成。绝大部分为横向刳挖，只有一件为顺着木纹纵向刳挖。

木盘　1件。直口，平沿，浅腹，平底。

木罐　1件。侈口，圆沿，束颈，圆肩，鼓腹。

木钵　3件。敛口或敞口，浅鼓腹，圜底。

木刀鞘　1件。残，由两片木板对扣而成。

3. 铁器

5件。均出于AⅡM13。残损严重，有的已经看不出形状。主要有铁刀、铁镞等。

铁刀　2件。仅存刃部，平面呈柳叶形，双面刃或单面刃。

铁镞　2件。已锈蚀。其中1件为三翼形，铤较长，铤插于芦苇质箭杆中。

4. 复合器

3件。均出于AⅡM13。主要有弓、弓箙、马鞍，其中弓、弓箙残损严重。

马鞍　1件。残损严重，仅存少量鞍桥、鞍身及铁片等。木质鞍身，前鞍桥直立，边沿贴一圈铁条，后鞍桥斜翘。马镫缺失。

5. 石器

1件。为石锥。用黑色石头磨制而成。上部呈三棱形，下部尖圆。

6. 琉璃器

1件。为1粒琉璃珠。球形，中间有对钻孔。

7. 葫芦器

1件。用葫芦下半部分加工而成。束颈，鼓腹。

8. 纺织品

3件。均为墓主人身上衣服残片。

9. 动物骨骼

7件。主要是羊的骨骼，有羊头、羊肋骨、脊椎骨、趾骨等，这些都是墓内随葬的羊肉类食物腐烂后的残余部分。有一座墓放置1匹完整的马。

10. 植物种子

1组4枚。为核桃，均出自AⅡM13。

第三节　明清时期墓葬

共31座墓葬，编号为AⅢM2、BⅠM1～BⅠM11、BⅣM1、BⅣM2、BⅣM4、BⅤM1～BⅤM7、BⅥM1～BⅥM6、BⅦM1～BⅦM3。

一　地表标志

有5座墓葬地表封堆标志明显，26座墓葬地表标志已经坍毁。按形制可分为石堆、石围、石围石堆和地表无标志等四种。

（1）石堆

计1座，即AⅢM2。石堆平面呈圆形直径16、高1.8米。全部由沙砾石堆成。

（2）石围

计3座，即BⅦM1～BⅦM3。规模均较小，长在3.2～4.5、宽在1.3～1.6米之间，高0.35～0.4米。

（3）石围石堆

计1座，即BⅣM4。长3.1、宽2.5、高0.6米。

（4）地表无标志

计26座，即BⅠM1～BⅠM11、BⅣM1、BⅣM2、BⅤM1～BⅤM7、BⅥM1～BⅥM6等。

二　墓葬形制

（1）墓室形制

31座墓葬可以分为竖穴、竖穴石室和竖穴土坯三种。

竖穴23座，即AⅢM2、BⅠM1～BⅠM11、BⅣM1、BⅣM2、BⅣM4、BⅤM2、BⅤM3、BⅤM5～BⅤM7、BⅦM1～BⅦM3。

竖穴石室3座，即BⅤM1、BⅤM4、BⅥM6。石室是用片石或扁平卵石在墓室内贴墓壁垒砌一封闭或半封闭的石围。

竖穴土坯5座，即BⅥM1～BⅥM5。墓室内用土坯垒砌一个封闭的土坯围。土坯皆平放，每壁有土坯三至四层。

（2）墓室平面形状

按墓室的平面形状可分为圆角长方形和椭圆形两种。

圆角长方形占绝对多数，计有30座，即BⅠM1～BⅠM11、BⅣM1、BⅣM2、BⅣM4、BⅤM1～BⅤM7、BⅥM1～BⅥM6、BⅦM1～BⅦM3。

椭圆形仅1座，即AⅢM2。

（3）墓室尺寸

墓室长度一般为1.8～2.4米，最长的达2.6米，最短的仅0.8米；宽度多为0.7～0.9米，最宽的近1米，最窄的仅0.42余米；深度多为0.6～0.9米，最深的近1米，最浅的仅0.3米。一般是成人墓墓室较大，未成年人墓墓室较小。

（4）墓向

墓向比较一致，绝大多数为北偏西，个别为北偏东。

三　葬式葬具

31座墓葬中除BⅦM3无人骨外，其余30座每墓放置人骨1具，葬式可分为四种。

（1）人骨完整，摆放方式清楚。

计26座，即BⅠM1～BⅠM11、BⅣM2、BⅣM4、BⅤM1、BⅤM3、BⅤM4、BⅥM6、BⅤM7、BⅥM1～BⅥM6、BⅦM1、BⅦM2。均单人仰身直肢一次葬，双手或置于腹部或置于身侧，头向北，面向西。

（2）有头骨，其他骨骼散乱不完整。

计1座，即BⅤM5。

（3）无头骨，下肢骨完整，其他骨骼散乱。

计1座，即BⅣM1。葬式为仰身直肢葬。

（4）无头骨，其他骨骼散乱不完整。

计2座，即AⅢM2、BⅤM2。

四　随葬品

31座晚期墓葬中不见随葬品出土，仅在墓地地表和地层中可采集到少量陶器残片。

第三章　墓葬分述

本章分三节，分别对青铜时代的92座墓葬、汉唐时期的27座墓葬和明清时期的31座墓葬以墓地为单元、以墓为单位逐一进行介绍（附表）。如果只有封堆，没有墓室和随葬品等遗迹现象，则不在本章专门介绍，其具体情况可参见附表。

第一节　青铜时代墓葬

共92座墓葬，其中AⅠD墓地1座，AⅡ号墓地91座。

一　AⅠD号墓地

位于AⅠ号墓地东约2千米处。塔什库尔干河北岸一处黄土崖下。地势比较陡峭，崖下即为河滩地。发掘期间，水库建设方在修建库区简易公路时，于崖下推出1座墓葬。

AⅠDM1

（1）墓葬形制

墓葬已经被完全推毁，堆土中露出少量半腐败人骨残骸、布片和芦苇草等随葬品。经过清理，堆土中出陶罐底1件。

（2）随葬品

2件。

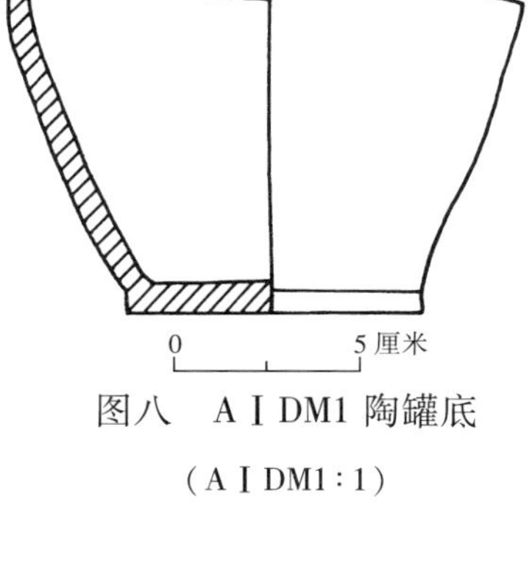

图八　AⅠDM1陶罐底
（AⅠDM1∶1）

陶罐底　1件（标本AⅠDM1∶1）。夹砂灰陶。鼓腹，平底。外壁有烟炙，罐内有一层棕色污垢。底径8.1、残高9.8厘米（图八；彩版四，1）。

皮靴　1件（标本AⅠDM1∶2）。出土时穿在墓主人脚上。已残。用皮革缝制成。靴面用两片皮革缝合成，形似二接头。靴腰较矮，正面开口，上面缝一片皮片正好将开口盖住。两侧各有两小孔，内穿细皮绳用于系扎。鞋底双层，底层皮革较厚，局部破损，并用皮片修补过；内层皮革较薄。

二　AⅡ号墓地

AⅡ号墓地位于AⅠ号墓地西约700米处。地理坐标为北纬37°50.001′，东经75°26.252′，从塔什库尔干县城至下坂地水库大坝及大同乡的简易公路从墓地北侧经过。

墓地地处塔什库尔干河北岸一级台地上。地势北高南低，地表遍布戈壁砂砾，生长有少许耐旱植物。台地中东部有一条东西向狭长的黄土台地，大部分墓葬集中分布在台地上面；台地西南部有一片低矮山丘，山丘间黄土地上分布着少许墓葬。台地南部有一些近现代塔吉克族坟地。在最南端临河山嘴上有一座驿站遗址；墓地西北部河滩地上有两座废弃的石头房址。AⅡ号墓地共发掘墓葬114座，实有墓葬106座（见图三；见彩版一，2、3）。

大部分墓葬地表有封堆标志，按形制可分为石堆、石围、石围石堆、石棺和无标志等五种。按埋葬方式可将墓葬分为土葬墓和火葬墓两种。

土葬墓大部分封堆下都有墓室。一般一座封堆下只有一个墓室，多个墓室的较少。最多的一座封堆下有4个墓室。墓室均为竖穴。平面多为圆角长方形，长方形、椭圆形、圆形较少。墓向以西向为主，少部分东向。部分墓葬墓口棚木、盖草或盖一层石板。葬具少，有的墓有木框式葬具，墓底铺一层草。多单人葬，多人葬较少。其中多人葬又可以细分为双人合葬、三人合葬及人与骨灰合葬等几种。葬式较丰富，以一次葬为主，二次葬次之。其中一次葬又可细分为侧身屈肢葬和俯身屈肢葬等两种。随葬品多置于人头部附近，部分置于胸前、腹部或足底。

火葬墓可分为竖穴火葬墓和石棺火葬墓两种类型。如按埋葬方式则可分为在墓室内火化后直接埋葬和火化后拣拾大块骨灰重新埋葬两种。火葬墓内罕有随葬品，部分墓葬在火化时将随葬品一同烧掉，墓中出土的一些陶器因被火烧过而酥化成粉末；铜器扭曲变形。有的墓葬回填时在墓口放置一只羊或一块羊肉。

AⅡM1

（1）墓葬形制

位于墓地东部，AⅡM4之西南。墓葬建于一座低矮的小土堆上。地表有封堆，平面略呈圆形，比较低平。直径10.3、高0.3米。由黄土、岩石块混合堆成（图九）。墓室为圆角长方形竖穴土坑，墓口北高南低，长1.1、宽0.7、深0.18～0.4米。墓向306°。填土为黄沙土。墓底葬一人，性别不明，葬式为二次葬。人骨零乱不完整，在墓室西南角上出少许肋骨、脊椎骨等。人骨旁放置陶束颈罐1件（图一〇；彩版四，2）。

（2）随葬品

1件，为陶器。

陶束颈罐　1件（标本AⅡM1∶1）。夹砂红褐陶，灰胎。手制。侈口，外斜平沿，束颈较短，鼓腹，腹最大径靠上，饼状平底，边沿外侈。颈部有一小孔。口径12.8～13.6、底径7.6～7.9、高13.6厘米（图一〇，1；彩版四，3）。

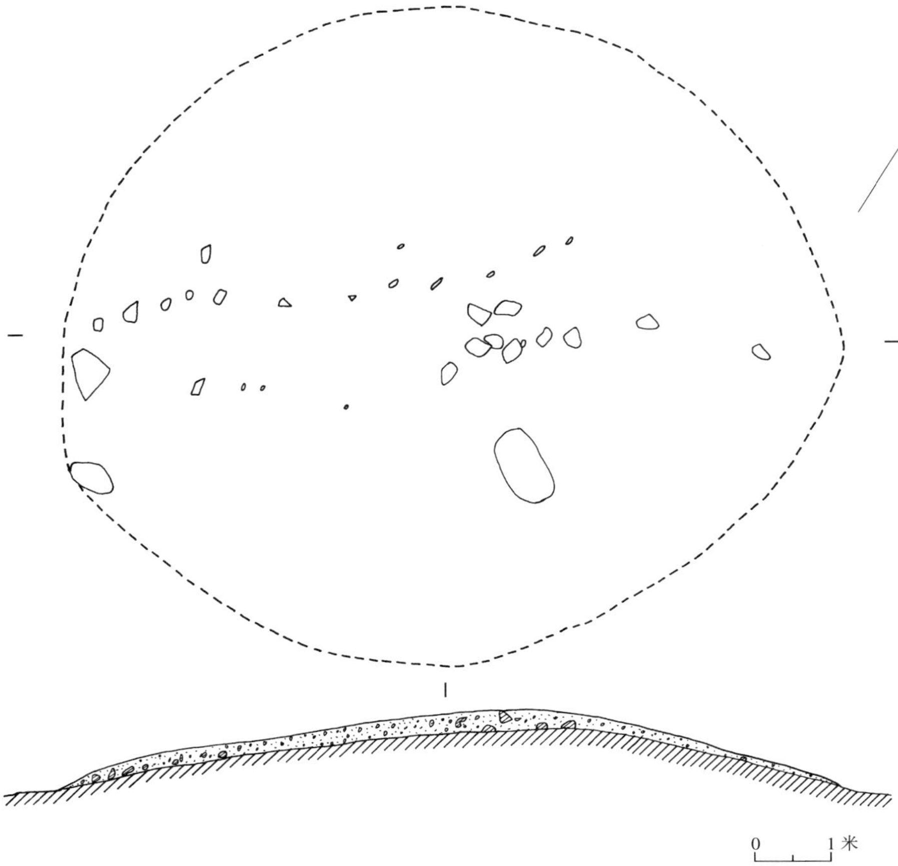

图九　AⅡM1 封堆平、剖面图

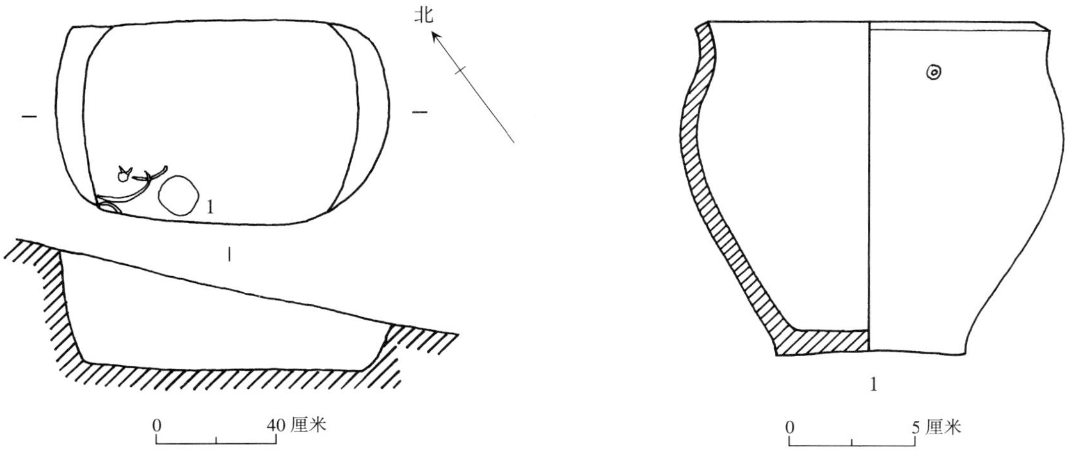

图一〇　AⅡM1 平、剖面图及出土器物

1. 陶罐

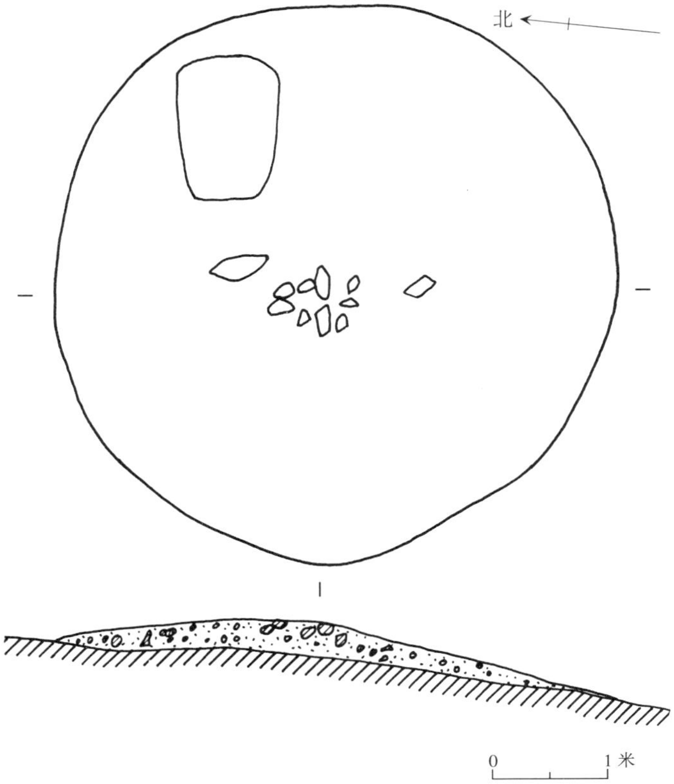

图一一　AⅡM4 封堆平、剖面图

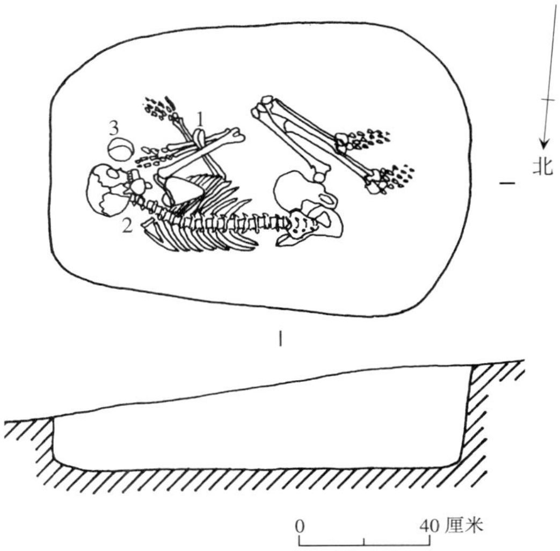

图一二　AⅡM4 平、剖面图及出土器物
1. 铜手镯　2. 铜耳环　3. 陶束颈罐

AⅡM4

（1）墓葬形制

位于AⅡM5之东南。地表有封堆，平面呈圆形，比较低平。直径5、高0.8米。由黄土、岩石块混合堆成（图一一；彩版五，1）。墓室位于封堆东部，为圆角长方形竖穴土坑，长1.3、宽0.45～0.9、深0.14～0.33米。墓向86°。填土为坚硬的黄土。墓底葬一人，为成年女性。葬式为左向俯身屈肢一次葬，头向东，面向南。右臂弯曲，尺、桡骨压在肱骨下，手置于面部；左臂微屈，伸向右臂前方。下肢水平放置，蜷曲很厉害，足踵紧贴臀部。在额前放置陶束颈罐1件，头骨两侧耳部各出铜耳环1件，左、右小臂上各出铜手镯1件（图一二；彩版五，2）。

（2）随葬品

5件，主要是陶、铜器等。

1）陶器　1件。

陶束颈罐　1件（标本AⅡM4∶3）。夹砂红褐陶，陶色不匀，灰胎。手制。侈口，外斜平沿，颈微束，上腹较直，下腹较鼓，饼状平底，边沿微外侈。口径11、底径7.5、高8.6厘米（图一三，1；彩版五，3）。

2）铜器　4件。

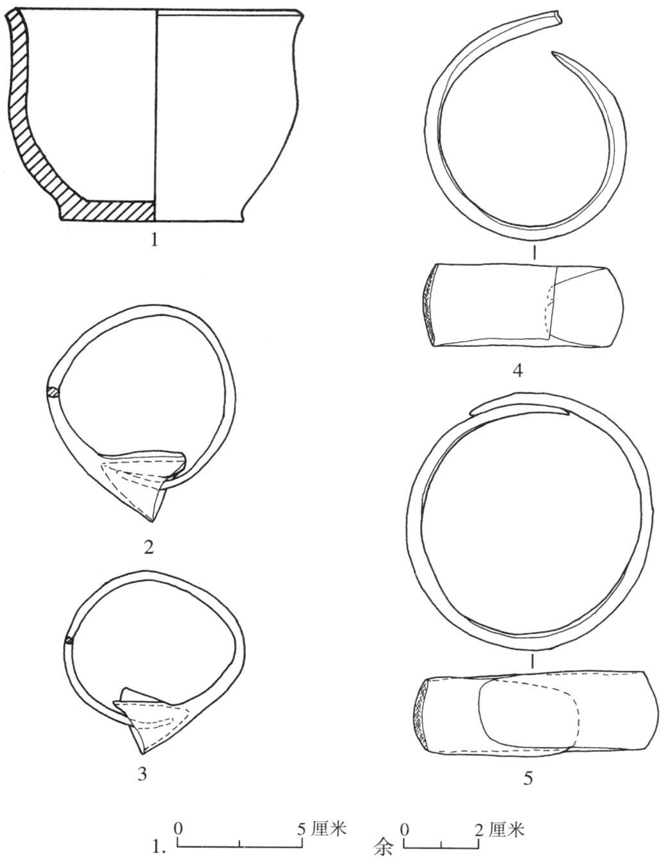

图一三 AⅡM4 出土器物

1. 陶束颈罐（AⅡM4：3） 2、3. 铜耳环（AⅡM4：2（1）、AⅡM4：2（2）） 4、5. 铜手镯（AⅡM4：1（1）、AⅡM4：1（2））

铜耳环 2件。标本AⅡM4：2（1），用一根细铜丝弯曲成圆环形。耳钩较尖细，耳坠呈喇叭形。耳钩前端伸入喇叭口内。耳坠部分系将铜丝捶打成扇形薄片后卷成。喇叭口部接缝闭合。直径5～5.9、丝径0.15～0.5、喇叭口径1.3～1.9厘米（图一三，2；彩版五，4）。标本AⅡM4：2（2），用一根细铜丝弯曲成圆环形。耳钩较尖细，耳坠呈喇叭形。耳钩前端伸入喇叭口内。耳坠部分系将铜丝捶打成扇形薄片后卷成。喇叭口部接缝未完全闭合。直径4.8～5.1、丝径0.15～0.4、喇叭口径1.5～1.7厘米（图一三，3；彩版五，4）。

铜手镯 2件。标本AⅡM4：1（1），用一条铜片弯曲成圆环形，铜片剖面呈月牙状弧形，两端未闭合。直径5.5、宽2.2、厚0.2厘米（图一三，4；彩版五，5）。标本AⅡM4：1（2），用一条铜片弯曲成圆环形，铜片剖面呈月牙状弧形，两端闭合。直径6.5、宽2.2、厚0.2厘米（图一三，5；彩版五，5）。

AⅡM5

（1）墓葬形制

位于AⅡM4之西北。地表有封堆，平面略呈圆形，较低平。直径5.5、高0.3米。由黄土、岩石块混合堆成。封堆下有四个墓室（编号分别为A、B、C、D室）（图一四）。

A墓室位于封堆西南部。埋葬较浅，去掉封土后人骨即暴露。墓室为椭圆形竖穴土坑，长径0.92、短径0.53、残深0.1米。墓向112°。填土为黄土，内含碎草等。墓底葬一人，为婴儿。葬式为左向侧身屈肢一次葬，头向东南，面向西，双臂弯曲，置于胸前，两腿弯曲较甚。右耳部出铜耳环1件（图一五，A）。

B墓室位于封堆南部。墓口纵向放置三根长0.9、直径0.04～0.08米的木棍。墓室为圆角方形竖穴土坑，长0.5、宽0.45、深0.2～0.32米。墓向85°。填土为黄土，内含腐草。墓底葬一婴儿。葬式为二次葬，人骨较零乱，头骨缺失。人骨附近出2块织物残片（图一五，B）。

C墓室位于封堆东部。墓口东南部放置木棍四根，最长一根长0.58、直径0.05米（图一五，

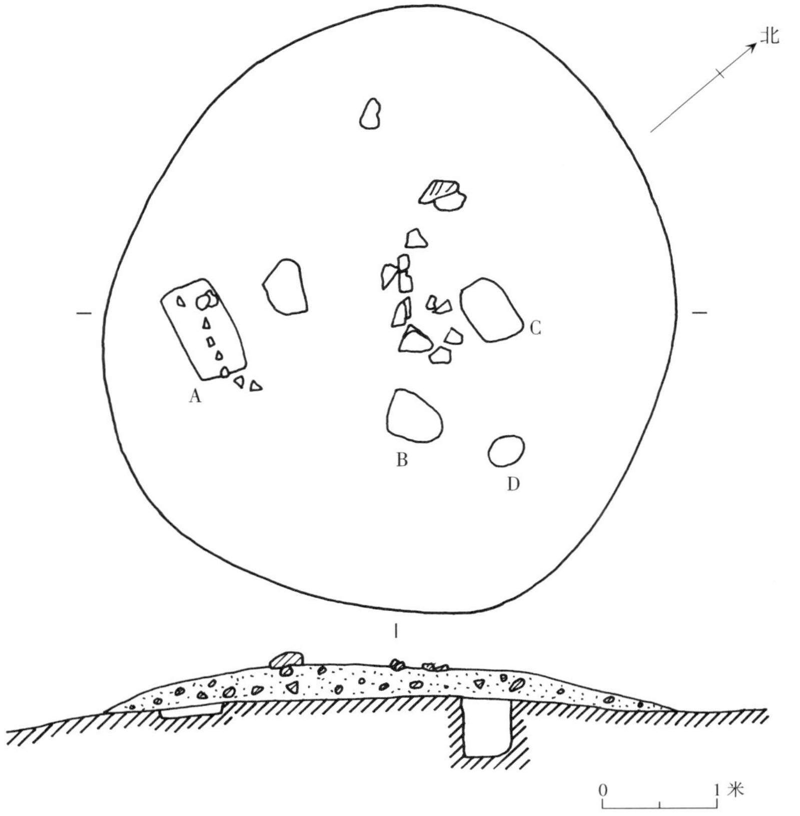

图一四　AⅡM5 封堆平、剖面图

C)。墓室为圆角长方形竖穴土坑，长0.5、宽0.35、深0.42～0.5米。墓向280°。填土为黄土，内含腐草。墓底葬一婴儿。葬式为二次葬，人骨零乱不完整。墓底西部放置陶杯1件（图一五，D）。

D墓室位于封堆东北部。墓口南侧地面上放置陶束颈罐1件。墓室为椭圆形竖穴土坑，长径0.4、短径0.3～0.4、深0.05米。墓向358°。墓室填土为黄沙土。墓底葬一婴儿。葬式为二次葬，人骨零乱不完整（图一五，E）

（2）随葬品

5件，主要有陶、铜器和织物等，其中纺织品残片2块。

1）陶器　2件。

陶束颈罐　1件（标本AⅡM5D∶1）。夹砂红褐陶，陶色不匀，灰胎。手制，外表经过刮磨过，但口沿仍不光滑平整。侈口，圆沿，束颈，鼓腹，腹最大径靠上，下腹较瘦，饼状平底，边沿外侈。外壁有烟炱，内壁有褐色污垢。口径10.5、底径5.5、高11.2厘米（图一六，1；彩版四，4）。

陶杯　1件（标本AⅡM5C∶1）。夹砂红褐陶。手制。敞口，斜腹，饼状平底。表面有烟炱。口径7.5、底径4～4.5、高5.2厘米（图一六，2；彩版四，5）。

2）铜器　1件。

铜耳环　1件（标本AⅡM5A∶1）。用一根细铜丝弯曲成圆环形。耳钩较尖细，耳坠呈喇叭形。耳钩

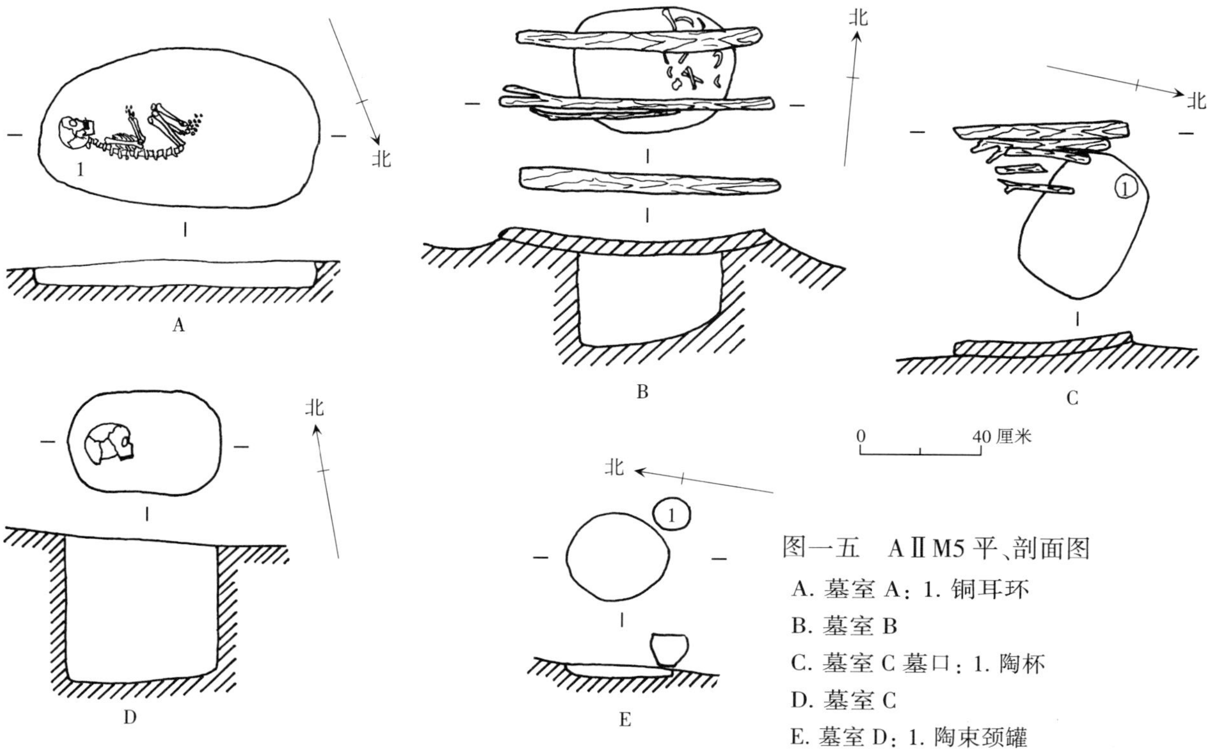

图一五　AⅡM5平、剖面图

A. 墓室A：1. 铜耳环
B. 墓室B
C. 墓室C墓口：1. 陶杯
D. 墓室C
E. 墓室D：1. 陶束颈罐

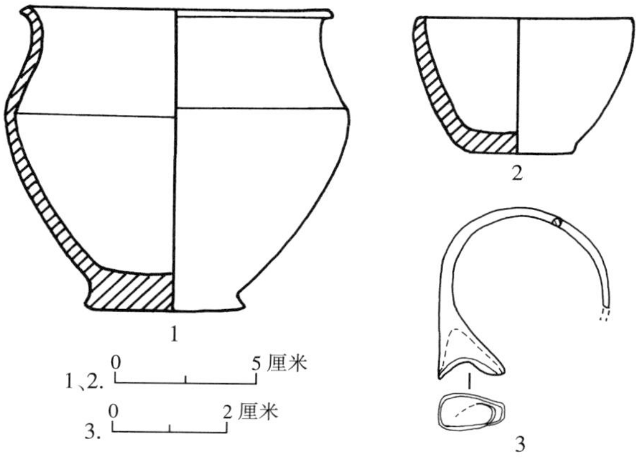

图一六　AⅡM5出土器物

1. 陶束颈罐（AⅡM5D：1）　2. 陶杯（AⅡM5C：1）
3. 铜耳环（AⅡM5A：1）

前端伸入喇叭口内。耳坠部分系将铜丝捶打成扇形薄片后卷成。喇叭口部接缝未完全闭合。直径4、丝径0.1～0.5、喇叭口径0.9～1.6厘米（图一六，3）。

AⅡM6

（1）墓葬形制

位于AⅡM5之东北，AⅡM8西，AⅡM7南，AⅡM9西南（图一七）。地表有封堆，平面略呈圆形，直径6、高0.4米。由黄土、岩石块混合堆成。封堆下部有石围，平面呈长方形，长3.2、宽2.9米，是用片石在墓室四周地面上摆放一圈而成，东部片石直立，部分立石高出封堆0.1余米；西部片石水平放置（图一八；彩版六，1）。墓室为圆角长方形竖穴土坑，长1.5、宽1.3、深0.54米。墓向277°。填土为坚硬的黄土。墓底葬一人，为成年男性。葬式为左向俯身屈肢一次葬，头向西北，面向下，右臂弯曲，尺、桡骨压在肱骨下；左臂微屈伸向右肩处，两腿弯曲。在头右前方放置陶束颈罐1件，罐口上盖一块片石（图一九；彩版六，2）。

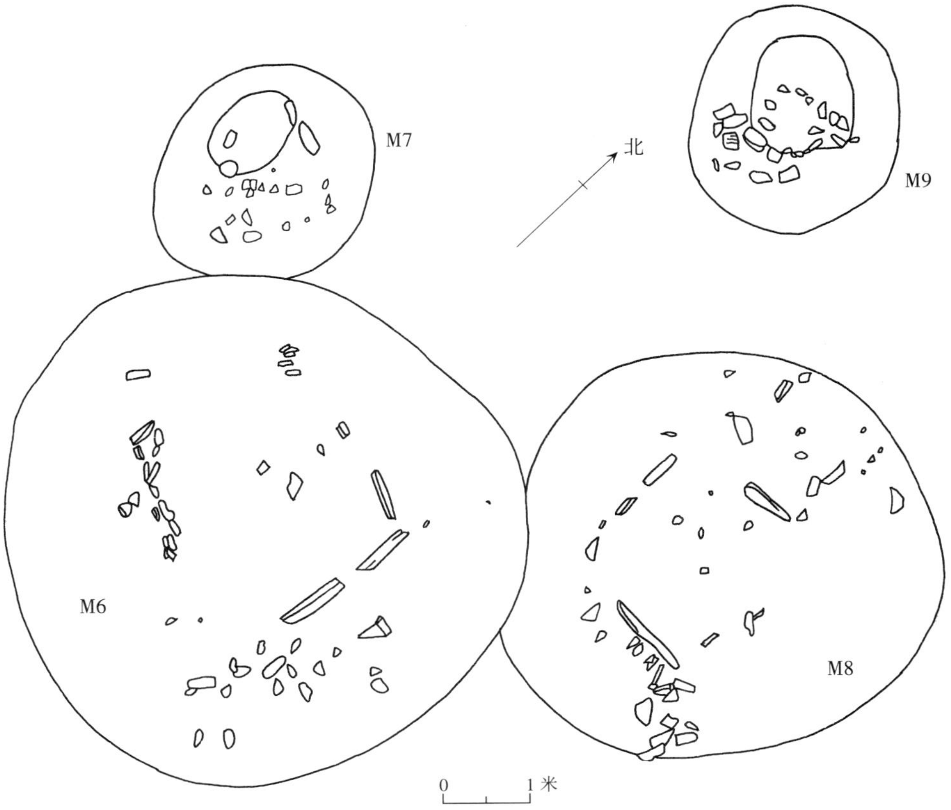

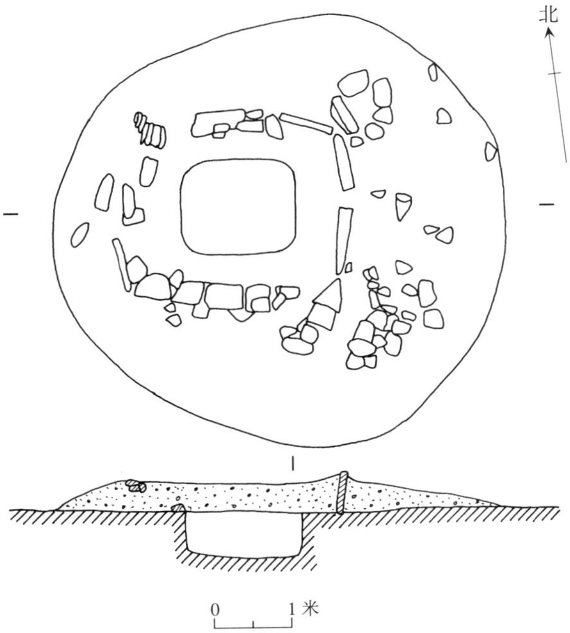

图一七　AⅡM6~AⅡM9 位置示意图

图一八　AⅡM6 封堆平、剖面图

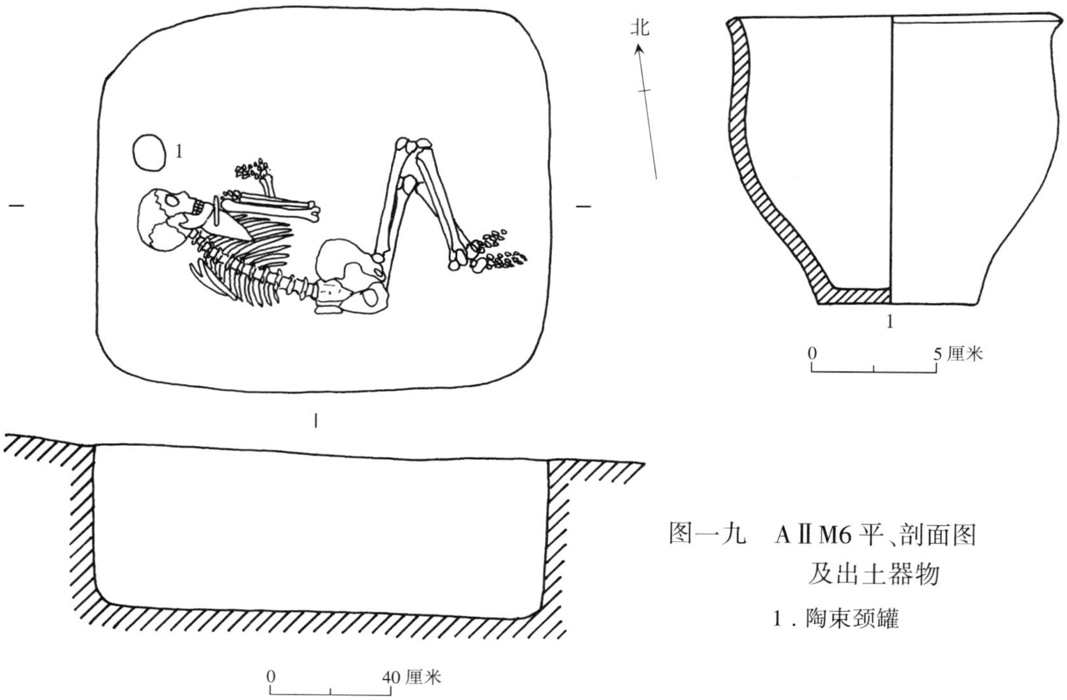

图一九 AⅡM6平、剖面图及出土器物
1. 陶束颈罐

（2）随葬品

1件，为陶器。

陶束颈罐 1件（标本AⅡM6∶1）。夹砂红褐陶，陶色不匀，局部发青，灰胎。手制，外表刮磨光滑。侈口，外斜平沿，束颈，鼓腹，下腹较鼓，饼状平底，边沿微外侈。外表局部已脱落。外壁有烟炱，内壁亦有棕色污垢。口径12.6、底径6.5～6.7、高11.8厘米（图一九，1）。

AⅡM7

（1）墓葬形制

位于AⅡM6之北。地表有封堆，平面呈椭圆形，直径3.15、高0.3米。由岩石、黄土混合堆成（图二〇）。墓室为近圆角长方形竖穴圜底，长1.16、宽0.73、深0.36～0.44米。墓向160°/340°。墓室内壁被火烧过，呈红色。填土为灰烬，内含大量木炭，不见骨殖（图二一）。

（2）随葬品

墓室内无随葬品。

AⅡM8

（1）墓葬形制

位于AⅡM6之东。地表有封堆，平面略呈圆形，直径5、高0.3米。由黄土、岩石块混合堆成。封堆下部有石围，平面呈长方形，长2.5、宽2.5米。是用片石垂直插立在墓室四周地面上而

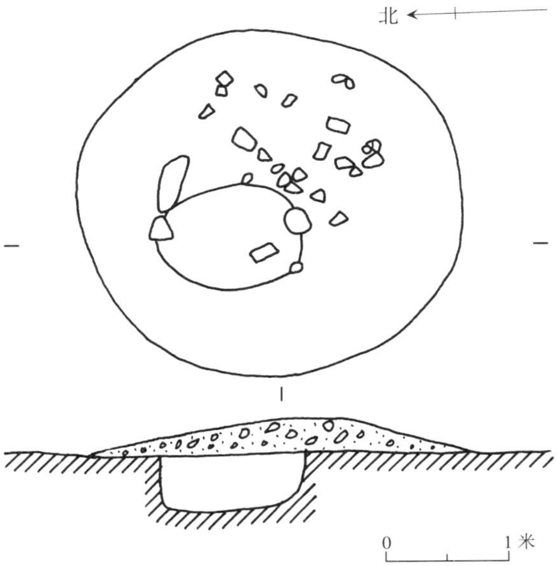

图二〇　AⅡM7 封堆平、剖面图

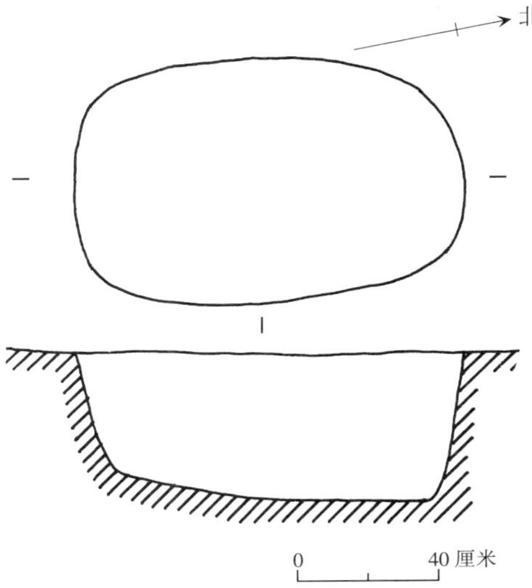

图二一　AⅡM7 平、剖面图

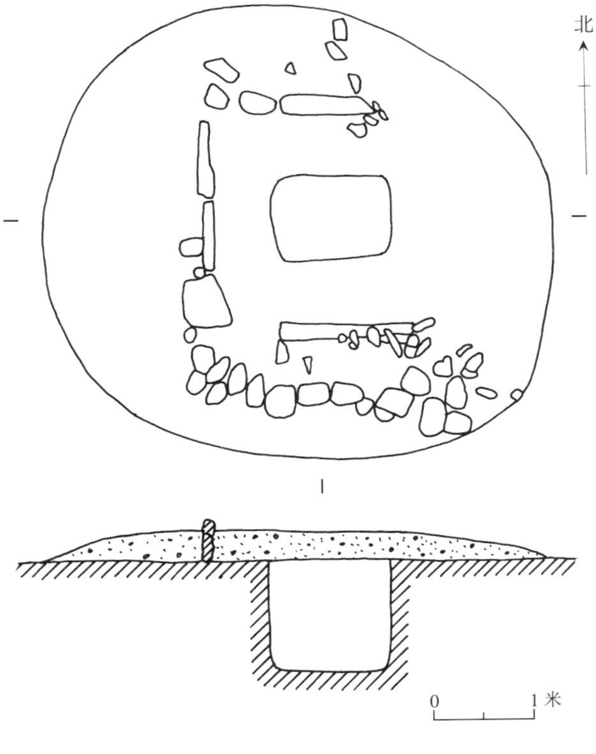

图二二　AⅡM8 封堆平、剖面图

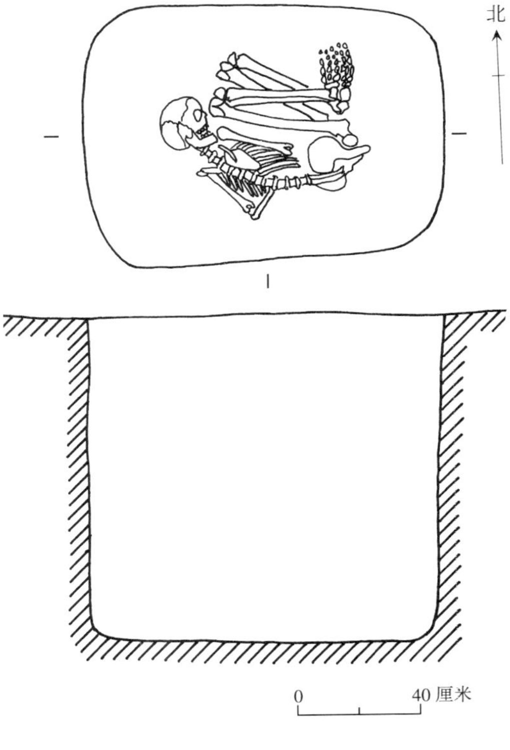

图二三　AⅡM8 平、剖面图

成，东部开口，其余三面片石直立，部分立石顶端高出封堆 0.15 米（图二二）。墓室为圆角长方形竖穴土坑，长 1.2、宽 0.9、深 1.1 米。墓向 272°。填土为坚硬的黄土。墓底葬一人，为成年男性。葬式为左向俯身屈肢一次葬，头向西，面向下，双臂弯曲，置于胸前，双腿弯曲较甚，面部贴膝，足踵贴臀，水平放置（图二三；彩版六，4）。

（2）随葬品

墓室内无随葬品。

AⅡM9

（1）墓葬形制

位于AⅡM8之北。地表有封堆，平面呈圆形，直径2.8、高0.25米。由岩石、黄土混合堆成（图二四）。墓室为圆角长方形竖穴土坑，口部较宽，四壁向下渐渐内收成圜底状。长1.28、宽1.2、深0.64米。墓向123°/303°。墓室内壁被火烧过呈红色。填土为灰烬，内含大量木炭，不见骨殖（图二五）。

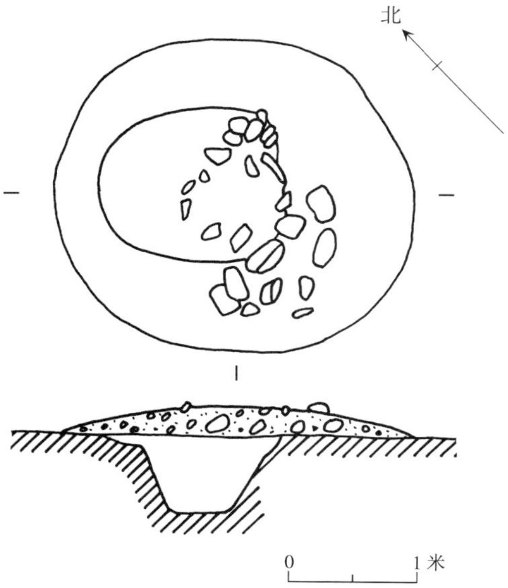

图二四 AⅡM9封堆平、剖面图

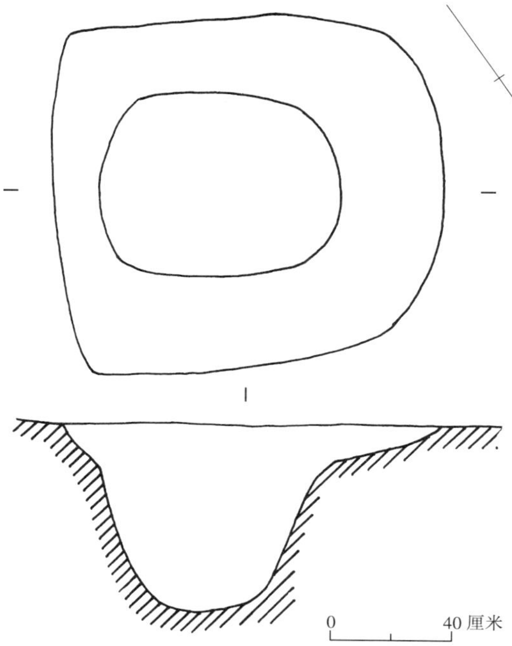

图二五 AⅡM9平、剖面图

（2）随葬品

墓室内无随葬品。

AⅡM10

（1）墓葬形制

位于AⅡM5之西。地表有封堆，平面呈椭圆形，长径3.95、短径3.4、高0.3米。由岩石、黄土混合堆成。无墓室。在封堆东南部放置残陶罐底1件。

（2）随葬品

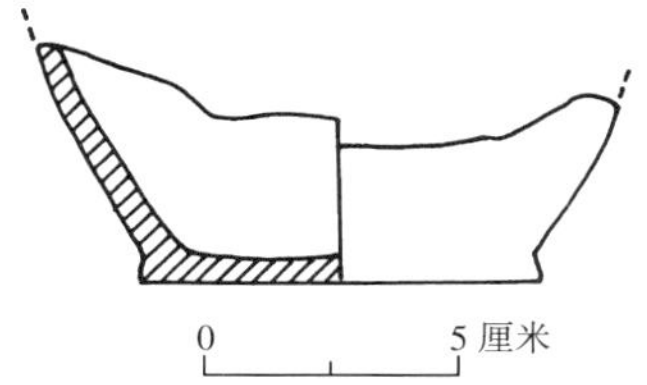

图二六　AⅡM10 出土器物陶罐底（AⅡM10∶C∶1）

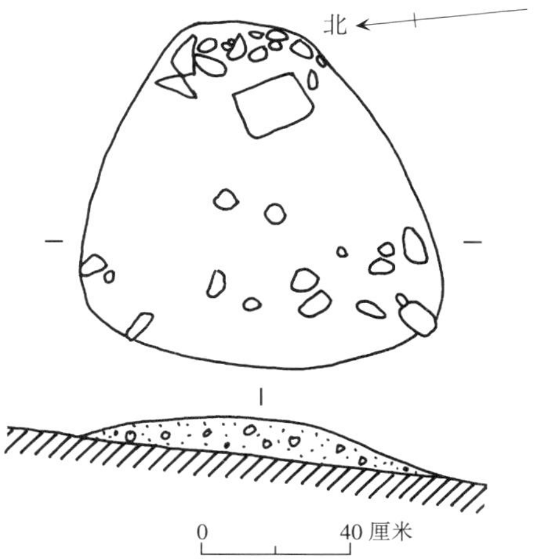

图二七　AⅡM11 封堆平、剖面图

图二八　AⅡM11 平、剖面图

1 件，为陶罐底。

陶罐底　1 件（标本 AⅡM10∶C∶1）。夹砂灰褐陶，剥落较甚，灰胎。手制。斜腹，饼状平底，边沿外侈。底径 7.6～8、残高 5 厘米（图二六）。

AⅡM11

（1）墓葬形制

位于 AⅡM5 之西。地表有封堆，平面略呈三角形，较低平。长 0.96、宽 0.98、高 0.12 米（图二七）。由黄土、岩石块混合堆成。墓室为圆角长方形竖穴土坑，长 0.44、宽 0.32、深 0.11 米。墓向 163°/343°。填土为坚硬的黄土。墓底出一堆小动物骨骼，种属不明（图二八）。

（2）随葬品

墓室内无随葬品。

AⅡM12

（1）墓葬形制

位于墓地东南部，AⅡM13 之东南。地表有封堆，平面略呈椭圆形，较低平。直径 4.5、高 0.25 米（图二九）。由黄土堆成，表面散布少许岩石块。墓室位于封堆西北部，为圆角长方形竖穴土坑，长 0.96、宽 0.61、深 0.3～0.36 米。墓向 104°/284°。填土为坚硬的黄土，内含碎草等。墓底葬一人，二次葬，仅有少量肋骨、指骨，性别、年龄不明。靠墓底北壁出陶束颈罐 1 件（图三〇）。

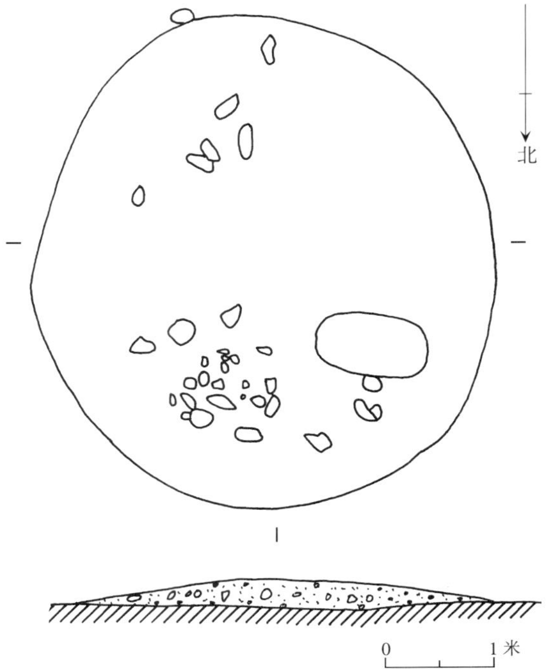

图二九　AⅡM12 封堆平、剖面图

（2）随葬品

1件，为陶器。

陶束颈罐　1件（标本AⅡM12∶1）。夹砂红褐陶，陶色不匀，灰胎。手制。侈口，外斜平沿，束颈，鼓腹，腹最大径靠上，饼状平底，边沿微外侈。外壁有烟炱。口径10.8～11、底径6.4～6.8、高10.8厘米（图三〇，1；彩版六，3）。

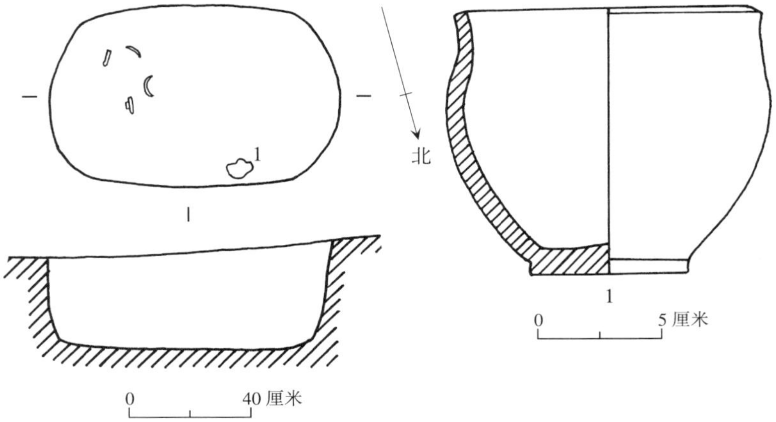

图三〇　AⅡM12平、剖面图及出土器物

1. 陶束颈罐

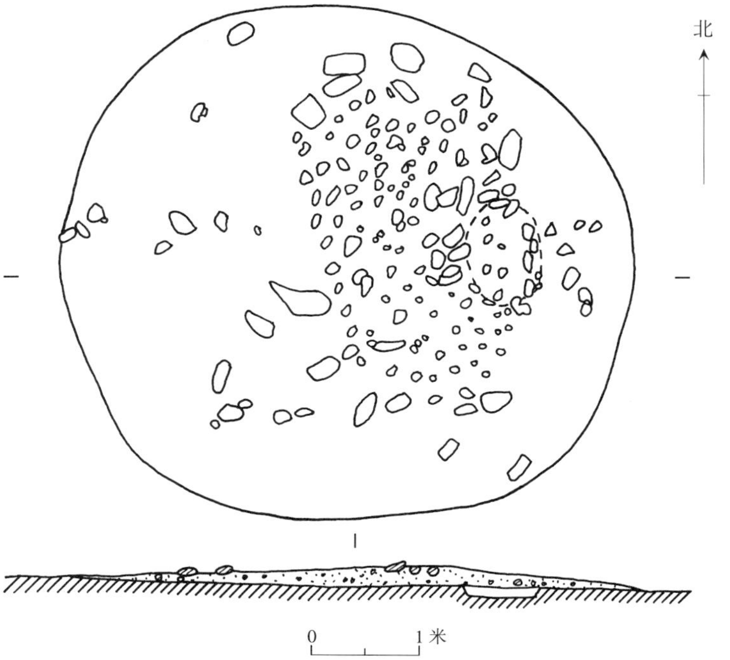

图三一　AⅡM14封堆平、剖面图

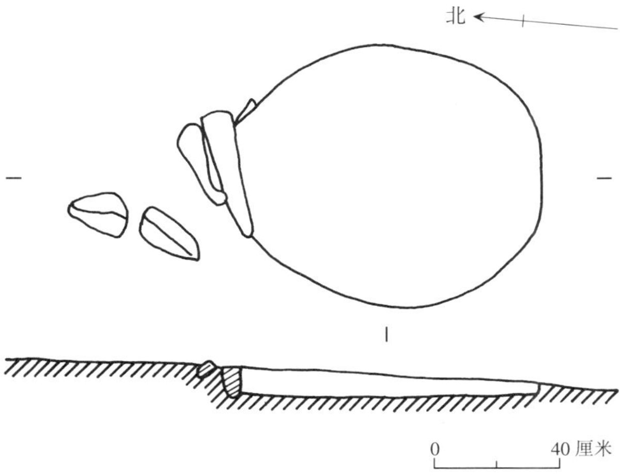

图三二　AⅡM14平、剖面图

AⅡM14

（1）墓葬形制

位于AⅡM110之北。地表有石堆，平面呈椭圆形，直径约5、高0.2米。由岩石、黄土堆成（图三一）。墓室为椭圆形竖穴土坑，长径0.96、短径0.88、深0.1米。墓向174°/354°。墓内有烧过的灰烬，内含大量木炭、骨灰（图三二）。

（2）随葬品

墓室内无随葬品。

AⅡM15

（1）墓葬形制

位于AⅡM25之西南。地表有封堆，平面略呈圆形，较低平。直径1.34～1.54、高0.2米。墓室为圆角长方形竖穴土坑，长0.84、宽0.54、深0.52米。墓向278°。墓口平铺一层草。填土为坚硬的黄土，内含碎草。墓底铺一层草。墓底葬一婴幼儿。葬式为左向侧身屈肢一次葬，头向西，面向北，双臂弯曲置于胸前，两腿水平放置，弯曲较甚，足踵贴臀。头顶放置陶罐底1件（图三三）。

（2）随葬品

1件，为陶器。

陶罐底　1件（标本AⅡM15∶1）。仅存腹部以下部分。夹砂红褐陶，灰胎。手制，表面刮抹光滑。斜腹，饼状平底，边沿外侈。底径8、残高5.4厘米（图三三，1）。

AⅡM16

（1）墓葬形制

位于AⅡM21和AⅡM24之间。AⅡM21和AⅡM24的石围压在AⅡM16的封堆上。地表有封堆，平面略呈椭圆形，较低平。直径1.3、高0.15米。由黄土堆成，内含小石子。墓室为圆角长

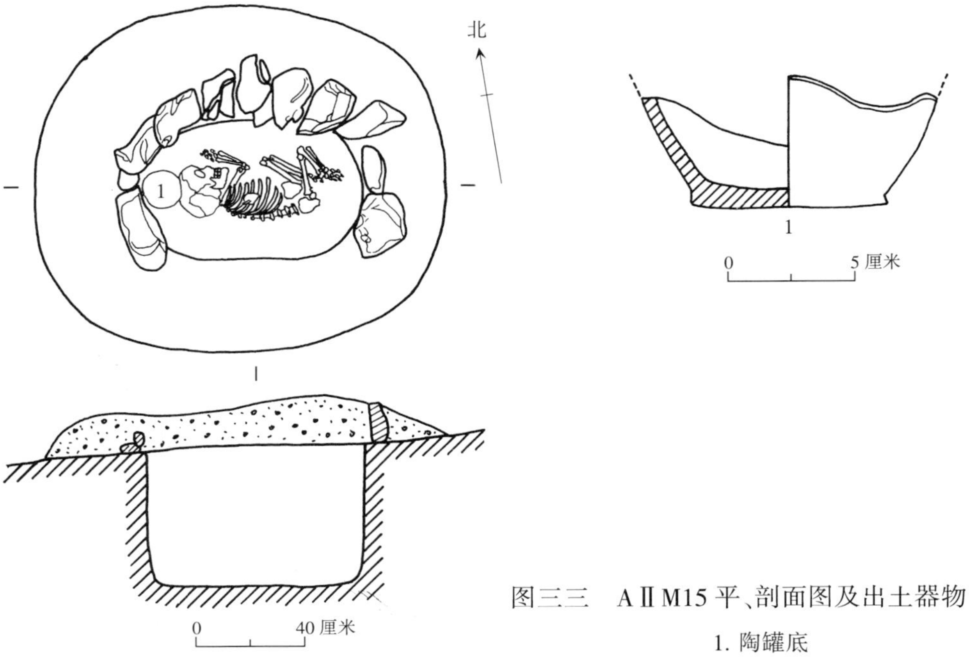

图三三　AⅡM15 平、剖面图及出土器物

1. 陶罐底

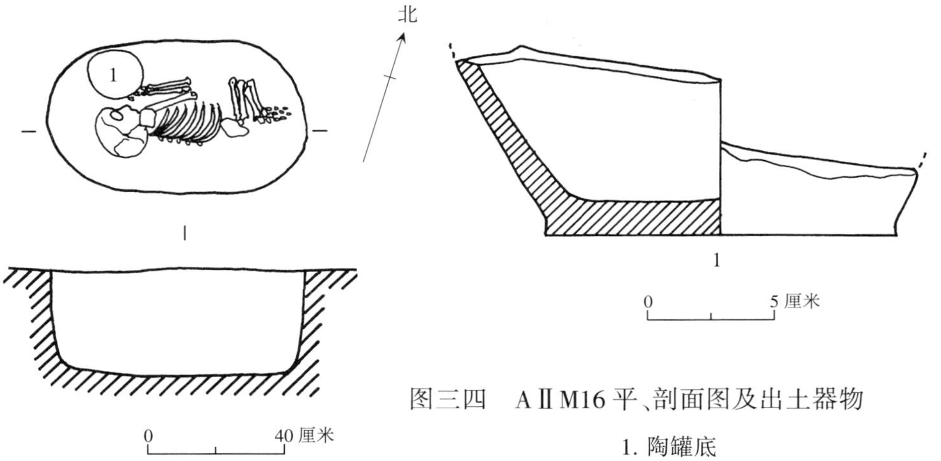

图三四　AⅡM16 平、剖面图及出土器物

1. 陶罐底

方形竖穴土坑，长 0.75、宽 0.42、深 0.32 米。墓向 255°。墓口盖一层片石。填土为黄沙土。墓底葬一人，为婴儿，已萌出两颗乳门齿。葬式为左向侧身屈肢一次葬，头向西，面向北，右臂弯曲，手置于面部；左臂微曲置于身下，两腿水平放置，弯曲较甚，足踵贴臀。头顶放置陶罐底 1 件（图三四）。

（2）随葬品

1 件，为陶器。

陶罐底　1 件（标本 AⅡM16∶1）。仅存腹部以下部分。夹砂红褐陶，灰胎。手制。斜腹，饼状平底，边沿外侈。底径 14、残高 7.8 厘米（图三四，1）。

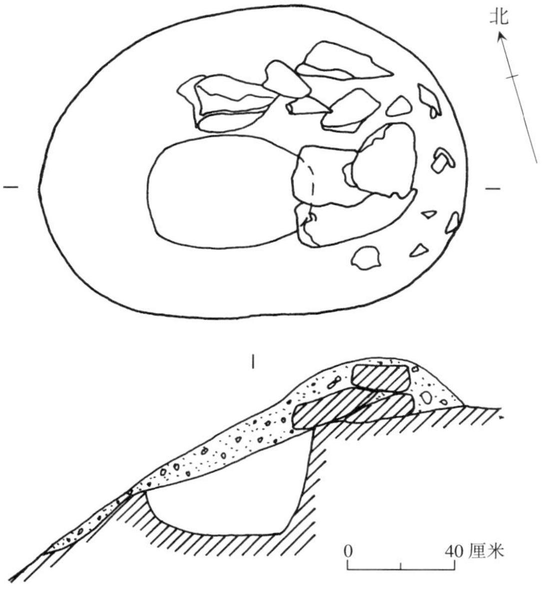

图三五　AⅡM17平、剖面图

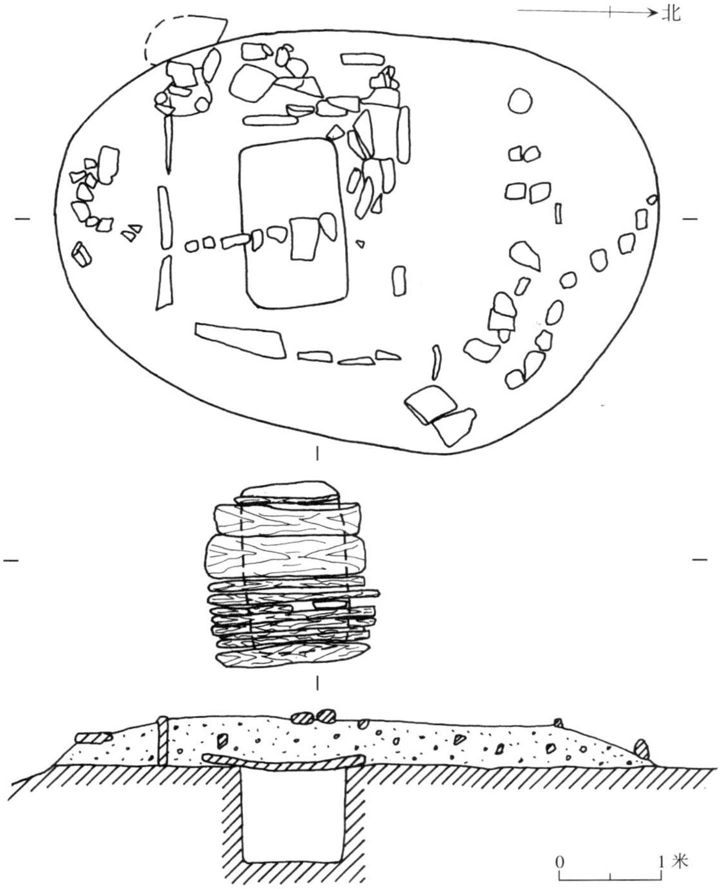

图三六　AⅡM18封堆平、剖面图

AⅡM17

（1）墓葬形制

位于AⅡM107之西。地面上有石围，平面呈椭圆形，长径1.6、短径1.2～1.6、高0.1～0.25米。已坍塌。从东部可以看出石围是用三层片石砌成。墓室为椭圆形竖穴土坑，墓口西高东低。长径0.63、短径0.44、深0.2～0.4米。墓向105°/285°。墓室四壁及石围被火烧过，呈红色。墓室上部填土为黄沙土，内含发红的小石块；下部为灰烬，内含木炭、未烬的木片、烧过的人头骨及肢骨残片（图三五；彩版七，1）。

（2）随葬品

墓室内无随葬品。

AⅡM18

（1）墓葬形制

位于AⅡM107之东北。AⅡM107将封堆西部打破。地表有封堆，平面略呈椭圆形，较低平。长径5.95、短径4.25、高0.5米。由黄土、岩石混合堆成。石围位于封堆南部，平面略呈长方形，长3.15、宽2.5米，是用岩石在墓室外侧地面上摆放而成。其中东、南两面片石垂直插立在地面上（图三六；彩版七，2）。墓室为圆角长方形竖穴土坑，长1.7、宽1、深1米。墓向110°。墓口横向盖一层由原木棍、木板等组成的棚木。个别木板上有砍痕。痕宽4厘米。最大一块木板呈弧形，长1.6、宽0.4、厚0.05米。填土为坚硬的黄土，内含片石、碎草、细木片等。

墓内葬三人，分上、下两层埋葬。上层距墓口深0.55米。有两人。右边为成年男性，左边为成年女性，男性身体压在女性右侧身体上。葬式均为右向侧身屈肢一次葬，头向东，面向北。男性右臂微曲，置于身下，左臂弯曲置于腹部，两腿弯曲，水平放置。女性双臂弯曲，双手重叠置于下腹部，两腿水平放置，屈曲较甚，足踵贴臀。女性右手指上戴铜戒指1枚。墓室东部头间放置陶钵1件，男性左肩下放置带柄木勺1件，肩上放置陶片1片。身下有葬具，为一简易木框，东、西两端各有一根横木，中间纵向放置七根木棍。木葬具下铺一层片石。下层一人，位于墓底。为成年女性，葬式为二次葬，骨骼不全，仅有头骨和腿、尺骨、桡骨、腓骨等各一根。两层骨架之间有一层厚约0.2米的填土。墓底铺一层草。在封堆北部填土中出残陶釜4件、陶双耳罐1件（图三七；彩版七，3、4）。

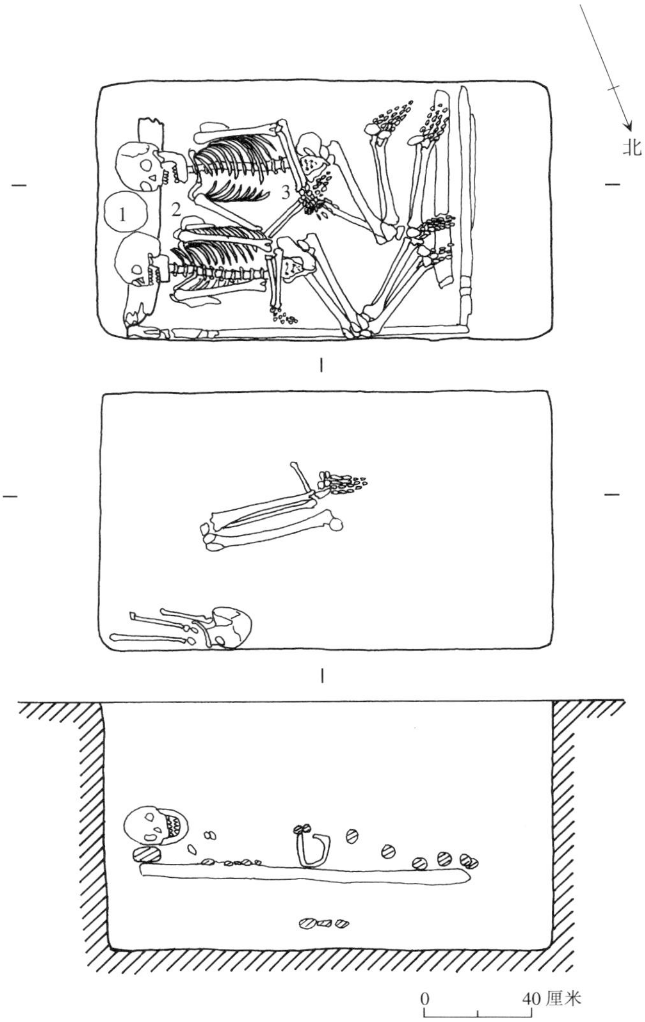

图三七　AⅡM18平、剖面图

1. 陶钵　2. 带柄木勺　3. 铜戒指

（2）随葬品

9件，主要有陶、木和铜器等。

1）陶器　7件，其中陶片1块。

陶钵　1件（标本AⅡM18∶1）。夹砂红褐陶，灰胎。手制，器表刮抹光滑。敛口，圆沿，唇稍外侈，鼓腹，圜底。口部有一道裂纹。口部外侧钻两孔。口径13.2、高10.6、孔径0.2～0.5厘米（图三八，1；彩版八，1）。

陶釜　4件。均采集自封堆中。夹砂红褐陶，灰胎。手制，器表刮抹光滑。标本AⅡM18∶C∶2，敛口，内斜平沿，深鼓腹，上腹部残存双横鋬耳，鋬面上翘，其中一耳可看出痕迹。外壁有烟炱。口径20、残高16.4厘米（图三八，3）。标本AⅡM18∶C∶3，较粗糙。侈口，平沿，颈微束，腹最大径靠下。腹最大径处有横鋬耳，鋬面下垂。器表有烟炱。口径24、残高14.3厘米（图三八，4）。标本AⅡM18∶C∶4，较粗糙。侈口，外斜平沿，颈微束，平底。颈上部有一圈戳印圆点纹，下部有一圈刻划的双线三角纹。现存四组，为自右向左刻划，较随意，不规则。口径23、残高17厘米（图三八，5）。标本AⅡM18∶C∶5，侈口，束颈，圆鼓腹。口径7、残高6.8厘米（图三八，6）。

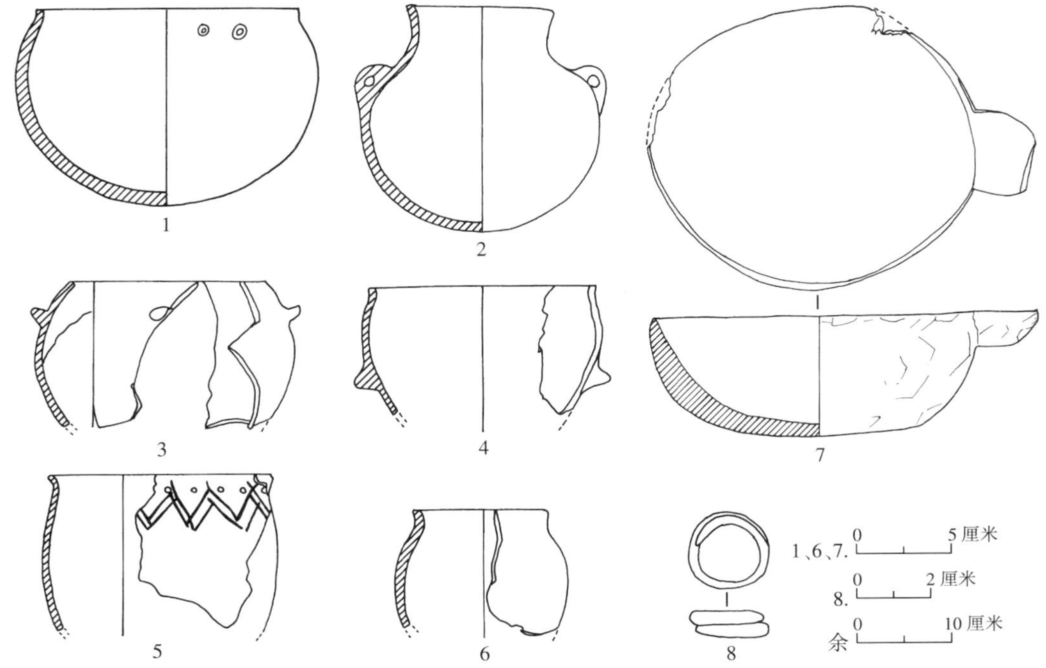

图三八　AⅡM18出土器物

1. 陶钵（AⅡM18∶1）　2. 陶双耳罐（AⅡM18∶C∶1）　3～6. 陶釜（AⅡM18∶C∶2～5）
7. 带柄木勺（AⅡM18∶2）　8. 铜戒指（AⅡM18∶3）

陶双耳罐　1件（标本AⅡM18∶C∶1）。夹砂红褐陶。手制，表面刮抹光滑。侈口，圆沿，束颈，圆肩，肩上有双桥形系耳，一只耳已不存，鼓腹，圜底。口径14.4、高24.4厘米（图三八，2；彩版八，2）。

2）木器　1件。

带柄木勺　1件（标本AⅡM18∶2）。用一截木头掏挖而成，加工痕明显。口部不规整，一边高一边低。尖沿，斜腹。口沿上有一横鋬耳，耳面较平，并向口沿低的一侧倾斜。口径14.8～17.1、底径5.5、高6.8厘米（图三八，7；彩版八，3）。

3）铜器　1件。

铜戒指　1枚（标本AⅡM18∶3）。用一根扁圆形铜丝弯曲成圆环形，两端稍细并上下重叠在一起。直径2.1、丝径0.35厘米（图三八，8；彩版八，5）。

AⅡM19

（1）墓葬形制

位于AⅡM20之南。地表有石围，平面略呈不规则圆角长方形，不完整，西北部有一道缺口。长2.2、宽1.4米。是用岩石在墓室外侧地面上摆放而成。墓室为圆角长方形竖穴土坑，长0.87、宽0.6、深0.7米。墓向276°。墓口平铺一层草。填土为坚硬的黄土。墓底亦铺一层草。墓底葬一人，为婴儿，侧门齿已萌出。葬式为左向侧身屈肢一次葬，头向西，面向北，双臂弯曲置于胸前，两腿

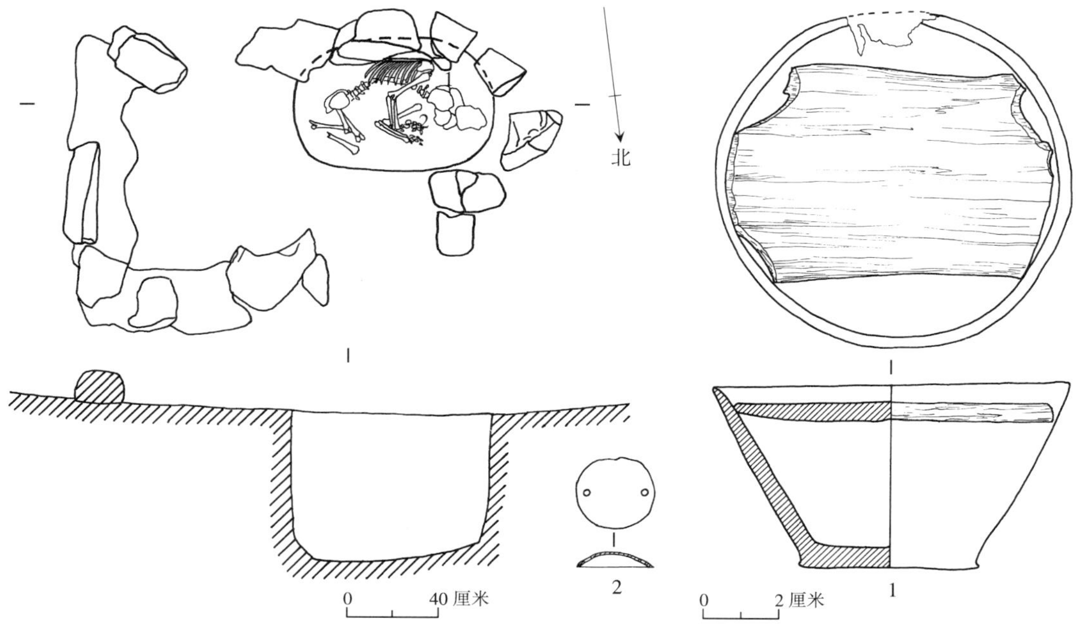

图三九 AⅡM19平、剖面图及出土器物
1. 陶杯 2. 铜泡

水平放置，屈曲较甚。头顶放置陶杯1件，右手掌处出铜泡1件（图三九）。

（2）随葬品

2件，主要是陶、铜器等。

1）陶器 1件。

陶杯 1件（标本AⅡM19∶1）。夹砂红褐陶，红胎。手制。器形较宽扁。敞口，尖沿，斜腹，饼状平底，边沿外侈。碗上有一块木盖片。口径9.5、底径4.8、高4.9厘米（图三九，1；彩版八，4）。

2）铜器 1件。

铜泡 1件（标本AⅡM19∶2）。铜片厚不足0.1厘米。圆形，剖面呈馒头状，边缘有两对称孔。直径2.05、高0.4、孔径0.15～0.2厘米（图三九，2；彩版八，6）。

AⅡM20

（1）墓葬形制

位于AⅡM34之东南。地表有石围，平面略呈不规则圆角长方形，长3.2、宽2.6米。是用岩石在墓室外侧地面上摆放而成，石头彼此排列不紧密。墓室为圆角长方形竖穴土坑，长1.16、宽0.76、深0.8米。墓向276°。墓口平铺一层草。填土为坚硬的黄土。墓底亦铺一层草。墓底葬一人，为未成年女性，第二恒臼齿未出。葬式为左向侧身屈肢一次葬，头向西北，面向东南。双臂弯曲置于胸前，两腿水平放置，屈曲较甚，股骨贴腹，足踵贴臀。头顶放置陶碗1件，碗口盖一块木片。有一块木片斜靠在墓室西北角上（图四〇；彩版九，1）。

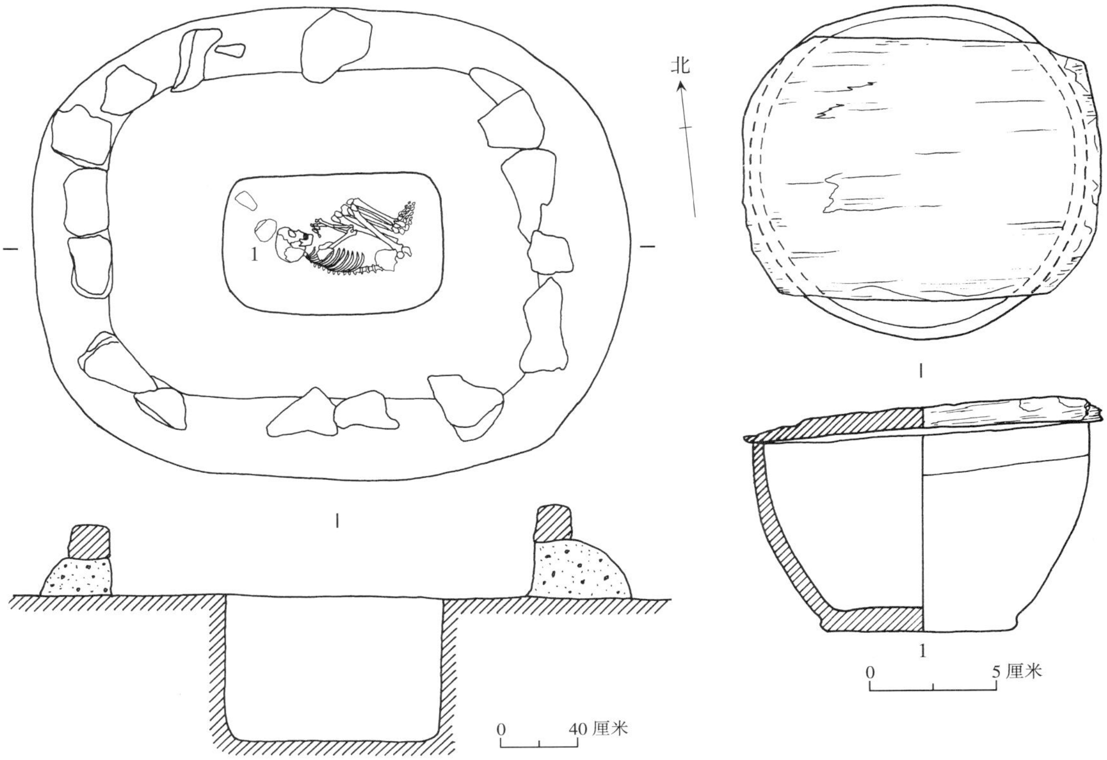

图四〇　AⅡM20 平、剖面图及出土器物

1. 陶碗

（2）随葬品

3 件，主要有陶、木器等，其中木片 2 件。

陶碗　1 件（标本 AⅡM20∶1）。夹砂灰褐陶，灰胎。手制。器形不甚规整。敞口，平沿，深腹，腹上部有一道折棱。器表有烟炙。口径 12.3～12.8、底径 7.5～7.8、高 7.7～8.6 厘米。出土时口部盖一块长方形木片，长 14.2、宽 10.9、厚 1.2 厘米（图四〇；彩版九，2）。

AⅡM21

（1）墓葬形制

位于 AⅡM22 之南。地表有石围，平面呈椭圆形，直径 1.4～1.53 米。是用岩石在墓室外侧地面上垂直插立而成，较规整，最大一块片石高 0.7 米。墓室为圆角长方形竖穴土坑，长 0.74、宽 0.44、深 0.56 米。墓向 290°。墓口横向盖一层棚木。棚木中既有木板，又有木棍。填土为坚硬的黄土。墓底铺一层草。墓底葬一人，为婴儿，有乳齿 10 颗。葬式为左向侧身屈肢一次葬，头向西北，面向东，头颈弯曲，身体蜷成一团，双臂弯曲置于胸前，双腿水平放置，屈曲较甚，肘膝相接，股骨贴腹，足踵贴臀。额前放置陶罐底 1 件（图四一；彩版九，3、4）。

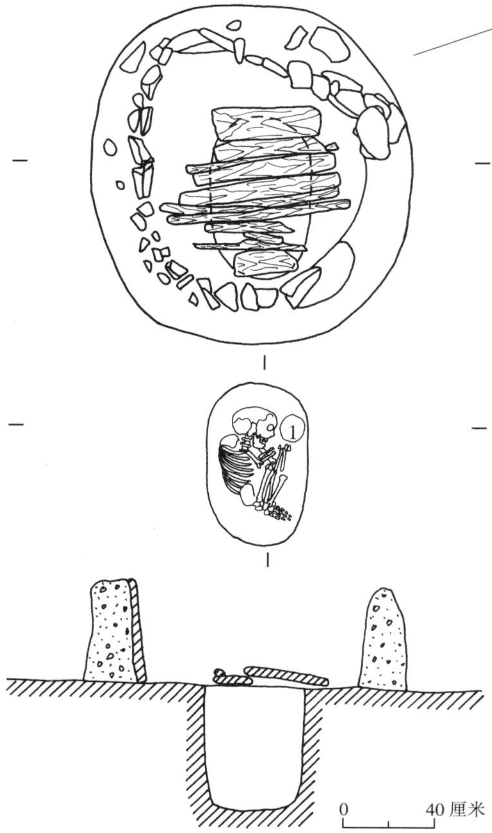

图四一 AⅡM21 平、剖面图

1. 陶罐底

图四二 AⅡM22 平、剖面图

1. 陶罐底

（2）随葬品

1件，为陶器。

陶罐底 1件。已经酥朽无法提取。夹砂黑陶，手制。斜腹，平底。

AⅡM22

（1）墓葬形制

位于AⅡM23之西。地表有石围，南部依AⅡM21石围而建，东南部有一缺口。平面呈圆形，直径1.4米。是用岩石在墓室外侧地面上摆放而成（彩版一〇，1）。墓室为圆角长方形竖穴土坑，长0.76、宽0.56、深0.6米。墓向255°。填土为坚硬的黄土。墓底铺一层草。墓底葬一人。为婴儿，乳齿未萌。葬式为左向侧身屈肢一次葬，头向西南，面向东北，双臂弯曲置于胸前，两腿水平放置，屈曲较甚，足踵贴臀。头骨附近出少许陶罐底残片（图四二）。

（2）随葬品

1件，为陶罐底，已经酥朽无法提取。

AⅡM23

（1）墓葬形制

位于AⅡM24之北。地表有石棺，平面呈长方形，长1.5、宽1.3、高0.5米。是用大块片石插立于地面上而成，西北部有一缺口。在石棺东南部地面上又贴砌三层片石。石棺内有浅墓室，为圆角长方形竖穴土坑，长0.82、宽0.74、深0.32米。墓向120°/300°。石棺及墓室四壁被火烧过，呈红色。棺内有半棺灰烬，内含大量木炭、骨灰。灰烬中出陶片1件（图四三；彩版一〇，2）。

（2）随葬品

1件，为陶片，形制不明。

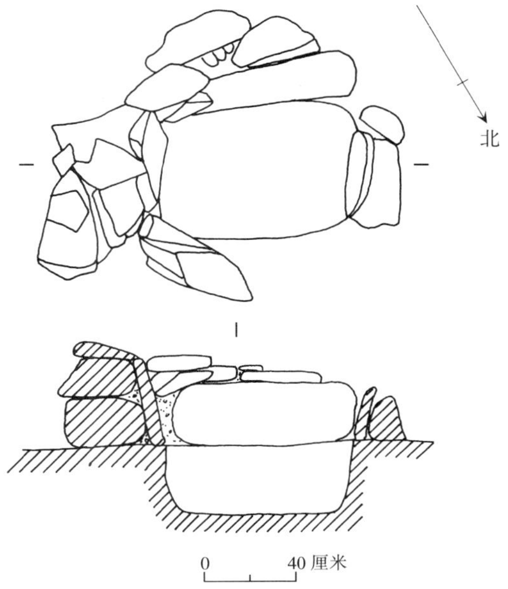

图四三　AⅡM23平、剖面图

AⅡM24

（1）墓葬形制

位于AⅡM16之东。地表有石围，平面呈圆形，直径约2.2米。是用片状岩石在墓室外侧地面上垂直插立一周而成。立石外侧地面上再水平贴砌三层片石。东北角有一缺口。墓室为圆角长方形竖穴土坑，长1.36、宽0.85、深1.34米。墓向247°。墓口横向盖一层由木板、木棍混合构成的棚木。最大一块木板长1.7、宽0.32、厚0.07米。木板下铺一层草。填土为坚硬的黄土。墓底亦铺一层草。墓底葬一人，为成年男性。葬式为左向侧身屈肢一次葬，头向西，面向北。双臂弯曲，右手置于额前，左手置于下颌处，两腿水平放置，屈曲较甚，肘膝相接。额前放置陶束颈罐1件（图四四；彩版一〇，3；彩版一一，1）。

（2）随葬品

1件，为陶器。

陶束颈罐　1件（标本AⅡM24∶1）。夹砂灰陶，颜色不匀。手制，较粗糙，捏痕明显。侈口，外斜平沿，束颈，折肩，内外各有一道折棱，鼓腹，腹最大径靠上，饼状平底，边沿外侈。口径10.5、底径5.5、高8～8.6厘米（图四四，1；彩版一一，2）。

AⅡM25

（1）墓葬形制

位于AⅡM15之东北。墓向158°/338°。地表有石围，仅存南半部分。平面呈圆形，直径1.4米。是用岩石在墓室外侧地面上摆放而成。墓室为圆角长方形竖穴土坑，墓口东部略宽，长0.94、最宽0.74、深0.55米。墓口横向盖一层片石，共六块，水平放置。盖石下纵向放置三根木棍。填土为坚硬的黄土。墓底葬一人，性别不明，葬式为二次葬，仅存几节趾骨和牙齿（图四五；彩版一一，3）。

（2）随葬品

墓室内无随葬品。

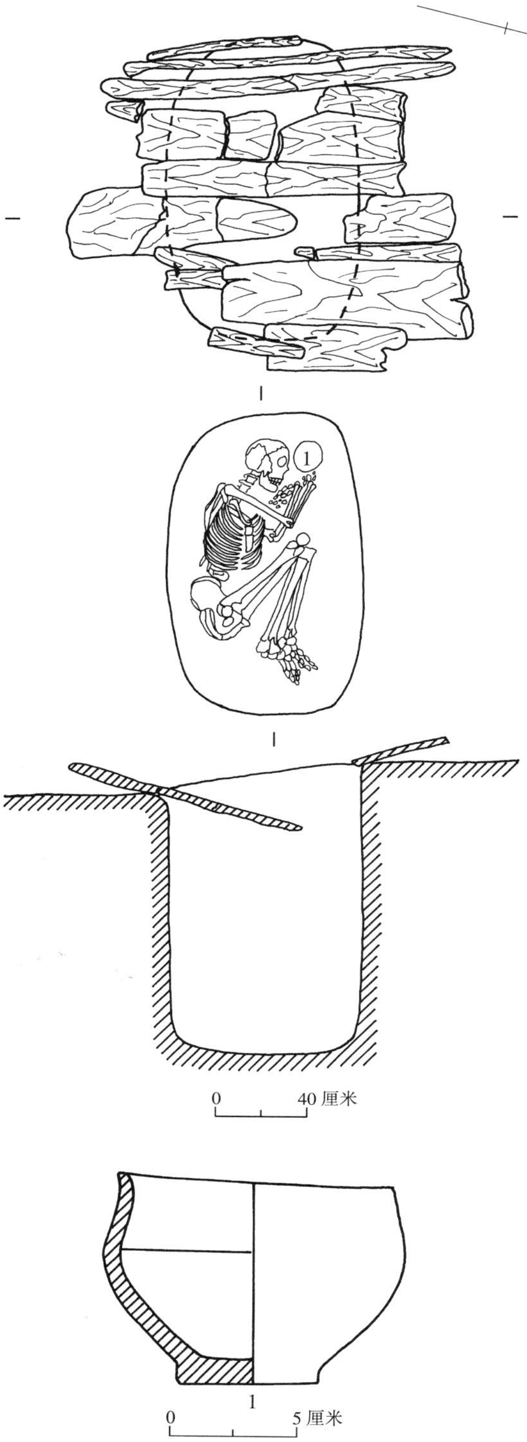

图四四　A Ⅱ M24 平、剖面图及出土器物

1. 陶束颈罐

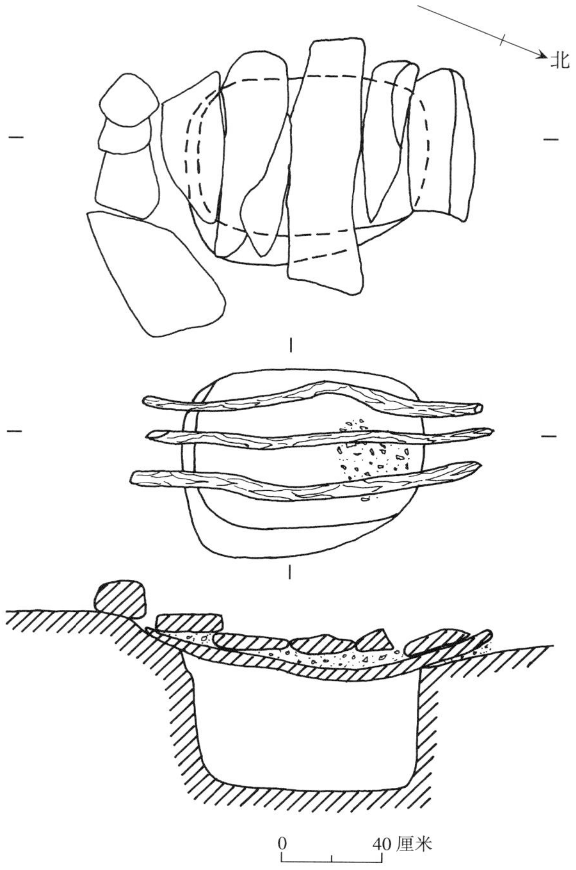

图四五　A Ⅱ M25 平、剖面图

A Ⅱ M26

（1）墓葬形制

位于 AⅡM25 之北。地表散布少许石块。墓室为圆角长方形竖穴土坑，长 1.21、宽 0.84、深 0.68 米。墓向 320°。墓口铺一层草，填土为坚硬的黄土，墓底亦铺一层草。墓底葬一人，为成年女性。葬式为俯身屈肢一次葬，头向北，面向右下方，双手弯曲置于胸前，双腿水平放置，屈曲较甚，足踵贴臀。头前放置陶罐底 1 件（图四六；彩版一一，4）。

（2）随葬品

1 件，为陶器。

陶罐底　1 件（标本 A Ⅱ M26∶1）。夹砂灰陶，灰胎。手制，刮抹光滑。斜腹，饼状平底，边沿外侈。底径 9、残高 6.8 厘米（图四六，1；

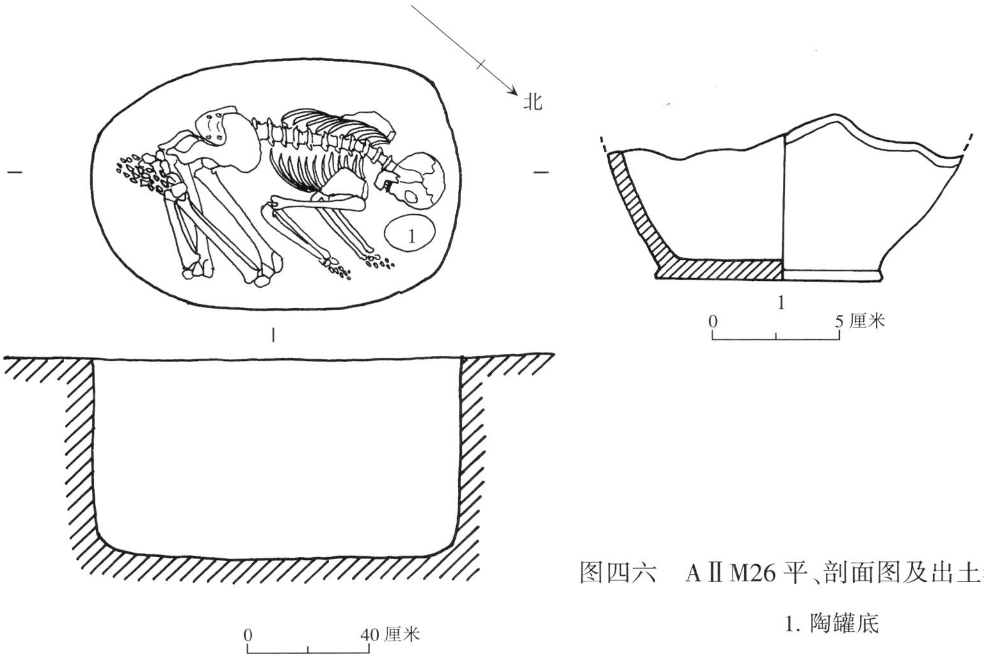

图四六　AⅡM26平、剖面图及出土器物

1. 陶罐底

彩版一一，5）。

AⅡM27

（1）墓葬形制

位于AⅡM28之北。地表有石棺。石棺建在地面上，平面呈椭圆形。是用大块片石插立于地面上而成，已坍塌。石棺内有浅墓室，为椭圆形竖穴圜底，长径0.74、短径0.64、深0.36米。墓向67°/247°。石头及墓室四壁被火烧过，呈红色。墓内有木炭、灰烬，内含大量骨灰。灰烬中出陶罐底、铜手镯各1件（图四七；彩版一二，1）。

（2）随葬品

2件，有陶器和铜器。

1）陶器　1件。

陶罐底　1件（标本AⅡM27∶1）。夹砂红褐陶，灰胎。手制，刮抹光滑。斜腹，饼状平底，边沿外侈。底径7.8、残高10厘米（图四七，1；彩版一二，2）。

2）铜器　1件。

铜手镯　1件（标本AⅡM27∶2）。被火烧过，已扭曲变形。现仅存三段，其中两段可拼对，是用一条剖面呈月牙状弧形铜片弯曲成圆环形。最长一段长12、宽2.2、厚0.15厘米，另一段长5厘米（彩版一二，3）。

AⅡM28

（1）墓葬形制

位于AⅡM27之南。地表有石围，平面呈椭圆形，长径1.15、短径0.84米。是用岩石在墓室外

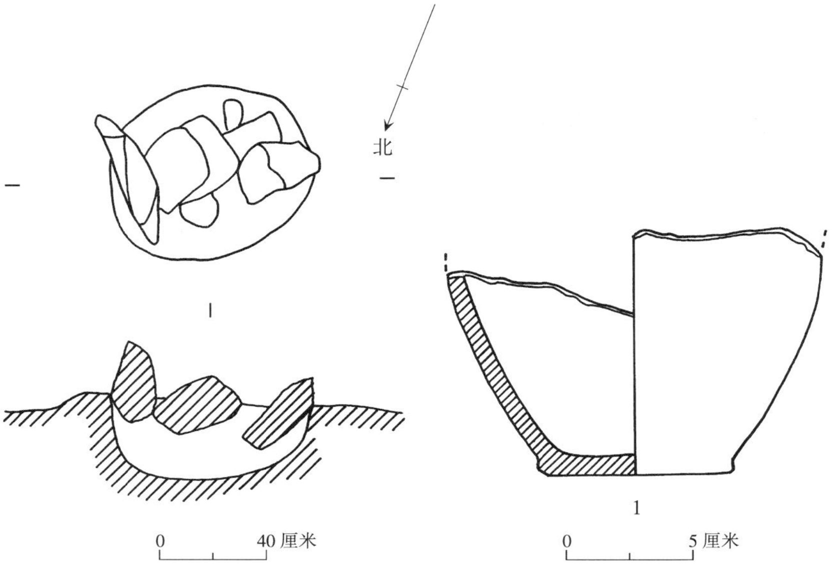

图四七　AⅡM27平、剖面图及出土器物

1. 陶罐底

侧地面上水平摆放而成，已不完整。在石围上横向放置五根木棍，应是棚木。墓室为圆角长方形竖穴土坑，长0.76、宽0.46、深0.4米。墓向105°。墓口铺一层草，填土为坚硬的黄土。墓底亦铺一层草。墓底葬一人，为婴儿，乳门齿已萌。葬式为左向侧身屈肢一次葬，头向东南，面向西南，双臂弯曲置于胸前，两腿水平放置，屈曲较甚。头顶放置陶束颈罐1件（图四八；彩版一二，4）。

（2）随葬品

1件，为陶器。

陶束颈罐　1件（标本AⅡM28∶1）。夹砂灰褐陶，陶色不匀，灰胎。手制。侈口，外斜平沿，束颈，鼓腹，下腹较鼓，饼状平底，边沿微外侈。外壁有烟炙、污垢，内壁有一层黑褐色炭化物。口径10.2～10.8、底径7.3、高7.9～8.3厘米（图四八，1；彩版一二，5）。

AⅡM29

（1）墓葬形制

位于AⅡM89之西。无封堆标志，地面散布少许岩石块。墓室为不规则圆角长方形竖穴土坑，长1.44、宽1.2、深0.7米。墓向232°。填土为坚硬的黄土。墓底铺一层草。墓底葬一人和一堆拣拾干净的骨殖。人骨居中，为成年男性，葬式为右向侧身屈肢一次葬，头向西南，面向南，右臂弯曲，手置于颈部，左小臂弯曲前伸，手置于左腿外侧，作抱膝状，两腿水平放置，屈曲较甚，双膝上抬及胸。骨灰位于胸前方。在骨灰与头之间放置陶束颈罐1件（图四九；彩版一三，1）。

（2）随葬品

1件，为陶器。

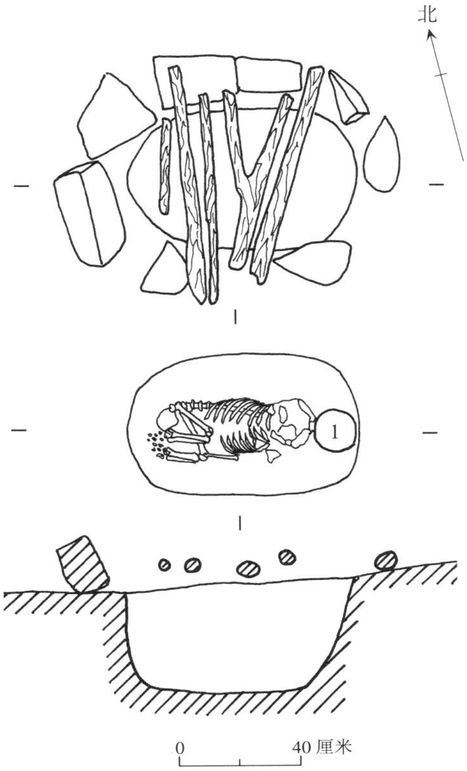

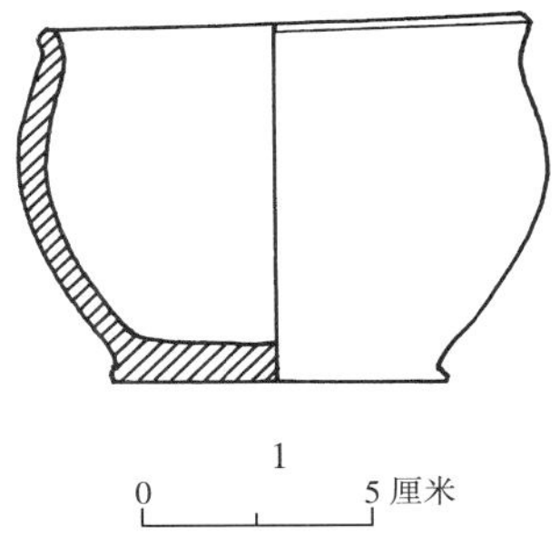

图四八　AⅡM28 平、剖面图及出土器物

1. 陶束颈罐

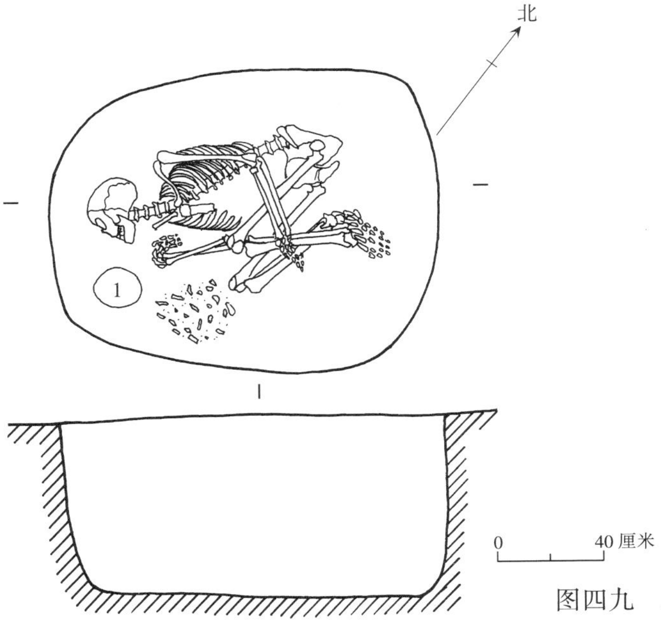

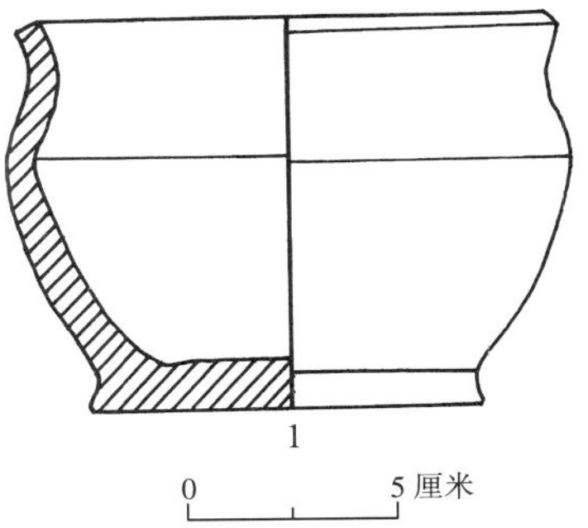

图四九　AⅡM29 平、剖面图及出土器物

1. 陶束颈罐

陶束颈罐　1 件（标本 AⅡM29∶1）。夹砂红褐陶，陶色不匀，灰胎。手制，外表经刮磨。侈口，外斜平沿，束颈，折肩，内外各有一道折棱，鼓腹，腹最大径靠上，饼状平底，边沿外侈。外壁有烟炱。口径 12.2、底径 9.4、高 9.7 厘米（图四九，1；彩版一三，2）。

AⅡM30

（1）墓葬形制

位于AⅡM29之西南。地表有石围，不完整，仅在东南侧地面上有少许石块呈弧形排列。墓室为圆角长方形竖穴土坑，长1.34、宽0.96、深1.06米。墓向281°。填土为坚硬的黄土。墓底铺一层草。墓内葬一人，为成年男性，葬式为左向俯身屈肢一次葬，头向西北，面向右下方，上身蜷曲，双手置于胸前，两腿水平放置，屈曲较甚，肘膝相接，足踵贴臀。在头顶放置陶束颈罐1件（图五〇；彩版一三，3）。

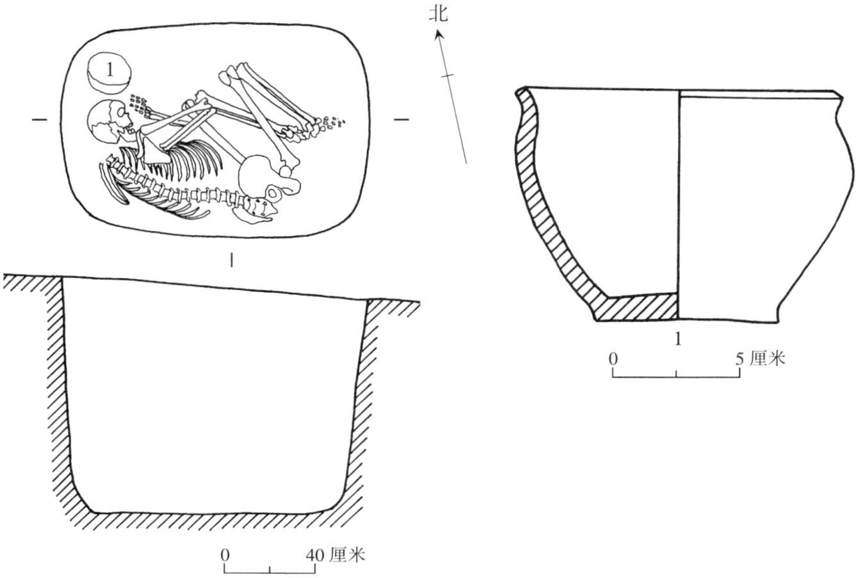

图五〇 AⅡM30平、剖面图及出土器物

1. 陶束颈罐

（2）随葬品

1件，为陶器。

陶束颈罐 1件（标本AⅡM30∶1）。夹砂红褐陶，灰胎，颜色不匀。手制，外表刮抹光滑。侈口，外斜平沿，束颈，颈较短，鼓腹，腹最大径靠上，饼状平底，边沿外侈。外壁有烟炱。口径12.4、底径7.7、高9.5厘米（图五〇，1；彩版一三，4）。

AⅡM31

（1）墓葬形制

位于AⅡM35之东。地表有石围，平面呈圆形，直径约2.2米。不完整，仅存西南部分。是用片状岩石在墓室外侧地面上摆放而成。墓室为圆角长方形竖穴土坑，长1.34、宽1.1、深0.94米。墓向259°。墓口横向放置木棍四根。填土为坚硬的黄土。墓壁下部及墓底铺一层草，草上还有一截捆草绳。墓内葬两人，为成年男性和成年女性合葬。男性居左，占据大半个墓室，葬式为右向俯身屈肢一次葬，头向西南，面向左下方，左手弯曲置于胸前，右手置于身右侧，两腿水平放置，屈曲较甚，大腿与小腿紧贴在一起，双足位于臀下。女性位于墓室西南角上，身体紧贴墓壁并蜷成一团，葬式为右向俯身屈肢一次葬，头向北，与男性头靠在一起，面向上，双臂弯曲置于身侧，双腿水平放置，屈曲较甚，举膝过肘，大腿与小腿紧贴在一起。在男性头顶处放置陶束颈罐 1 件，罐内有少许羊骨。头后颈部放置陶碗 1 件，旁边放置山羊头 1 个（图五一；彩版一四，1、2）。

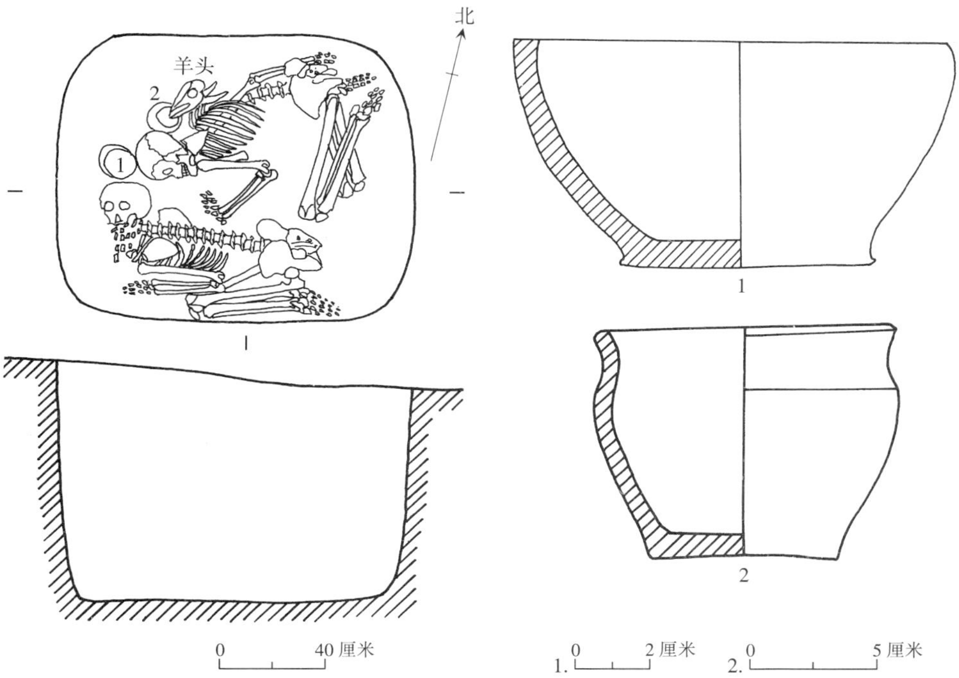

图五一　AⅡM31 平、剖面图及出土器物

1. 陶碗　2. 陶束颈罐

（2）随葬品

3 件，主要有陶器和羊骨。

陶束颈罐　1 件（标本 AⅡM31∶2）。夹砂灰陶，陶色不匀。手制，较粗糙，器形不规整。侈口，外斜平沿，束颈，颈较短，折肩，内外各有一道折棱，鼓腹，腹最大径靠上，下腹较瘦，平底。口径 11、底径 7.6、高 9.4～9.8 厘米（图五一，2；彩版一三，5）。出土时罐内盛有羊骶骨、羊脊椎骨等。

陶碗　1 件（标本 AⅡM31∶1）。夹砂红褐陶皮，红胎。手制，较粗糙。器形较宽扁。敞口微内敛，平沿，斜腹，饼状平底，边沿外侈。口径 10～10.4、底径 6.5～6.7、高 6.2 厘米（图五一，1；彩版一四，3）。

AⅡM32

（1）墓葬形制

位于AⅡM37之东北。地表有石围，平面呈圆形，直径约2米。不完整，仅存西半部分。系由片状岩石在墓室外侧地面上摆放而成。墓室为圆角长方形竖穴土坑，长1.35、宽1.1、深0.88米。墓向280°。墓口、四壁及墓底均铺一层草。填土为坚硬的黄土，内含短小木棍两根。墓底葬一人，为成年女性。葬式为左向俯身屈肢一次葬，头向西，面向右下方，双臂弯曲，右手置于头右颈部，左手置于面部前方，两腿水平放置，屈曲较甚，右肘与左膝相接，大腿与小腿紧贴在一起。在头两侧各出银耳环1件，左、右小臂上各出铜手镯1件，足髁处出铜珠56枚，应是足链。在头前放置木钵1件，钵内放木铲1件（图五二；彩版一五，1）。

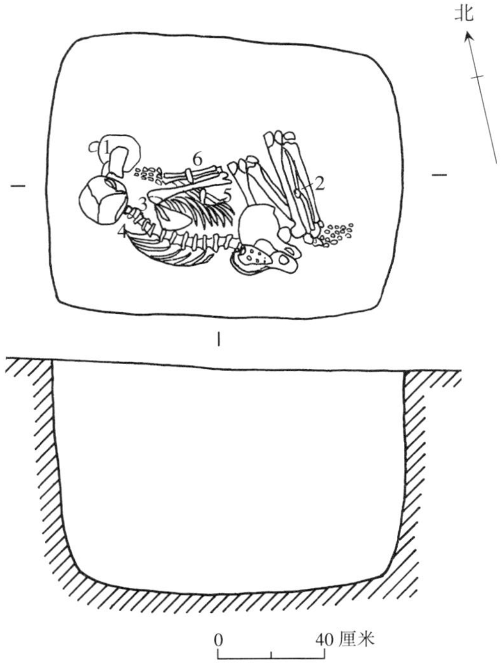

图五二 AⅡM32平、剖面图
1. 木钵、木铲 2. 铜足链 3、4. 银耳环 5、6. 铜手镯

（2）随葬品

7件（组），主要有木、铜和银器等。

1）木器 2件。

木钵 1件（标本AⅡM32∶1（1））。用一截木头横向刳挖而成。敞口，平沿，鼓腹，折腹明显，平底。有一横錾耳，錾耳位于腹最大径处，錾耳面较宽平。器表有污垢。口径13.6～14.9、底径5、高7.4～7.9厘米。出土时盘内放一把木铲（图五三，1；彩版一五，2）。

木铲 1件（标本AⅡM32∶1（2））。用木板砍削而成。铲面呈圆角长方形。长15.3、宽10.3、厚1.1厘米。柄较短，长1.5、宽2.2厘米（图五三，1）。

2）铜器 3件（组）。

铜手镯 2件。标本AⅡM32∶5，用一条铜片弯曲成圆环形，铜片剖面呈月牙状弧形，两端未完全闭合。直径5.4～6、宽2.3、厚0.2厘米（图五三，8；彩版一五，3）。标本AⅡM32∶6，用一条铜片弯曲成圆环形，铜片剖面呈月牙状弧形，两端较窄，重叠但未闭合在一起。直径6.4～6.8、宽2.6、厚0.18厘米（图五三，4；彩版一五，3）。

铜足链 1组（标本AⅡM32∶2）。56枚（彩版一五，4），出于墓主人胫骨处。铸造。可分为三种类型。三联珠，2枚。由3枚鼓形珠组成，中间有孔。其中一件器壁被孔穿透。直径1.1、高1.9～2.3、孔径0.4厘米（图五三，7）。双联珠，9枚。由两枚鼓形铜珠组成，中间有孔。直径1.1～1.2、高1.2～1.4、孔径0.45厘米（图五三，6）。扁鼓形，45枚。上下各有一个小平面，直径1、高0.4、孔径0.4厘米。出土时部分铜珠因锈蚀而粘连在一起。孔内有腐殖物，可能是绳之类（图五三，5）。

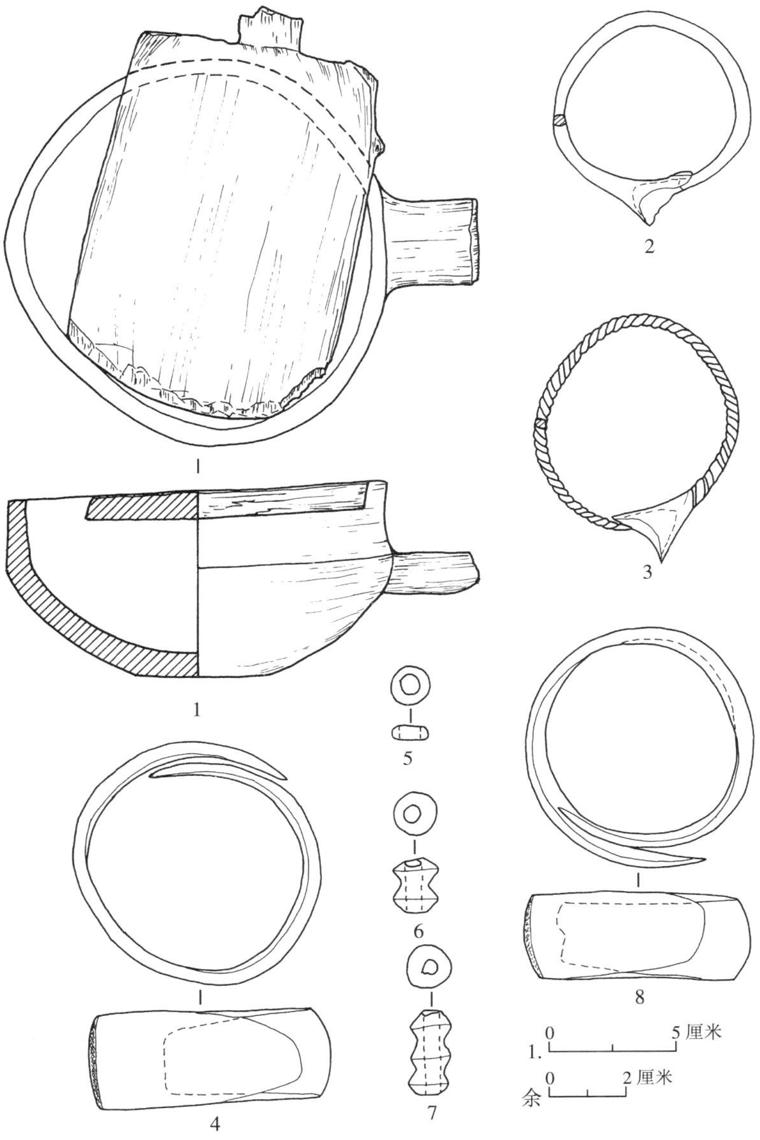

图五三　AⅡM32出土器物

1. 木钵、木铲（AⅡM32:1（1）、1（2））　2、3. 银耳环（AⅡM32:3、4）
4、8. 铜手镯（AⅡM32:6、5）　5~7. 铜足链（AⅡM32:2）

3）银器　2件。

银耳环　2件。标本AⅡM32:3，用一根扁圆形银丝弯曲成环形，耳钩一端尖细，另一端捶压成喇叭形。耳钩插入喇叭口内。直径5.2、丝径0.3~0.5、喇叭口径0.9~1.8厘米（图五三，2；彩版一五，5）。标本AⅡM32:4，用一根扁圆形银丝弯曲成环形，银丝被拧成螺旋状。耳钩一端尖细，另一端捶压成喇叭形。耳钩插入喇叭口内。直径5.1~5.9、丝径0.15~0.45、喇叭口径1.3~1.8厘米（图五三，3；彩版一五，5）。

A Ⅱ M33

（1）墓葬形制

位于A Ⅱ M35之西北。地表有石棺，平面略呈长方形，长1.3、宽0.77、最高0.4米。是用大块石头摆放而成，其中东、西两侧各为一块条石水平放在墓口两侧地面上，北侧为一块大片石垂直立在墓室北壁上。片石宽0.54、高0.64、厚0.12米。南侧无石头。石棺内有墓室，为圆角长方形竖穴土坑，长0.81、宽0.76、深0.3米。墓向72°/252°。在墓口东南部放置三块小片石，其上放置少许羊骨。石棺及墓室四壁被火烧过，呈黑红色。填土为黄沙土，内含大量灰烬、木炭和骨灰（图五四，1）。

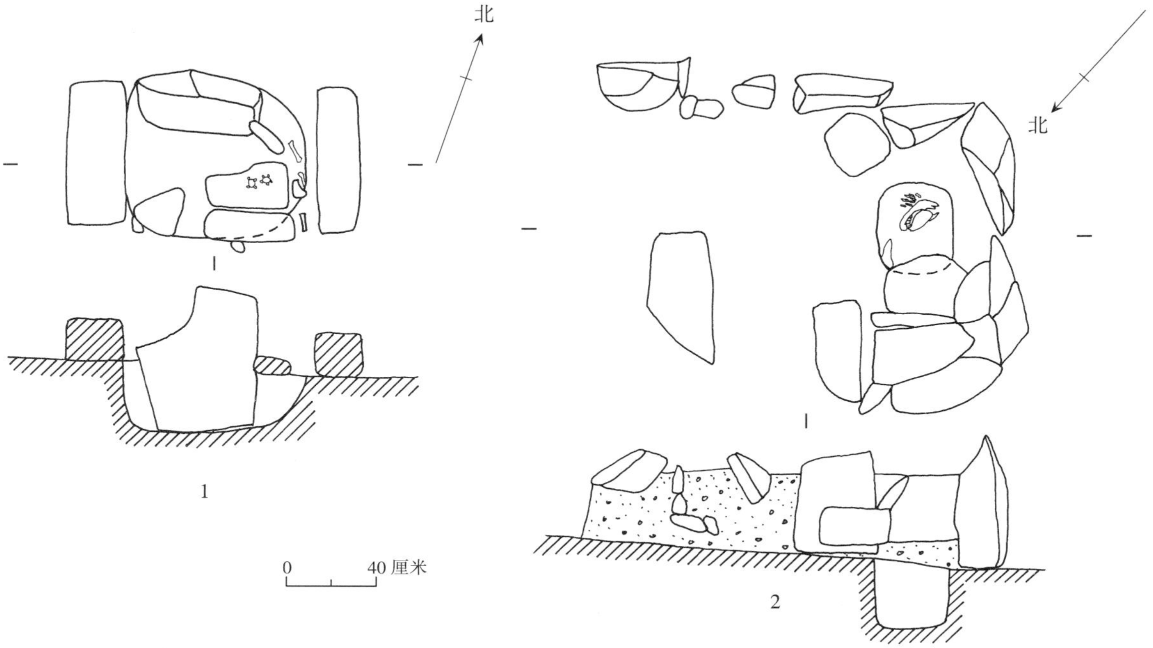

图五四 A Ⅱ M33、A Ⅱ M34平、剖面图

1. A Ⅱ M33 2. A Ⅱ M34

（2）随葬品

墓室内无随葬品。

A Ⅱ M34

（1）墓葬形制

位于A Ⅱ M20之西。地表有石棺，平面呈长方形，长1.9、宽1.5、最高0.6米。南壁为三块大片石垂直插立于地面上，东、西两壁为小块片石和土混合垒砌。北部有一缺口。石棺内有小墓室，为圆角长方形竖穴土坑，长0.41、宽0.34、深0.3米。墓向28°/208°。石棺内壁及墓室被火烧过，呈黑红色。填土为木炭、灰烬，内含大量木炭、骨灰。墓室口部放置黄毛山羊一只（图五四，2；彩版一六，1、2）。

（2）随葬品

1件，为羊1只。

羊未完全腐烂，皮毛尚存，靠炭火一侧皮毛被火烧焦，说明羊是在墓室内火未完全熄灭之前放进去的。

AⅡM35

（1）墓葬形制

位于AⅡM31之西。地表有封堆，平面略呈椭圆形，较低平，直径1.5、高0.3米。由黄土、岩石块混合堆成。墓室为圆角长方形竖穴土坑，四壁内收。墓口长0.96、宽0.66、深0.56米，墓底长0.62、宽0.33米。墓向259°。墓口上放置一块片石。石下有一层棚木，横向平铺共有细木棍十五根。填土为坚硬的黄土。墓底葬一人，为婴幼儿，第二乳臼齿正在萌出。葬式为左向侧身屈肢一次葬，头向西北，面向东北，两臂弯曲，置于胸前，两腿水平放置，屈曲较甚，足踵贴臀。头前放置陶碗1件（图五五；彩版一六，3、5）。

（2）随葬品

1件，为陶器。

陶碗　1件（标本AⅡM35∶1）。夹砂红褐陶皮红胎。手制。器形较宽扁。敞口，圆沿，斜腹，饼状平底，边沿外侈。外表不光滑。口径8.7、底径5.8、高5.3厘米（图五五，1；彩版一六，4）。

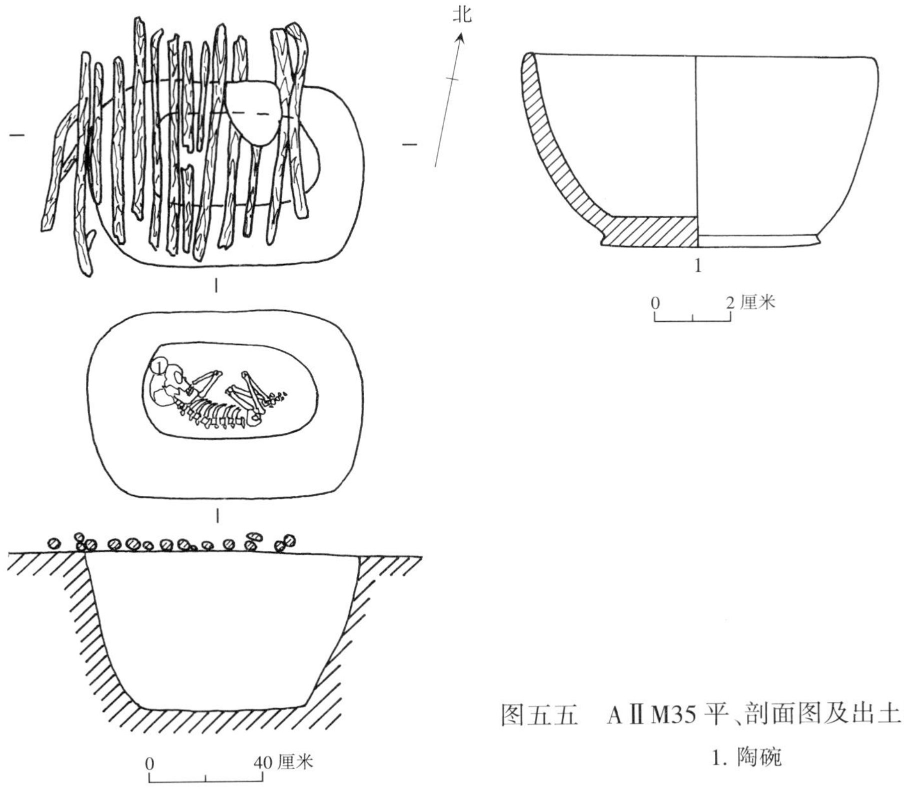

图五五　AⅡM35平、剖面图及出土器物
1. 陶碗

AⅡM36

（1）墓葬形制

位于AⅡM37之西北。地表有封堆，平面呈圆形，较低平，直径2、高0.3米。由黄土、岩石块混合堆成。石围位于封堆外侧，平面呈圆形，直径3.6米。用岩石在地面上水平摆放而成。墓室为圆角长方形竖穴土坑，长1.4、宽1.16、深1米。墓向270°。墓口平铺一层草。墓室填土为坚硬的黄土。墓底亦铺一层草。墓底葬两人，为一成年女性和一婴幼儿合葬。女性居南，葬式为俯身屈肢一次葬，头向西，面向下，右臂弯曲，上臂和下臂叠压在一起；左臂微屈曲，手置于右肩外侧；两腿水平放置，弯曲较甚，右腿上抬，膝与肘接，足踵贴臀。婴儿位于墓室西北角，有乳齿10颗，葬式为俯身屈肢一次葬，头向西，面向下，双臂弯曲，双手合于胸前，两腿弯曲较甚，呈跪式。婴儿头下、头顶各放置陶束颈罐1件（图五六；彩版一七，1）。

（2）随葬品

2件，为陶器。

陶束颈罐　2件。标本AⅡM36∶1，夹砂红褐陶，器表局部发红，灰胎。手制。侈口，外斜平沿，束颈，颈较短，鼓腹，腹最大径靠上，下腹较瘦，饼状平底，边沿外侈。外壁有烟炱，内壁有褐色污垢。口径10.5、底径5.7、高11.3厘米（图五六，1；彩版一七，2）。标本AⅡM36∶2，夹砂红褐陶，陶色不匀，灰胎。手制，外表经过刮抹，但口沿、器表仍不光滑平整，内壁捏痕明

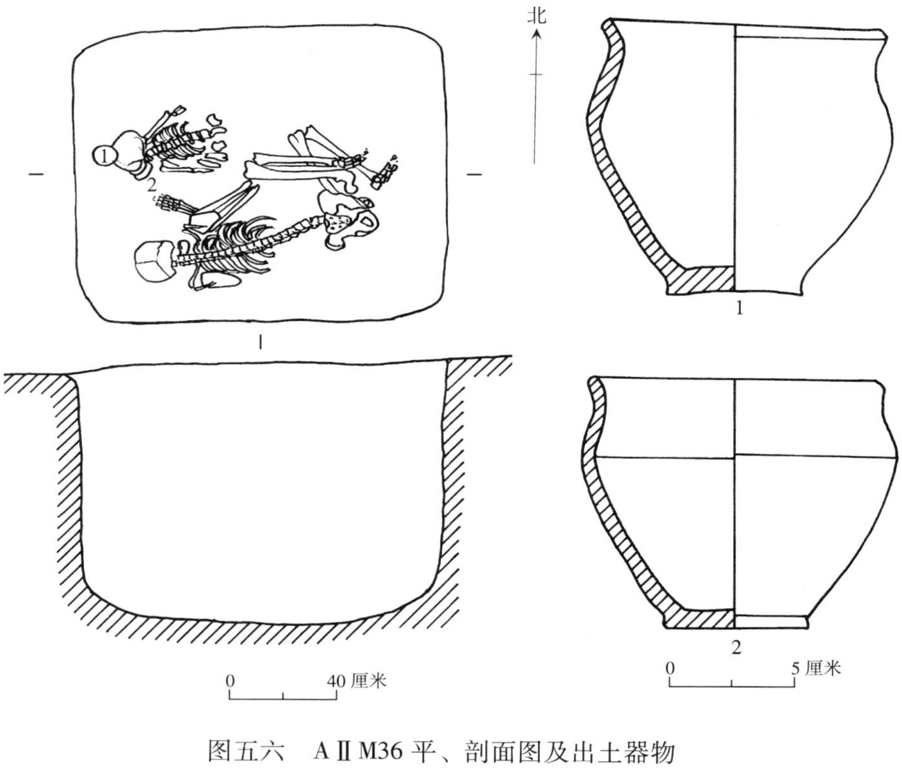

图五六　AⅡM36平、剖面图及出土器物

1、2. 陶束颈罐

显。侈口，圆沿，束颈，折肩，内外各有一道折棱，鼓腹，腹最大径靠上，饼状平底，边沿外侈。外壁有烟炱。口径 11 ~ 11.7、底径 5.7 ~ 6、高 10.1 厘米（图五六，2；彩版一七，3）。

在封堆南侧有一座殉葬坑（编号 FK36）。坑口外侧地表上有圆形石围，直径 0.82 米。坑口平面为圆形竖穴土坑，长 0.52、宽 0.46、深 0.44 米。坑口铺一层草和一层片石。填土为坚硬的黄土。在坑中部插立一根细木棍。坑底部出少许羊骨。

AⅡM37

（1）墓葬形制

位于 AⅡM32 之西。地表有封堆，平面略呈圆形，较低平。直径 1.6、高 0.3 米。由岩石、黄土混合堆成。去掉封堆即见大量红烧土堆积，内含大量木炭、骨灰。墓室为椭圆形竖穴二层台土坑，长径 0.86、短径 0.68、深 0.3 米。墓向 80°/260°。二层台宽约 0.2 米。墓壁被火烧过，呈黑红色。墓室内盛满木炭、灰烬和骨灰。在墓室北侧二层台上放置残陶束颈罐 1 件（图五七；彩版一七，4）。

（2）随葬品

1 件，为陶器。

陶束颈罐　1 件（标本 AⅡM37∶1）。夹砂红褐陶，灰胎。手制，较粗糙，口沿、器表不光滑平整。侈口，外斜平沿，束颈，颈较短，鼓腹，腹最大径靠上。口径 8、残高 7.6 厘米（图五七，1；彩版一七，5）。

AⅡM38

（1）墓葬形制

位于 AⅡM32 之东南。封堆较低平。直径 1.6、高 0.25 米。由黄土、岩石块堆成。墓室为圆角长方形竖穴土坑，长 0.7、宽 0.32、深 0.48 米。墓向 85°/265°。填土为坚硬的黄土。墓室内无

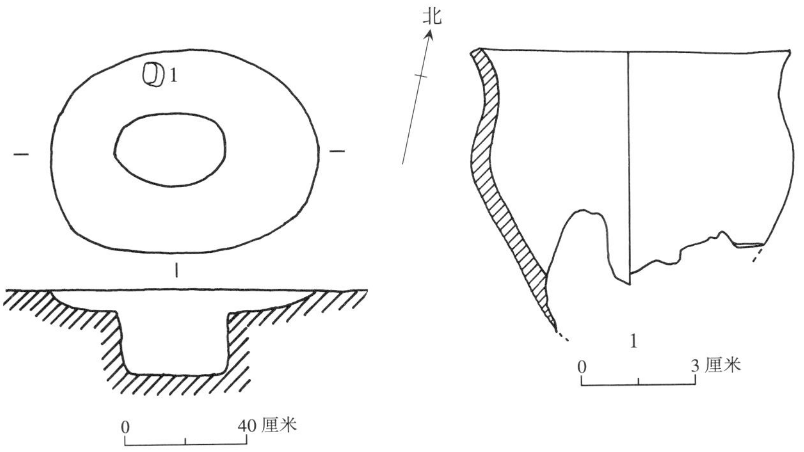

图五七　AⅡM37 平、剖面图及出土器物

1. 陶束颈罐

人骨（图五八）。

（2）随葬品

墓室内无随葬品。

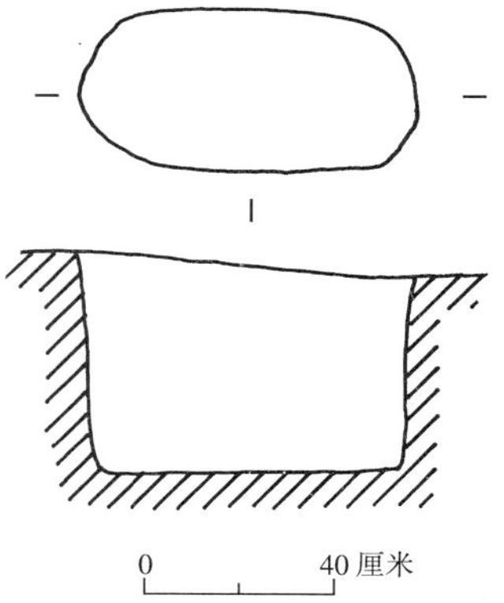

图五八　AⅡM38平、剖面图

AⅡM39

（1）墓葬形制

位于AⅡM40之西。地表散布少许岩石块。在墓室北侧地表上有一堆红烧土。墓室为不规则圆角长方形竖穴土坑，长1.43、宽0.78、深0.96米。墓向270°。墓口平铺一层草。填土为坚硬的黄土。墓底亦铺一层草。墓底葬一人，为成年女性。葬式为左向侧身屈肢一次葬，头向西北，面向东，头颈部弯曲，右臂弯曲，上、下臂骨叠在一起，左臂屈曲，手置于头颈部右侧，两腿水平放置，弯曲较甚，膝盖与肘部相接，足踵贴臀。右耳部出铜耳环1件，右手部出铜戒指1枚，在头前靠墓壁放置残木铲、木片各1件（图五九；彩版一八，1）。

（2）随葬品

4件，主要是木、铜器等。

1）木器　2件。

木铲　1件（标本AⅡM39∶2）。残，仅存半个。用木板砍削而成。铲柄较长，溜肩，铲面呈长方形。在铲肩部有孔。残长27.4、残宽10厘米（图五九，2；彩版一八，2）。

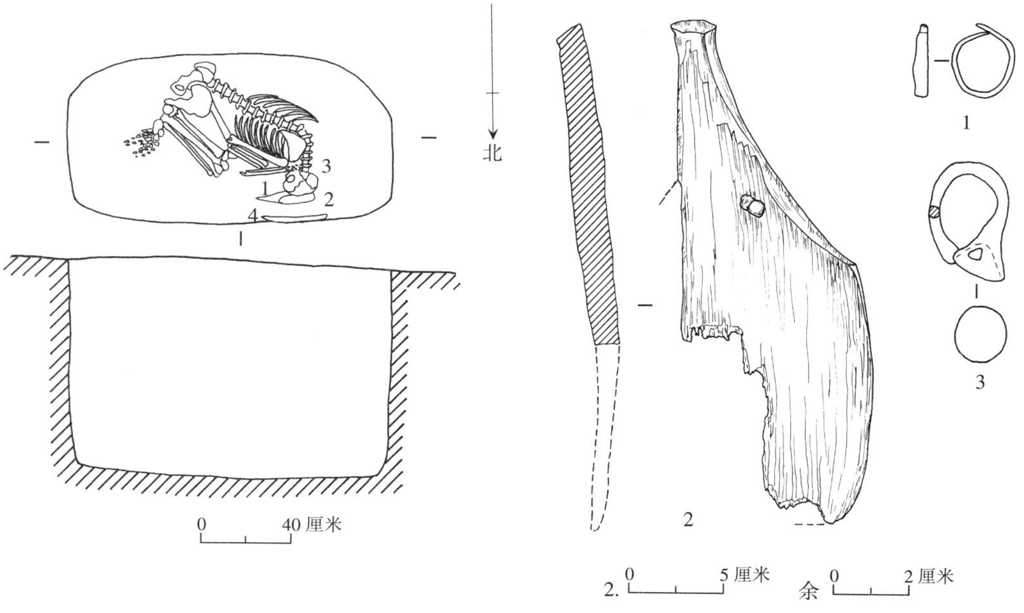

图五九　AⅡM39平、剖面图及出土器物

1. 铜戒指　2. 木铲　3. 铜耳环　4. 木片

2）铜器　2件。

铜耳环　1件（标本AⅡM39∶3）。用一根细铜丝弯曲成圆环形。耳钩较尖细，耳坠呈喇叭形。耳钩前端伸入喇叭口内。耳坠部分系一次铸成，口部呈椭圆形，边缘有一小孔。直径2.2、丝径0.3、喇叭口径1.5厘米（图五九，3；彩版一八，3）。

铜戒指　1件（标本AⅡM39∶1）。用一条薄铜片弯曲成圆环形，两端闭合。直径1.7、宽0.2～0.4、厚0.15厘米（图五九，1；彩版一八，4）。

AⅡM40

（1）墓葬形制

位于AⅡM42之西北。地表有封堆，平面呈圆形，较低平，直径1.2、高0.2米。由黄土、岩石块混合堆成。墓室为圆角长方形竖穴土坑，长0.46、宽0.34、深0.47米。墓向232°。墓口盖一层石板，石板上铺一层草。墓室内填草。墓底葬一人，为婴儿。保存较好，除面部已腐烂外，其余部分已变成干尸。葬式为俯身屈肢一次葬，头向西南，面向下方，双臂弯曲，双手置于胸前，两腿弯曲较甚，呈跪式。在头右侧放置陶罐底1件（图六〇；彩版一八，5、6）。

（2）随葬品

1件，为陶器。

陶罐底　1件（标本AⅡM40∶1）。夹砂红褐陶，灰胎。手制，外表刮抹光滑。斜腹，饼状平底，边沿外侈。底径8.4、残高3.7厘米（图六〇，1；彩版一八，7）。出土时罐内有一块毛毡片。

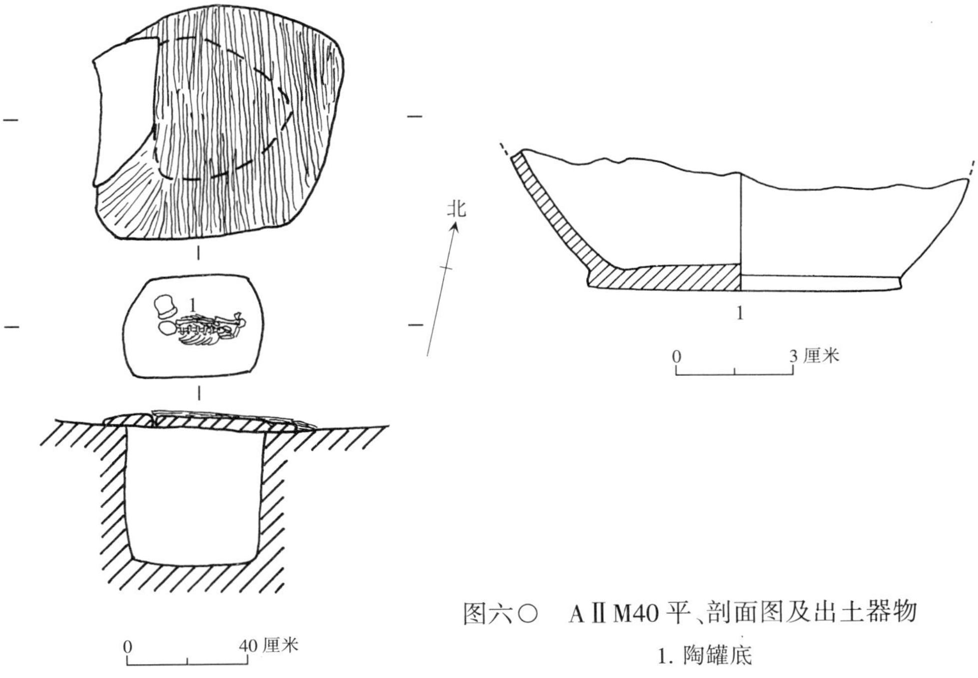

图六〇　AⅡM40平、剖面图及出土器物

1. 陶罐底

AⅡM41

（1）墓葬形制

位于AⅡM42之东。地表有封堆，平面呈圆形，石堆直径4米。由黄土、岩石块混合堆成。封堆西南部及墓口上部被AⅡM49打破。石围位于封堆下，平面略呈圆形，直径2.6米。是用片状岩石在墓室外侧地面上摆放一周而成。墓室为圆角长方形竖穴土坑，长1.6、宽1.36、深0.86米。墓向112°/292°。墓口平铺一层草。墓室填土为坚硬的黄土。墓壁下部及墓底亦铺一层草。墓底葬一人，为成年人，性别不明。葬式为二次葬，仅见少量碎骨头。在墓底中西部及西南角上各放置陶束颈罐1件（图六一）。

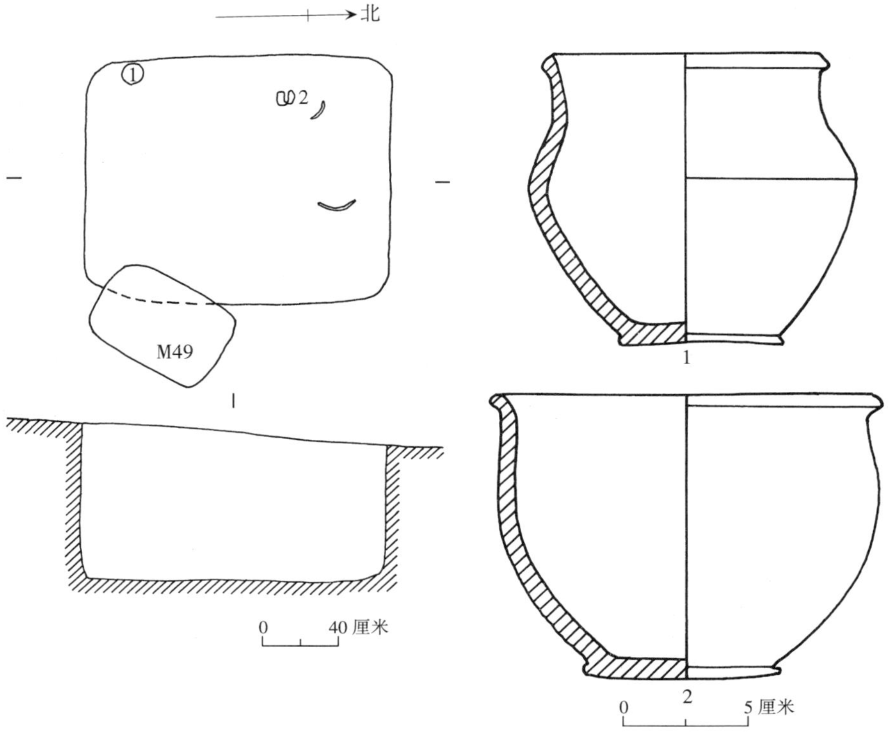

图六一 AⅡM41平、剖面图及出土器物

1、2. 陶束颈罐

（2）随葬品

2件，为陶器。

陶束颈罐 2件。标本AⅡM41∶2，夹砂灰褐陶，陶色不匀，灰胎。手制。侈口，卷沿，束颈，鼓腹，上腹较直，腹最大径在中部，下腹较鼓，饼状平底，边沿微外侈。口径13.9～14.4、底径7.5、高11.8厘米（图六一，2；彩版一九，1）。标本AⅡM41∶1，夹砂红褐陶，陶色不匀，灰胎。手制，外表经过刮抹，但口沿不光滑平整。侈口，外斜平沿，束颈，颈较高，折肩，内外各有一道折棱，鼓腹，腹最大径靠上，饼状平底，边沿外侈。内、外壁都有污垢。口径10.6、底径6.6～6.8、高12厘米（图六一，1；彩版一九，2）。

AⅡM42

（1）墓葬形制

位于AⅡM40之东南。地表有石围，平面呈圆形，仅存北半部分呈弧形环绕在墓室北侧，直径2.2米。是用片状岩石块摆放而成。墓室为圆角长方形竖穴土坑，长1.15、宽0.88、深1米。墓向292°。墓口平铺一层草，靠西北角放置一根细木棍。墓室填土为坚硬的黄土。墓壁下部及墓底亦铺一层草。墓底葬一人，为成年女性。葬式为左向侧身屈肢一次葬，头向西北，面向东北，双臂弯曲，双手置于下颌部，双腿水平放置，弯曲较甚，膝部上抬至肩部，足踵贴臀。头两侧耳部各出铜耳环1件，双手腕部各出铜手镯1件，足部出铜足链1条，在面部前方放置陶束颈罐1件（图六二；彩版二〇，1）。

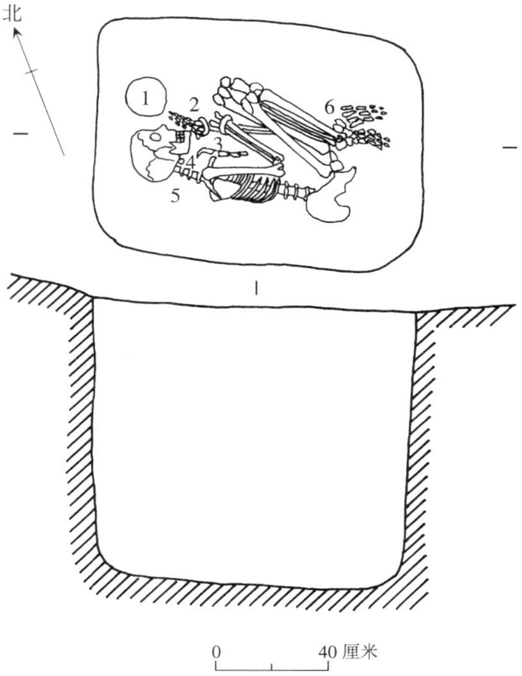

图六二　AⅡM42平、剖面图
1. 陶束颈罐　2、3. 铜手镯　4、5. 铜耳环　6. 铜足链

（2）随葬品

6件（组），主要是陶、铜器等。

1）陶器　1件。

陶束颈罐　1件（标本AⅡM42∶1）。夹砂灰陶，陶色不匀，灰胎。手制。侈口，外斜平沿，束颈，折肩，内外各有一道折棱，鼓腹，腹最大径靠上，饼状平底，边沿外侈。肩上有九枚戳印纹。外壁有污垢。口径14.2～14.5、底径8.8、高15.3厘米（图六三，1；彩版二〇，2）。

2）铜器　5件（组）。

铜耳环　2件。标本AⅡM42∶4，耳坠已残。用一根细铜丝弯曲成圆环形。直径3.1～3.3、丝径0.2厘米（图六三，4）。标本AⅡM42∶5，用一根细铜丝弯曲成圆环形。耳钩较尖细，耳坠呈喇叭形。耳坠部分系将铜丝捶打成扇形薄片后卷成椭圆环形，口部接缝完全重叠闭合。耳钩前端伸入喇叭口内。直径2.6～3.4、丝径0.3、喇叭口径1.5～1.7厘米（图六三，5；彩版二〇，4）。

铜手镯　2件。标本AⅡM42∶2，用一条铜片弯曲成圆环形，铜片剖面呈月牙状弧形。两端重叠闭合。直径6.9、最宽2.35、最厚0.25厘米（图六三，2；彩版二〇，3）。标本AⅡM42∶3，用一条铜片弯曲成圆环形，铜片剖面呈月牙状弧形。两端重叠闭合。直径6.6、最宽2.8、最厚0.4厘米（图六三，3；彩版二〇，3）。

铜足链　1条（标本AⅡM42∶6）。由13枚铜珠组成，其中2枚残（彩版二〇，5）。可分为两

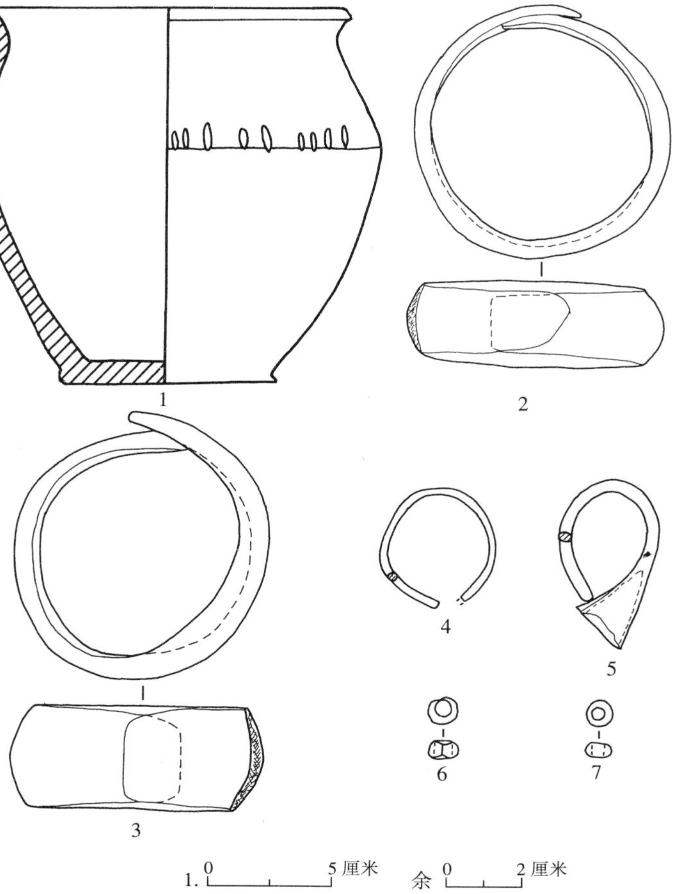

图六三 AⅡM42出土器物

1. 陶束颈罐（AⅡM42∶1） 2、3. 铜手镯（AⅡM42∶2、3） 4、5. 铜耳环（AⅡM42∶4、5） 6、7. 铜足链（AⅡM42∶6）

种。用薄铜片弯曲成圆环形、两端闭合者5枚。直径0.6～0.8、高0.2～0.5、孔径0.4～0.45厘米（图六三，6）。圆鼓形、中间有孔者6枚，铸造而成。直径0.6～0.7、高0.2～0.4、孔径0.3～0.4厘米（图六三，7）。

AⅡM43

（1）墓葬形制

位于AⅡM44之东。地面散布少许岩石块。墓室为圆形竖穴土坑，直径0.81、深0.7米。墓向320°。墓室填土为坚硬的黄土，内含碎草等。墓底铺一层草。墓底葬一人，为婴儿，侧门齿已萌出。葬式为左向侧身屈肢一次葬，头向西北，面向东，双臂弯曲抱于胸前，两腿水平放置，屈曲较甚，足踵贴臀。面前方放置陶罐底1件（图六四；彩版一九，3）。

（2）随葬品

1件，为陶器。

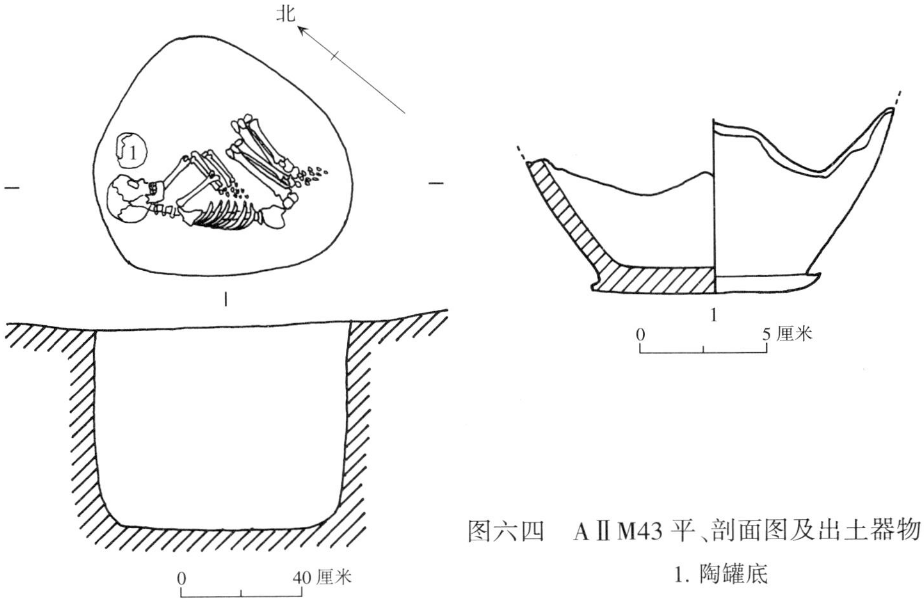

图六四　AⅡM43平、剖面图及出土器物

1. 陶罐底

陶罐底　1件（标本AⅡM43∶1）。夹砂红褐陶，灰胎。手制。斜腹，饼状平底，边沿外侈。罐内有一层炭化物。底径9、残高7.4厘米（图六四，1；彩版一九，4）。

AⅡM44

（1）墓葬形制

位于AⅡM45之东北。石围平面呈椭圆形，直径1.1米。是用岩石块在墓室四周地面上摆放一圈而成。墓室为圆角长方形竖穴土坑，长0.65、宽0.4、深0.5米。墓向68°/248°。填土为坚硬的黄土。墓室内无人骨及遗物（图六五）。

（2）随葬品

墓室内无随葬品。

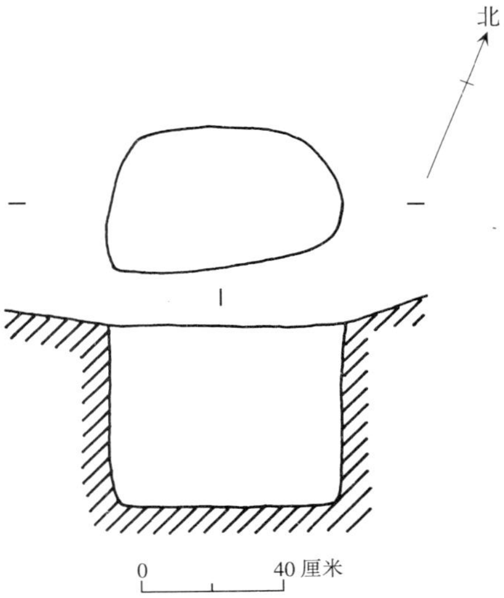

图六五　AⅡM44平、剖面图

AⅡM45

（1）墓葬形制

位于AⅡM46之西。地表有石围，平面呈圆形，北部有缺口。直径1.6米。由岩石块水平摆放在墓室外侧地面上而成。墓室为圆角长方形竖穴土坑，长1.12、宽0.7、深0.65米。墓向254°。墓室填土为坚硬的黄土，内含少量杂草。墓室西南壁上贴壁垂直放立两块片石，石后墓壁上有一道地裂缝，里面全是清沙，片石是用来挡住流沙的。墓底葬一人，为成年男性。葬式为仰身屈肢一次葬，头向西偏南，面向右上方，双臂弯曲，双手抱腿，双腿向上弯曲，膝部上抬至肩部附近，足踵贴臀。头右侧放置陶杯1件（图六六）。

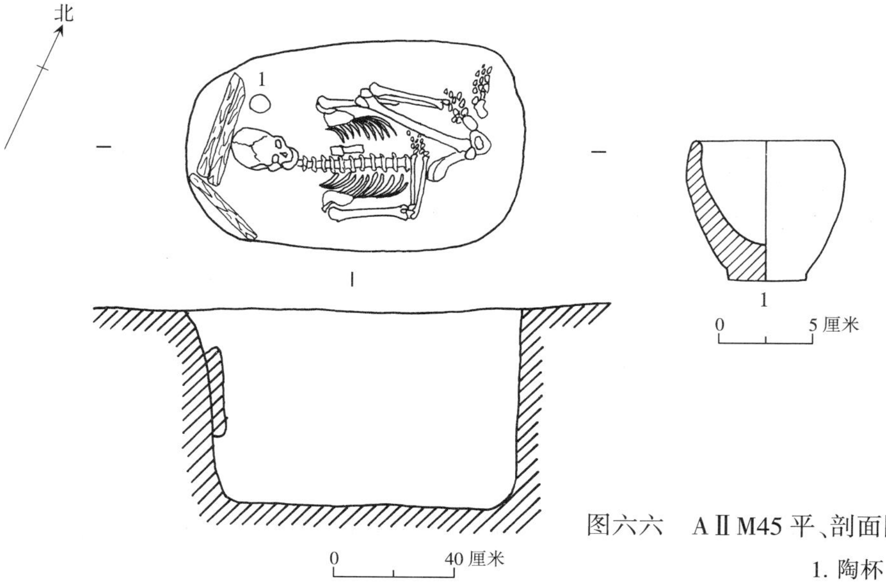

图六六　AⅡM45平、剖面图及出土器物
1. 陶杯

（2）随葬品

1件，为陶器。

陶杯　1件（标本AⅡM45:1）。夹砂红褐陶。手制，较粗糙。器形较高瘦。敞口微敛，圆沿，斜腹，饼状平底，边沿外侈。口径7.2、底径4.1、高7.6厘米（图六六，1；彩版一九，5）。

AⅡM46

（1）墓葬形制

位于AⅡM45之东。地表有石围，平面略呈圆形，直径2.4米。是用岩石块在墓室外侧地面上水平摆放而成。墓室为圆角长方形竖穴土坑，长1.06、宽0.72、深0.74米。墓向110°。填土为坚硬的黄土。墓底北侧铺一层柳条编织物。墓底葬一人，为成年女性。葬式为左向侧身屈肢一次葬，头向东南，面向西南，右上臂上举，手置于膝部，左手屈曲，手置于右肩部，双腿弯曲，膝部上抬及肘，足踵贴臀。面前放置陶束颈罐1件（图六七；彩版二一，1）。

（2）随葬品

1件，为陶器。

陶束颈罐　1件（标本AⅡM46:1）。夹砂红褐陶，颜色不匀，灰胎。手制，外表经过刮抹。侈口，圆沿，束颈，折肩，内外各有一道折棱，鼓腹，腹最大径靠上，饼状平底。外壁有烟炙、污垢。口径12.2、底径6.3、高9.9～10.4厘米（图六七，1；彩版二一，2）。

AⅡM47

（1）墓葬形制

位于AⅡM84之北。地表有石围，平面略呈圆形，直径3米。是用岩石块在墓室外侧地面上水平摆放而成。墓室为圆角长方形竖穴土坑，东部宽，西部窄，长1.44、最宽0.85、深0.93米。

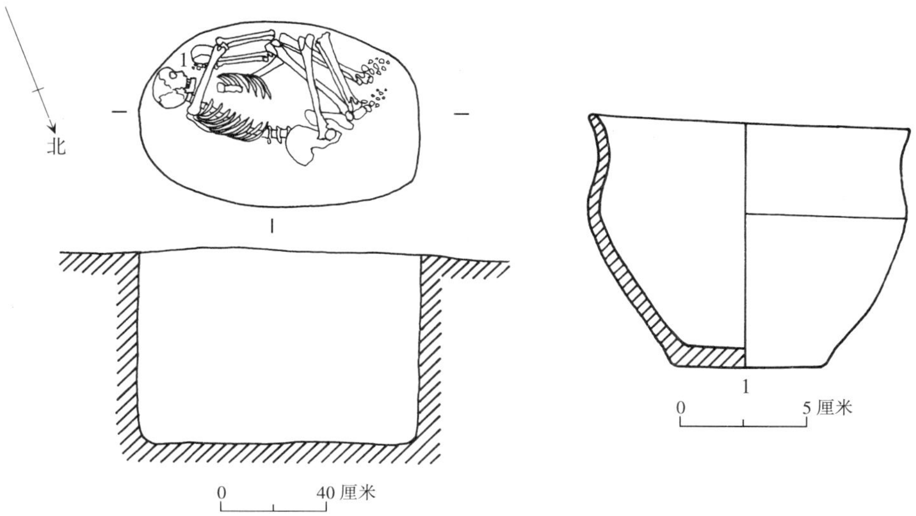

图六七　AⅡM46平、剖面图及出土器物

1. 陶束颈罐

墓向276°。墓口平铺一层草，偏东侧横向放两根木棍。填土为坚硬的黄土。墓底亦铺一层草。墓底葬一人，为成年女性。葬式为左向侧身屈肢一次葬，头向西北，面向东北，双臂弯曲上举，双手置于面部，双腿弯曲，膝部上抬及肘，足踵贴臀，小腿交叉放置。头顶放置陶束颈罐1件，罐上放置山羊头一只（图六八；彩版二一，3）。

（2）随葬品

2件，为陶束颈罐和羊骨等。

陶束颈罐　1件（标本AⅡM47∶1）。夹砂红褐陶，陶色不匀，灰胎。手制，外表经过刮抹。侈口，圆沿，束颈，鼓腹，腹最大径靠上，下腹较胖，饼状平底，边沿微外侈。内壁有褐色污垢。口径9.8、底径8、高9.2厘米（图六八，1；彩版二一，4）。出土时罐内盛有少量羊骨。

AⅡM48

（1）墓葬形制

位于AⅡM84之东。地表有石围，平面略呈圆形，不完整，南、北两侧有缺口，直径2.7米。是用岩石块在墓室外侧地面上水平摆放而成。墓室为圆角长方形竖穴土坑，墓口东部窄、西部宽，长1.24、最宽0.98、深0.8米。墓向300°。墓口平铺一层草，西侧横向放置一根木棍。填土为坚硬的黄土，内含少量木头。墓壁下部及墓底铺一层草。墓底葬一人，为成年男性。葬式为左向侧身屈肢一次葬，头向西，面向北，双臂弯曲上举，双手交叉置于胸上部，双腿水平放置，弯曲较甚，膝部上抬及胸，足踵贴臀。腿外侧放置陶束颈罐1件，罐旁放置山羊头一只（图六九；彩版二二，1）。

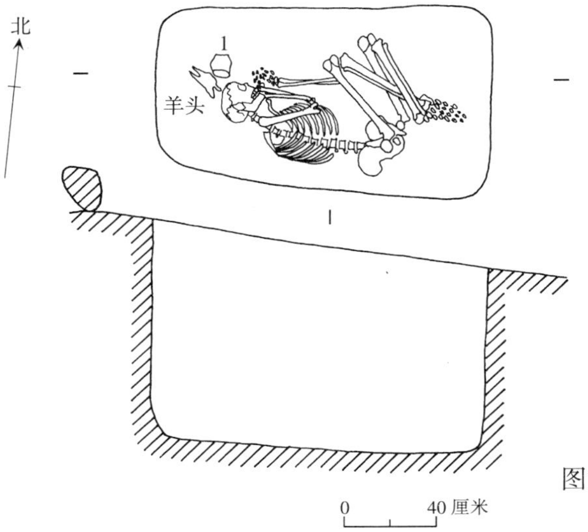

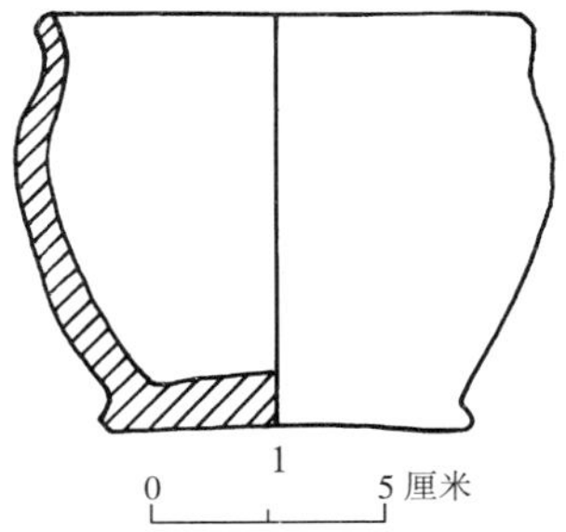

图六八 AⅡM47 平、剖面图及出土器物

1. 陶束颈罐

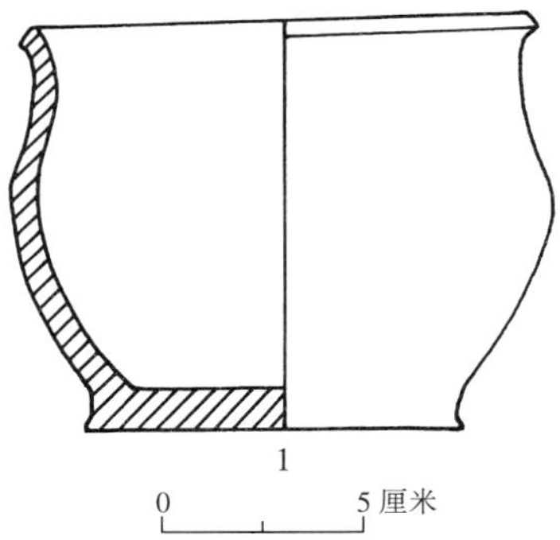

图六九 AⅡM48 平、剖面图及出土器物

1. 陶束颈罐

（2）随葬品

2 件，为陶束颈罐和羊头等。

陶束颈罐 1 件（标本 AⅡM48∶1）。夹砂红褐陶，陶色不匀，灰胎。手制，外表经过刮抹，但口沿不平整。侈口，外斜平沿，束颈，鼓腹，腹最大径居中，下腹较鼓，饼状平底，边沿微外侈。外壁有烟炱、污垢，内壁亦有褐色污垢。口径 12.1、底径 9.8、高 10.8 厘米（图六九，1；彩版二一，5）。

AⅡM49

（1）墓葬形制

位于AⅡM41之东，被AⅡM41打破。地表有石围，平面呈长方形，长1.74、宽1.1、高0.26米。是用大块片石水平放置于地面上而成。墓室为圆角长方形竖穴土坑，长0.7、宽0.5、深0.42米。墓向160°/340°。填土为坚硬的黄土。墓室内无人骨和随葬品（图七〇）。

（2）随葬品

墓室内无随葬品。

AⅡM50

（1）墓葬形制

位于AⅡM51之北。地表有石棺，平面略呈圆角长方形，长1.34、宽1.26、高0.4米。是用大块片石插立于地面上而成。西北部有一缺口。石棺内有小墓室，为圆角长方形竖穴，长0.8、宽0.35、深0.36米。墓向98°/278°。石棺内壁及墓室被火烧过，呈黑红色。棺内盛满灰烬，内含大量木炭、骨灰（图七一；彩版二二，2）。

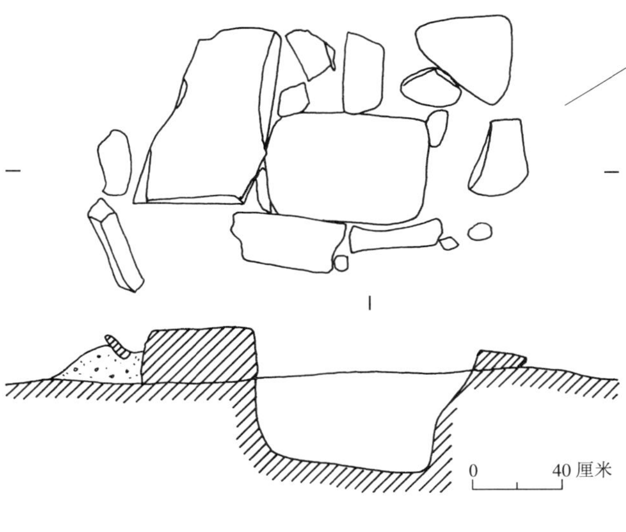

图七〇　AⅡM49平、剖面图

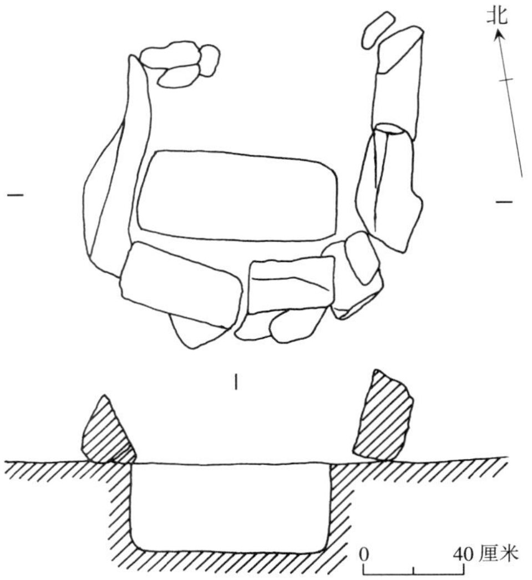

图七一　AⅡM50平、剖面图

（2）随葬品

墓室内无随葬品。

AⅡM51

（1）墓葬形制

位于AⅡM50之南。地面无封堆标志。墓室为不规则长方形竖穴土坑，长1.04、最宽0.68、深0.62米。墓向290°。墓口平铺一层草。墓室填土为坚硬的黄土。墓底亦平铺一层草。墓底葬一人，为未成年女性，第二恒臼齿未萌出。葬式为左向侧身屈肢一次葬，头向西北，面向东，双臂弯曲，双手交叉置于胸前，两腿水平放置，弯曲较甚，膝上抬至胸部，足踵贴臀。头顶放置陶束颈罐1件（图七二；彩版二二，3）。

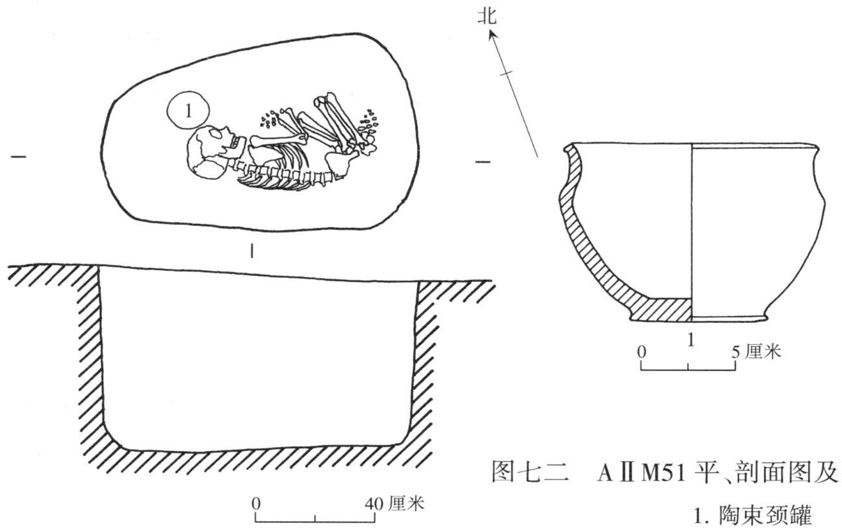

图七二 AⅡM51平、剖面图及出土器物
1. 陶束颈罐

（2）随葬品

1件，为陶器。

陶束颈罐 1件（标本AⅡM51∶1）。夹砂灰陶，陶色不匀，灰胎。手制，外表经过刮抹。侈口，外斜平沿，束颈，折肩，内外各有一道折棱，鼓腹，腹最大径靠上，饼状平底，边沿外侈。口径12.4～13、底径7.5、高9.8厘米（图七二，1；彩版二二，4）。

AⅡM52

（1）墓葬形制

位于AⅡM13之西。地表有封堆，平面略呈椭圆形，较低平，直径1.9～2.8米。由黄土、岩石块混合堆成。封堆下两个双墓室（编号为A、B）（图七三）。

A墓室居中。地面有石围，平面呈圆形，直径3.2米。是用大块片石水平放置于地面上而成。墓室为圆角长方形竖穴土坑，长1.25、宽1、深0.7米。墓向19°。墓室填土为坚硬的黄土，内含碎草等。墓壁下部及墓底有一层草。墓底葬两人，为一成年男性和一成年女性合葬。男性居北，葬式为左向侧身屈肢一次葬，头向东，面向东南，右臂弯曲，手置于头右侧；左臂弯曲置于身旁，两腿水平放置，弯曲较甚，两腿上举紧贴腹部，足踵贴臀。女性居南，葬式为左向侧身屈肢一次葬，头向东，面向东南，双臂弯曲，双手抱膝，两腿水平放置，弯曲较甚，足踵贴臀。男性头上出铜泡1件，腹部出木结具1件。头前放置木盘1件，上面放有羊排骨；盘下放置陶束颈罐1件。在女性头顶亦放置陶束颈罐1件（图七四，A；彩版二三，1）。

B墓室位于封堆西部。墓室为圆形竖穴土坑，直径0.92、深0.72米。墓向287°。墓口平铺一层草。墓室填土为坚硬的黄土，内含朽草。墓底铺一层草。墓底葬一人，为婴幼儿。葬式为左向侧身屈肢一次葬，头向西北，面向东北，双臂微曲置于胸前，双腿水平放置，屈曲较甚。墓室西北角放置陶罐底1件（图七四，B）。

（2）随葬品

6件，主要是陶、铜、木器等。

1）陶器　3件。

陶束颈罐　2件。标本AⅡM52A∶5，夹砂灰褐陶，陶色不匀，灰胎。手制，外表刮磨光滑。侈口，外斜平沿，束颈，颈较短，鼓腹，下腹较鼓，饼状平底，边沿微外侈。外壁有烟炱，内壁有褐色污垢。口径12～12.5、底径7.5～7.7、高10厘米。出土时口部盖一块木片，长19.6、宽8.5、厚1.5厘米（图七五，1；彩版二三，2）。标本AⅡM52A∶1，夹砂红褐陶，灰胎。手制，外表经过刮磨，但口沿、器表仍不光滑平整。侈口，外斜平沿，束颈，颈较短，鼓腹，腹最大

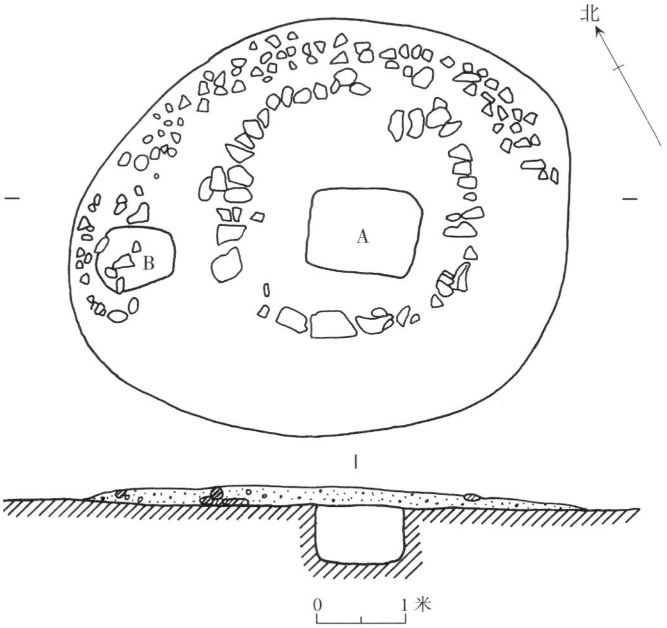

图七三　AⅡM52封堆平、剖面图

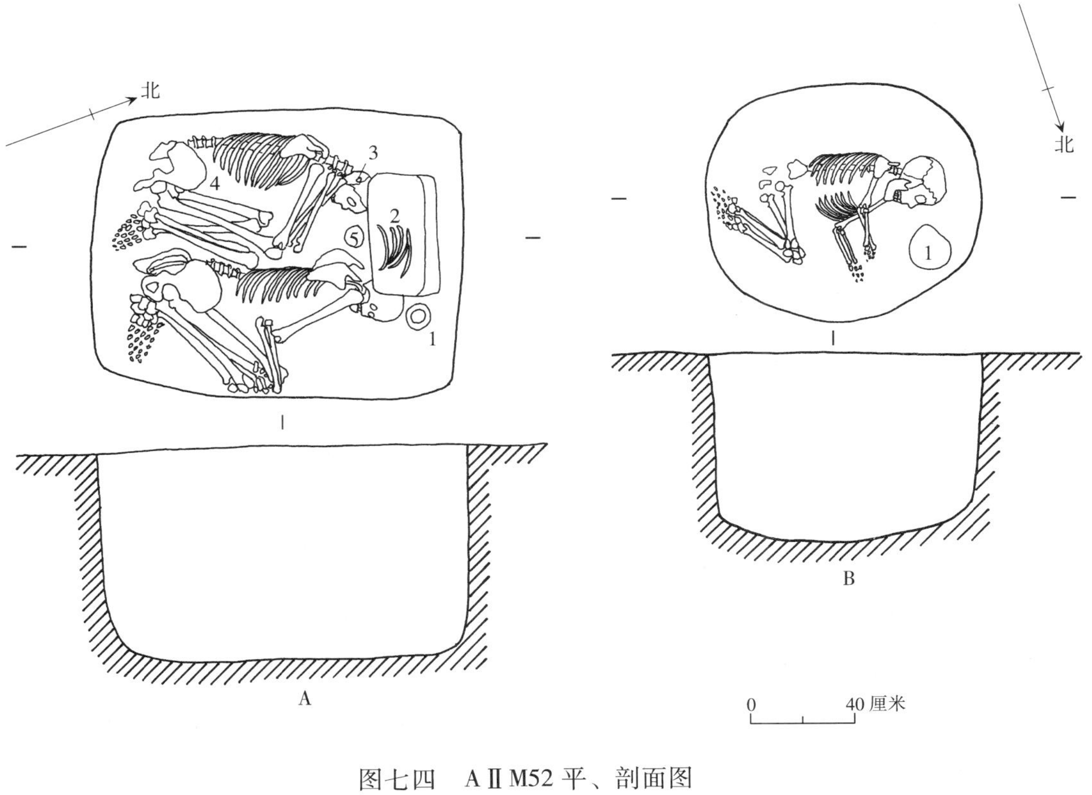

图七四　AⅡM52平、剖面图

A：AⅡM52A　1、5. 陶束颈罐　2. 木盘　3. 铜泡　4. 木结具

B：AⅡM52B　1. 陶罐底

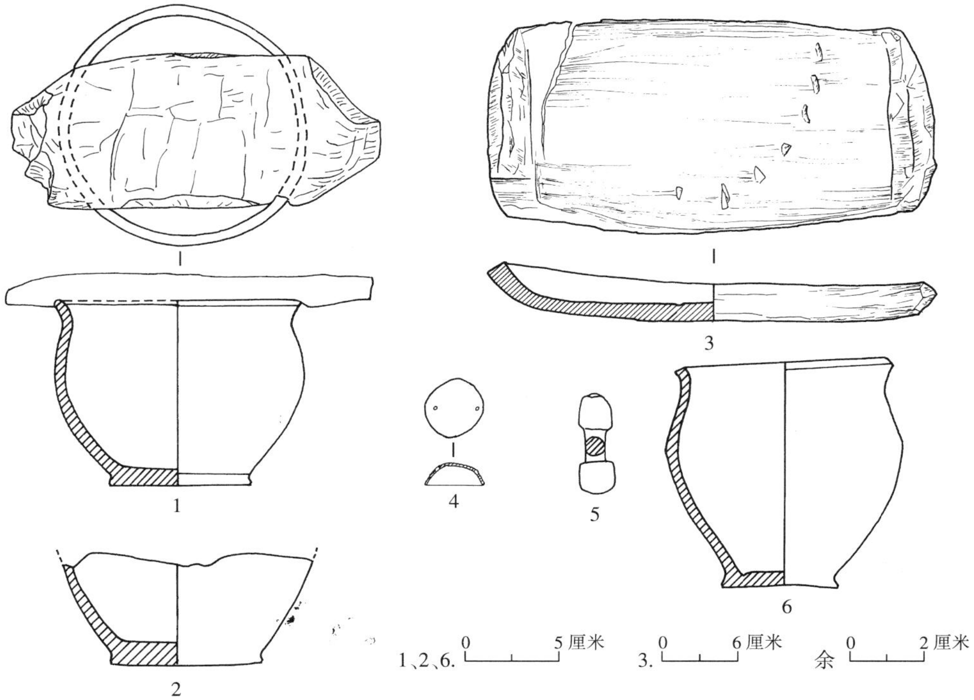

图七五 AⅡM52出土器物

1、6. 陶束颈罐（AⅡM52A∶5、1） 2. 陶罐底（AⅡM52B∶1） 3. 木盘（AⅡM52A∶2）
4. 铜泡（AⅡM52A∶3） 5. 木结具（AⅡM52A∶4）

径靠上，下腹较瘦，饼状平底，边沿外侈。器底边沿附加泥条。外壁有烟炙、污垢，内壁亦有褐色污垢。口径10.4～11、底径6～6.5、高11.8～12.4厘米（图七五，6；彩版二三，4）。

陶罐底 1件（标本AⅡM52B∶1）。仅存器底和腹下部。夹砂灰褐陶，灰胎。手制。斜腹，饼状平底，边沿外侈。底径8.2、残高6.2厘米（图七五，2；彩版二三，7）。

2）铜器 1件。

铜泡 1件（标本AⅡM52A∶3）。圆形，剖面呈馒头状，边缘有两对称孔。孔内残存一截毛线绳。直径1.6、高0.55厘米，孔径0.1厘米，铜片厚0.1厘米（图七五，4；彩版二三，6）。

3）木器 2件。

木盘 1件（标本AⅡM52A∶2）。已变形。系用一块厚木板砍削而成。两短边的沿较明显。圆沿，平底。长35.8、宽17.4、高4.5厘米（图七五，3；彩版二三，3）。出土时盘内盛有羊骨。

木结具 1件（标本AⅡM52A∶4）。用一截细木棍加工而成。形似哑铃，两端大，中间小。长2.6、最大径0.9、中部径0.5厘米（图七五，5；彩版二三，5）。

AⅡM53

（1）墓葬形制

位于墓地东北部，AⅡM110 之北。地表有石围，平面呈圆角长方形，长 9.5、宽 8.3 米。是用大片石在地面上水平摆放而成。墓室位于石围东部，为圆角长方形竖穴土坑，长 1.52、宽 0.92、深 0.7 米。墓向 105°/285°。墓室填土为黄沙土，内含碎草等。墓室内无人骨和随葬品（图七六）。

（2）随葬品

墓室内无随葬品。

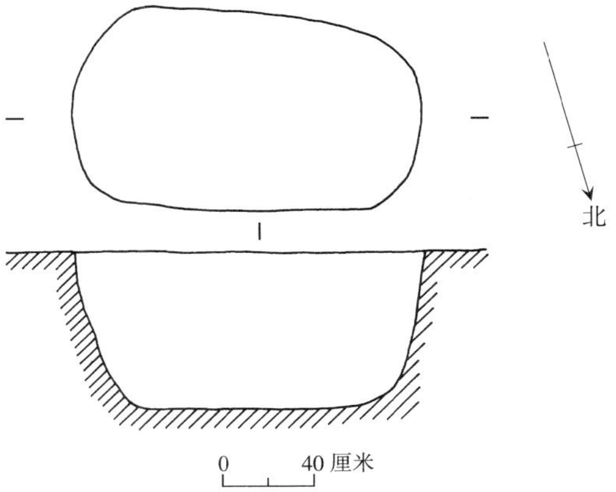

图七六　AⅡM53 平、剖面图

图七七　AⅡM54 ~ AⅡM57 墓葬位置图

AⅡM54

（1）墓葬形制

AⅡM54～AⅡM57四座墓位于墓地中部一孤立的黄土台上，地面积石连为一体（图七七）。

AⅡM54位于最东部，AⅡM55之东南。地表有封堆，平面略呈椭圆形，较低平。直径3、高0.3米。由黄土、岩石块混合堆成（彩版二四，1）。墓室为圆角长方形竖穴土坑，长1.24、宽1、深1.2米。墓向125°。墓口东侧横向放置一根长1、直径0.11米的木棍。墓室填土为坚硬的黄土，内含碎草、细木片、羊粪等。靠北墓壁放置木棍一根。墓底铺一层草。墓底葬一人，为成年女性。葬式为左向侧身屈肢一次葬，头向东南，面向西南，身体蜷成一团，双臂弯曲前伸，双手合在一起，两腿水平放置，弯曲较甚。头前放置木单耳杯1件，手部出羊骶骨1（图七八；彩版二四，2）。

（2）随葬品

2件，为木器和羊骨。

木单耳杯　1件（标本AⅡM54∶1）。木质较酥朽。先截取一段木头砍削成型后，横向刳挖而成。较粗糙，表面未加打磨。敞口，平沿，斜腹，上腹部有一只鋬耳，平底。鋬耳呈长方形。口径9.8、底径6.6、高4.7～5.5厘米（图七八，1；彩版二四，3）。

AⅡM55

（1）墓葬形制

位于AⅡM54之西北。地表有石围，平面为圆形，直径3米。是用岩石块在地面上水平摆放

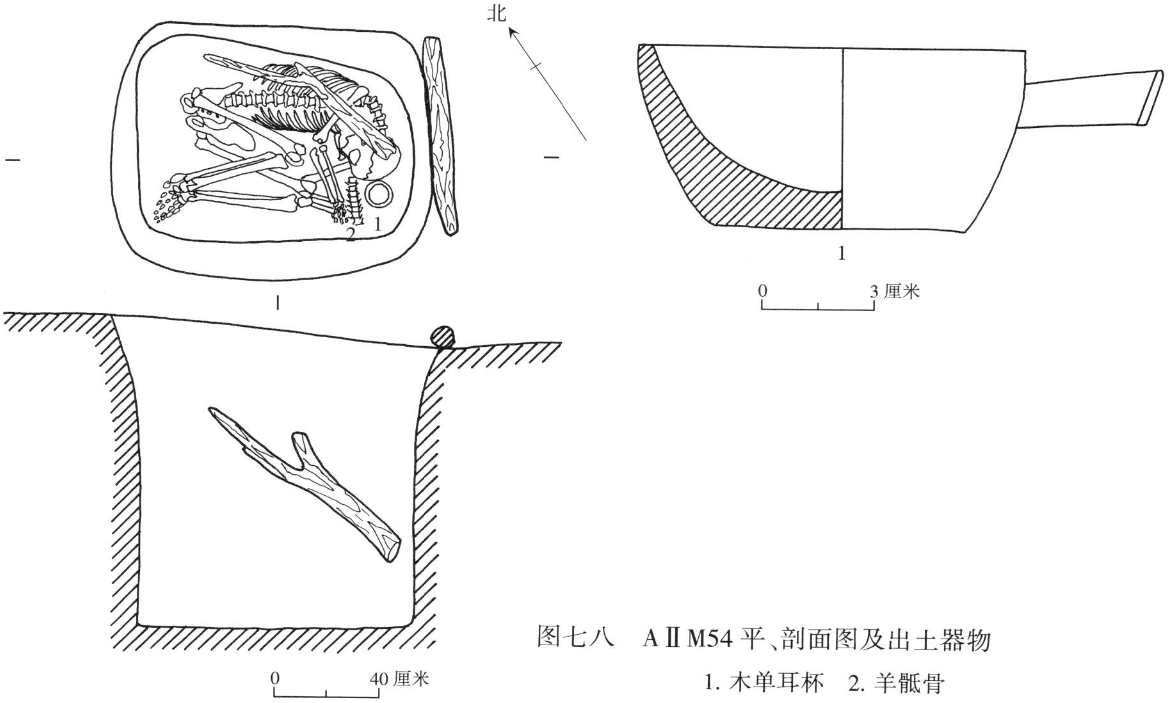

图七八　AⅡM54平、剖面图及出土器物
1. 木单耳杯　2. 羊骶骨

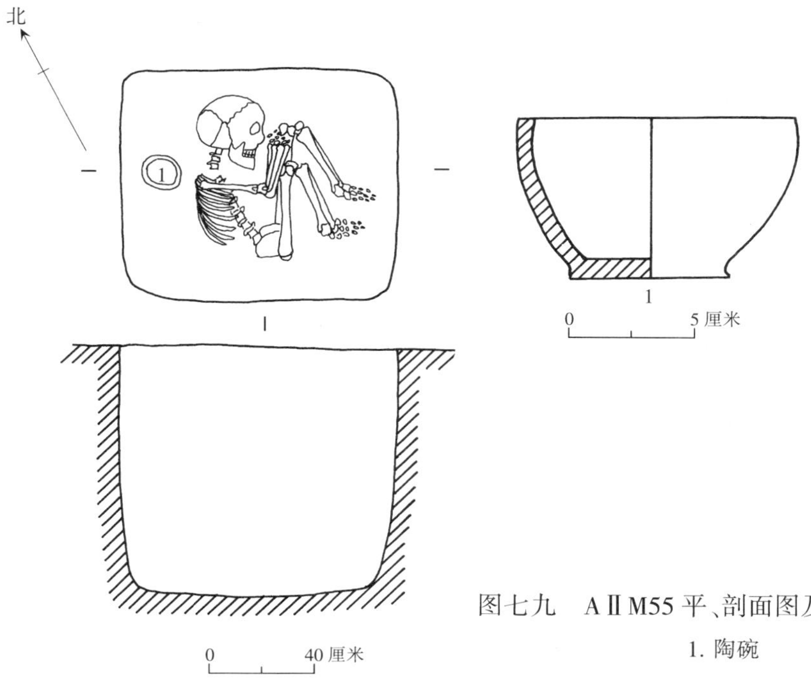

图七九　AⅡM55平、剖面图及出土器物

1. 陶碗

而成。墓室为圆角长方形竖穴土坑，长1.04、宽0.9、深0.96米。墓向297°。墓室填土为坚硬的黄土，内含碎草等。墓壁下部及墓底铺一层草。墓底葬一人，为婴儿，长有乳齿7颗。葬式为左向侧身屈肢一次葬，头向东北，面向东南，身体蜷成一团。双臂弯曲，双手置于面部，两腿水平放置，弯曲较甚，膝盖触及下颌。背后放置陶碗1件（图七九；彩版二四，4）。

（2）随葬品

1件，为陶器。

陶碗　1件（标本AⅡM55∶1）。夹砂红黄陶皮，灰胎。手制，捏痕明显。器形较宽扁。敞口，斜腹，上腹微弧，饼状平底，边沿外侈。口径10～10.2、底径6.4～6.6、高6.6厘米（图七九，1；彩版二四，5）。

AⅡM56

（1）墓葬形制

位于AⅡM55之西南。地表有封堆，平面略呈椭圆形，较低平。直径2.5、高0.3米。由黄土、岩石块混合堆成。石围位于封堆中部。平面为不规则长方形，现仅存北半部分。长2、宽1.6米。墓室为不规则长方形竖穴土坑，长1、最宽0.85、深0.8米。墓向294°。墓室填土为坚硬的黄土，内含碎草等。墓壁下部及墓底铺一层草。墓底葬一人，为婴儿，长有乳齿10颗。葬式为左向侧身屈肢一次葬，头向西北，面向东北，身体蜷成一团，双臂弯曲，双手置于面部，两腿水平放置，弯曲较甚。头顶放置陶罐底1件（图八○）。

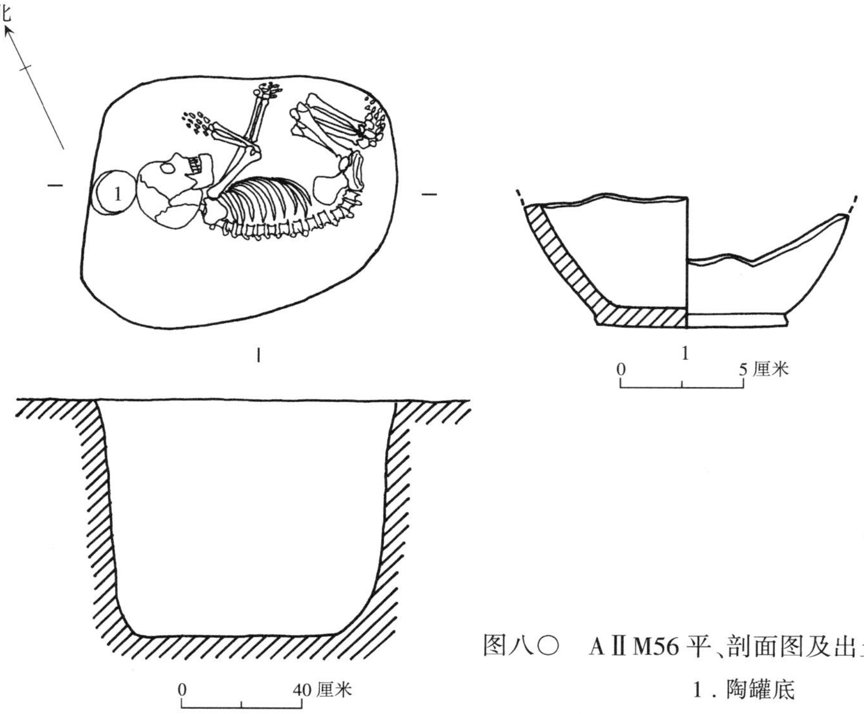

图八〇　AⅡM56平、剖面图及出土器物

1. 陶罐底

（2）随葬品

1件，为陶器。

陶罐底　1件（标本AⅡM56∶1）。夹砂黑陶。手制。下腹较瘦，平底。底径7.5、残高5.6厘米（图八〇，1）。

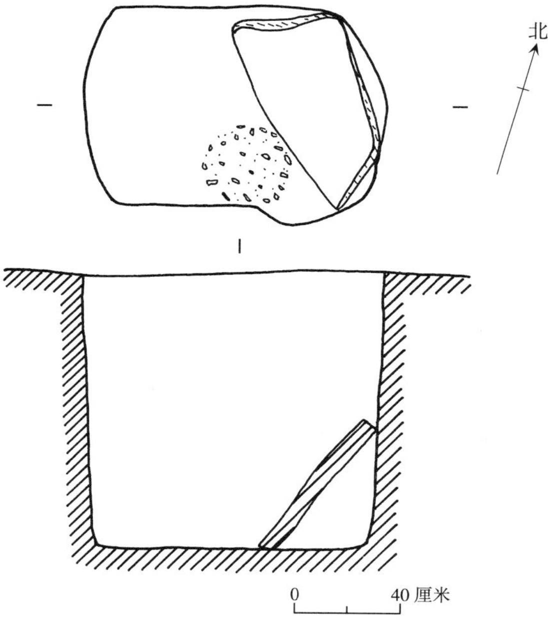

图八一　AⅡM57平、剖面图

AⅡM57

（1）墓葬形制

位于AⅡM55之北。地表有封堆，平面略呈圆形，较低平，直径2.5、高0.4米。由岩石、黄土混合堆成。墓室为圆角长方形竖穴土坑，长1.14、宽0.78、深1.08米。墓向75°/255°。墓室东部斜立一块三角形片石。上部填土为小片石与青沙混合的灰土，下部填土发红。墓底靠近片石处有一堆灰烬，内含大量木炭、骨灰。墓壁、墓底及片石外侧被火烧过，呈黑红色。片石与东壁之间填土为青沙土，无火烧痕迹。底部有一层草。墓壁上有清晰的砍痕，痕宽4厘米，类似于锛之类工具的痕迹（图八一；彩版二五，1）。

（2）随葬品

墓室内无随葬品。

AⅡM58

（1）墓葬形制

位于AⅡM51之东。地表散布少许岩石块。墓室为圆角长方形竖穴土坑，长1、宽0.62、深0.66米。墓向143°/323°。墓口平铺一层草。墓室填土为坚硬的黄土。墓底亦铺一层草。墓室内无人骨。西部放置陶束颈罐1件（图八二）。

（2）随葬品

1件，为陶器。

陶束颈罐　1件（标本AⅡM58∶1）。夹砂灰陶。表皮多已脱落。手制。侈口，外斜平沿，束颈，折肩不十分明显，肩内外各有一道折棱，鼓腹，腹最大径靠上，饼状平底，边沿外侈。口径13.2、底径8.5、高9.9厘米（图八二，1；彩版二五，2）。

AⅡM59

（1）墓葬形制

位于墓地中部、AⅡM56之西。地表有封堆，平面略呈椭圆形，较低平，直径5.5～7.5、高0.4米。由黄土、岩石块混合堆成（图八三）。墓口北部放置一根木棍；墓口东南部地面上有一道砌石，旁边放置陶碗1件。墓室为圆角长方形竖穴土坑，四壁内收呈口大底小的形状，长1.9、最宽1.5、深0.5米。墓向19°/199°。墓室填土为坚硬的黄土，内含碎草、细木片等。填土中出一节指骨（图八四）。

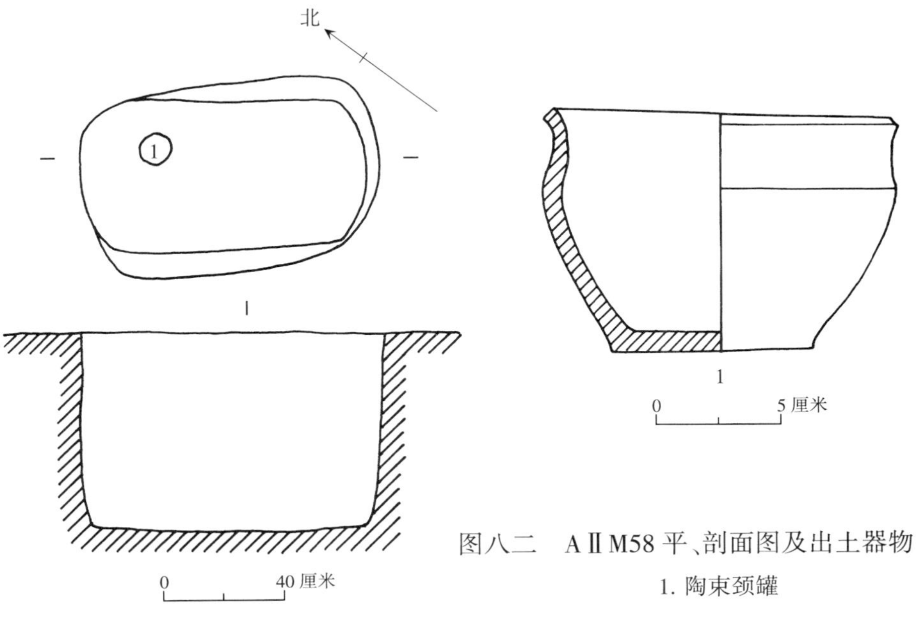

图八二　AⅡM58平、剖面图及出土器物

1. 陶束颈罐

（2）随葬品

1 件，为陶器。

陶碗　1 件（标本 AⅡM59∶1）。夹砂红陶，外壁通体及内侧口沿部分施咖啡色陶衣。器表刮抹光滑。手制。器形较宽扁。敞口，平沿，斜腹，饼状平底，边沿外侈。口径 9.6、底径 7、高 6 厘米（图八四，1；彩版二五，4）。

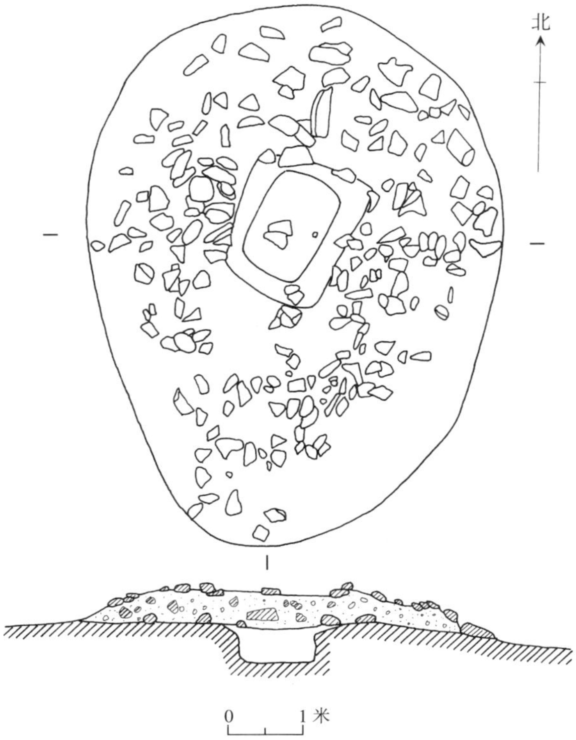

图八三　AⅡM59 封堆平、剖面图

AⅡM61

（1）墓葬形制

位于墓地西部、AⅡM62 之东。地表有封堆，平面略呈椭圆形，较低平，长径 6.5、短径 5、高 0.3 米。由黄土堆成，表面散布少许岩石块（图八五）。墓室为圆角长方形竖穴土坑，长 1.52、宽 0.78、深 0.82 米。墓向 270°。墓口平铺一层草。墓室填土为坚硬的黄土，内含碎草、细木片等。墓底葬一人，为成年男性。葬式为左向侧身屈肢一次葬，头向西，含胸低头，右臂弯曲，尺、桡骨压在肱骨下；左臂微屈置于身侧，两腿水平放置，弯曲较甚，足踵贴臀。头前放置陶束颈罐 1 件，右臂上放置山羊头 1 只（图八六；彩版二五，3）。

（2）随葬品

1 件，为陶器。

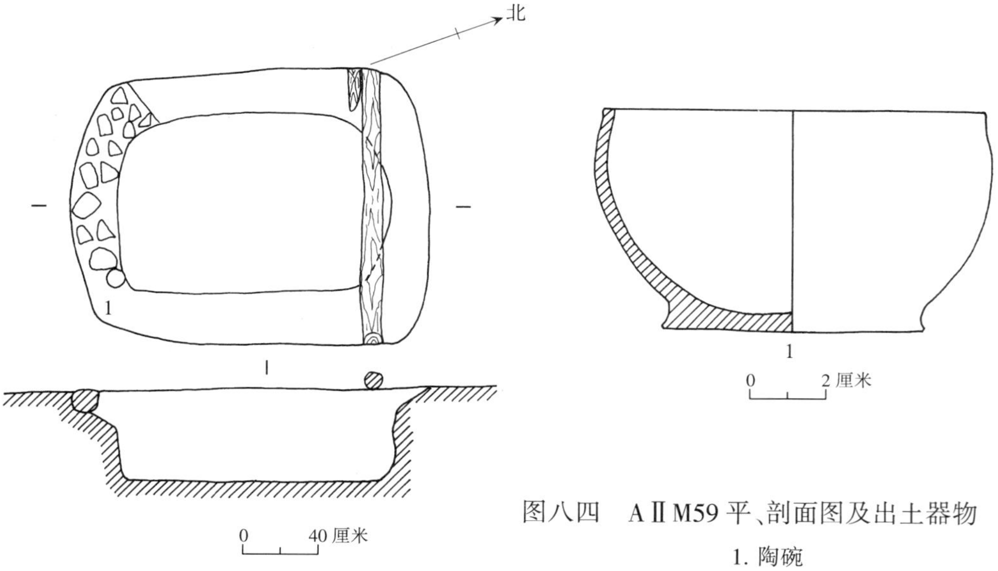

图八四　AⅡM59 平、剖面图及出土器物
1. 陶碗

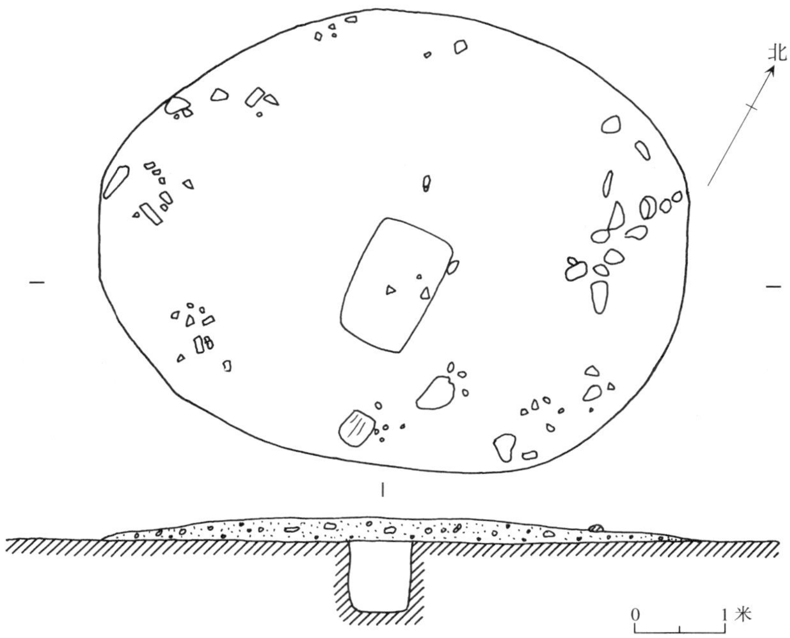

图八五　AⅡM61 封堆平、剖面图

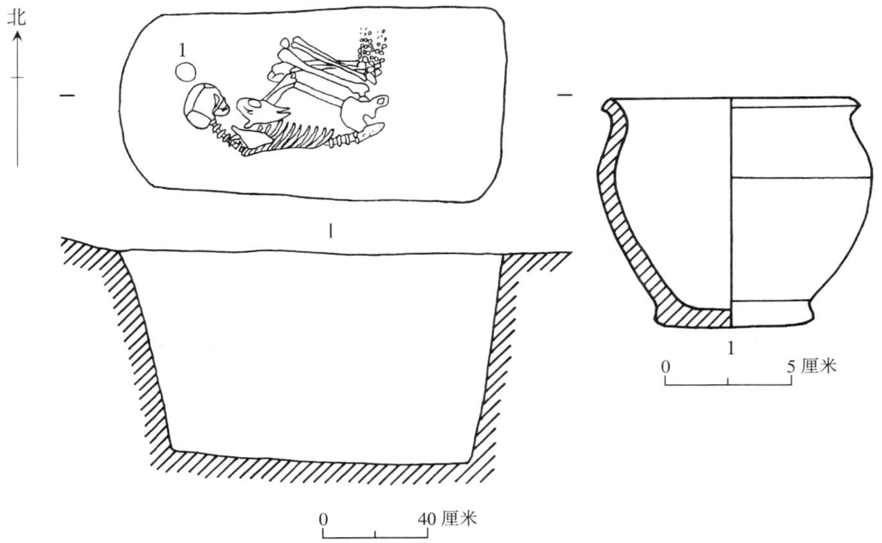

图八六　AⅡM61 平、剖面图及出土器物

1. 陶束颈罐

陶束颈罐　1 件（标本 AⅡM61∶1）。夹砂土黄色陶，陶色不匀，灰胎。手制，外表刮抹光滑平整。侈口，外斜平沿，束颈，折肩，内外各有一道折棱，鼓腹，腹最大径靠上，饼状平底，边沿外侈。口径 9.5、底径 6.3、高 9.3 厘米（图八六，1；彩版二五，5）。

AⅡM62

（1）墓葬形制

位于墓地西部、AⅡM61之西。地表有封堆，平面略呈长方形，较低平。长33.2、宽9.1、高0.3米。由黄土堆成，表面散布少许岩石块。封堆中部有两列东西向排列的立石，不完整；西南部地面上有三个浅圆坑和一条浅沟（彩版二六，1）。墓室为圆角长条形竖穴土坑，长30.7、最宽1.15、最深1.2米。墓向280°。墓壁不直，西端墓壁上可见两处用小卵石修补的痕迹（彩版二六，3）。墓口、墓底各铺一层草，墓室旁边堆放着少量用剩的草捆。墓室填土为坚硬的黄土，内含碎草、细木片和片石等。在墓室中东部填土中横向斜置两根窄木板，西部墓底出三块木板。木板均经过加工，上面有砍削痕，其中一块木板上有红色颜料。墓底放置三堆捡拾干净的骨殖。墓底每隔一段距离放置一件随葬品，共24件（组）。主要有陶罐、陶杯、木钵、木盘、铜珠等。随葬品附近往往出少许羊肋骨、距骨等（图八七；彩版二六，2）。

（2）随葬品

25件（组），主要是陶、木、铜器、纺织品残片和羊骨等。

1）陶器　13件，主要有束颈罐、杯。

束颈罐　3件。器形较小，无使用痕，可能是明器。标本AⅡM62∶1，夹砂红褐陶，颜色不匀，灰胎。手制，外表不光滑。侈口，外斜平沿，束颈，颈较短，鼓腹，腹最大径靠上，饼状平底，边沿外侈。口径6.4、底径2.6、高5厘米（图八八，1；彩版二六，4）。标本AⅡM62∶9，夹砂红褐陶。侈口，口部不平，圆沿，束颈，鼓腹，腹最大径靠上，饼状平底，底边沿外侈。口径5.6、底径3.6、高5.7厘米（图八八，2；彩版二七，1）。标本AⅡM62∶11，夹砂红褐陶，颜色不匀，灰胎。手制，较粗糙。侈口，圆沿，束颈，鼓腹，饼状平底。口径6.5、底径2.6、高5.6厘米（图八八，3；彩版二七，2）。

杯　10件。标本AⅡM62∶2，夹砂红褐陶。手制，较粗糙，口沿、器壁不平整。器形较高瘦。敞口，圆沿，斜腹，饼状平底，边沿外侈。口径5.5、底径4.1～4.4、高4.6厘米（图八八，4；彩版二七，3）。标本AⅡM62∶3，夹砂灰陶。手制，较粗糙，口沿不平整。敞口微敛，圆沿，斜腹，饼状平底，边沿外侈。口径5.5～5.8、底径4.2、高5.1厘米（图八八，5；彩版二七，4）。标本AⅡM62∶4，夹砂灰陶。手制，较粗糙，口沿、器壁不平整。敞口，尖沿，斜腹，饼状平底，边沿外侈。口径5.5、底径3.5～3.9、高4.2厘米（图八八，6；彩版二七，5）。标本AⅡM62∶5，夹砂灰陶。手制，较粗糙，烧制温度不高，遇水即碎。敞口，圆沿，斜腹，圜底。口径4.2、高4厘米（图八八，12；彩版二七，6）。标本AⅡM62∶7，夹砂红褐陶。手制。敞口，平沿，斜腹，饼状平底，边沿外侈。口径4.9、底径3、高4.5厘米（图八八，7；彩版二八，1）。标本AⅡM62∶8，夹砂灰陶，器表颜色不匀。手制，较粗糙。敞口，斜腹，饼状平底，边沿外侈。口径5.2、底径3.4、高4.3厘米（图八八，8；彩版二八，2）。标本AⅡM62∶10，夹砂红褐陶。手制。侈口，平沿，上腹微束，深腹，饼状平底，边沿外侈。口径5.1、底径3.3、高4.5厘米（图八八，9；

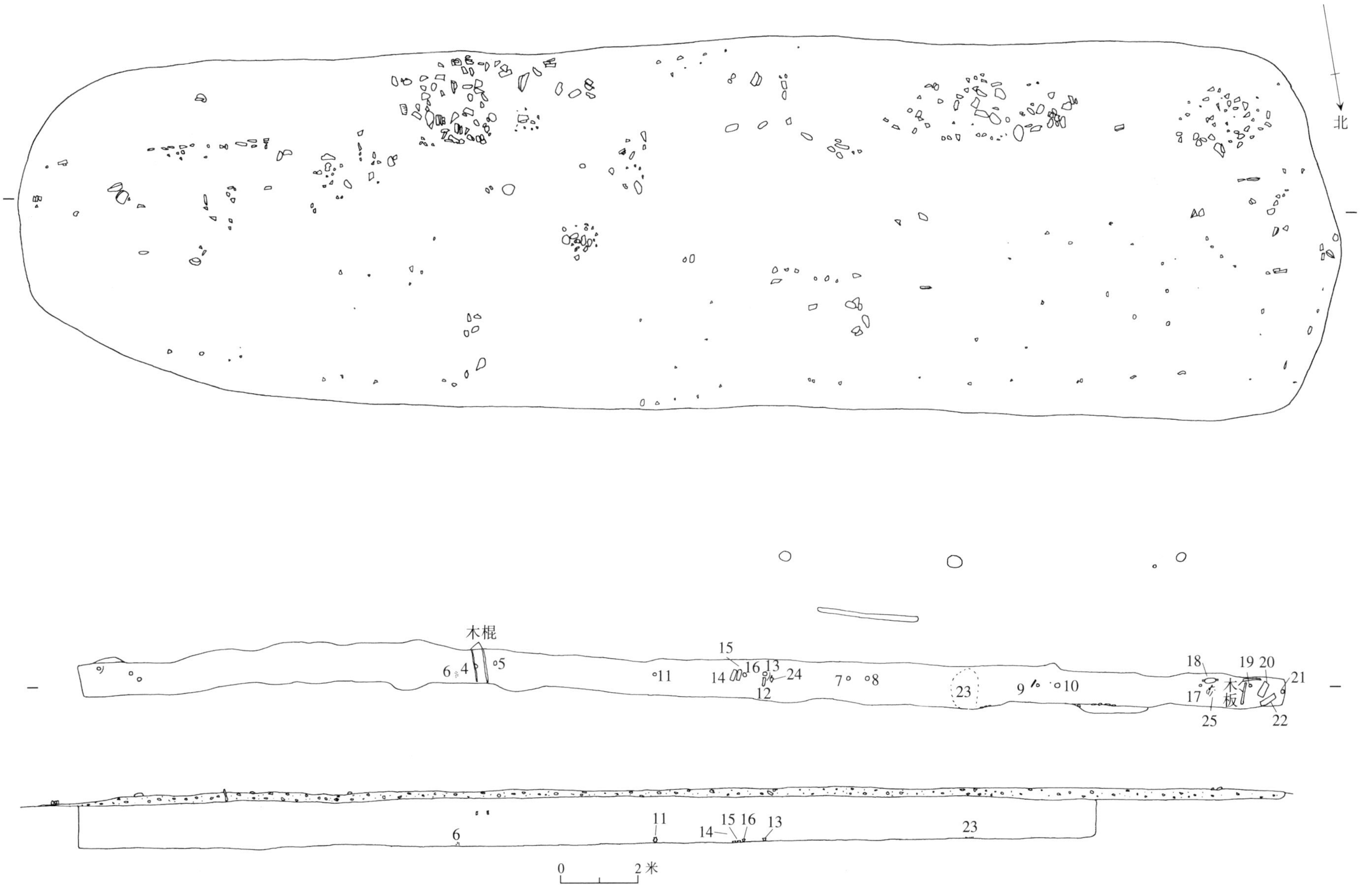

图八七　AⅡM62平、剖面图

上:封堆　下:墓室：1、9、11. 陶束颈罐　2～5、7、8、10、13、16、17. 陶杯　6. 铜珠　12、14、15、18、20、21、22、24. 木盘　19. 木钵　23. 纺织品残片　25. 羊骨

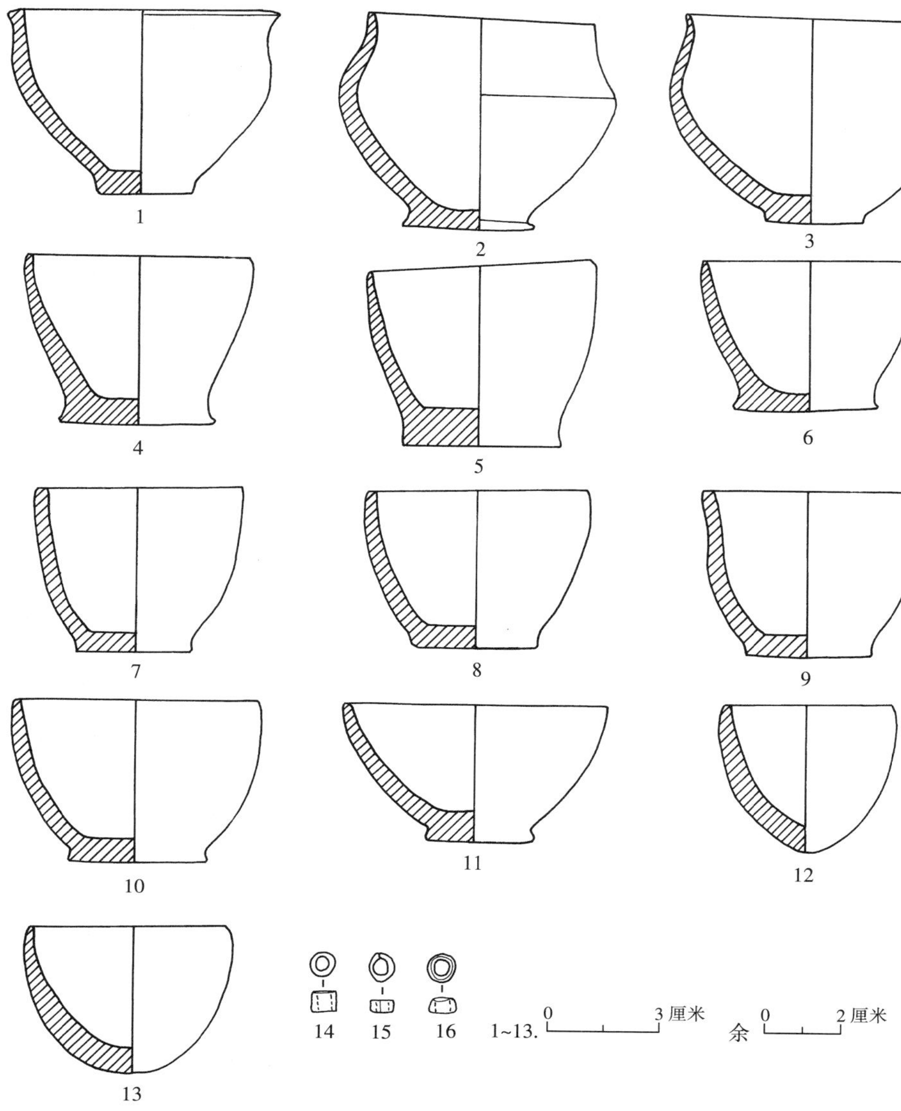

图八八　AⅡM62出土器物

1~3. 陶束颈罐（AⅡM62∶1、9、11）　4~13. 陶杯（AⅡM62∶2、3、4、7、8、10、13、16、5、17）　14~16. 铜珠（AⅡM62∶6①~6③）

彩版二八，3）。标本AⅡM62∶13，夹砂灰陶，局部发红。手制，较粗糙。敞口，圆沿，斜腹，饼状平底，边沿外侈。口径6、底径3.5、高4.4厘米（图八八，10；彩版二八，4）。标本AⅡM62∶16，夹砂红褐陶。手制，较粗糙，器形不规整。敞口，圆沿，斜腹，饼状平底，边沿外侈。口径6.5~6.7、底径2.6~2.9、高3.7厘米（图八八，11；彩版二八，5）。标本AⅡM62∶17，夹砂灰陶。手制。敞口，圆沿，斜腹，圜底。口径5.1、高4厘米（图八八，13；彩版二八，6）。

2）铜器　1组。

铜珠　1组（标本AⅡM62∶6），54枚（彩版二八，7）。锈蚀严重，部分铜珠锈蚀黏连在一起，有的孔内残存绳之类腐殖物。分为两种。一种是扁圆鼓形，直孔。直径0.5～0.9、高0.3～0.6、孔径0.35～0.4厘米（图八八，14、16）。另一种是圆柱状，部分系用铜片弯曲成，接口闭合。直径0.5～0.8、高0.25～0.55、孔径0.3～0.4厘米（图八八，15）。

3）木器　9件。

木盘　8件。均残，已酥朽干裂变形。标本AⅡM62∶12，用一块厚木板砍削而成。短边沿较明显。圆沿，平底。长28.8、宽15.1、高4厘米（图八九，1；彩版二九，1）。标本AⅡM62∶14，用一块薄木片加工而成。平面呈长方形。边沿不整齐，中间微凹。长27.2、宽22.4、高3.4厘米（图八九，2；彩版二九，2）。标本AⅡM62∶15，用一块厚木板砍削而成。短边沿较明显。圆沿，平底。一端较高。长27.6、宽13.6～15.2、高1～2.8厘米（图八九，3；彩版二九，3）。标本AⅡM62∶18，用一块厚木板砍削而成，加工痕明显。平面呈椭圆形，边沿上翘，中部微凹。敞口，浅腹，平底。长30.1、宽14.6、高2.9～3.5厘米。出土时盘内有三节羊脊椎骨（图八九，4；彩版二九，4）。标本AⅡM62∶20，其制法为将圆木剖开后从中横向刳挖成型，外表保持原木的自然弧度，砍削痕明显。平面呈圆角长方形。短边沿较宽、平。敞口，平沿，浅斜腹，内底较平，外底呈弧形。长36.5、宽19.2、高3.5～4.8厘米（图八九，5；彩版三〇，1）。标本AⅡM62∶21，用一块厚木板砍削而成，加工痕明显。平面呈椭圆形，边沿上翘，中部微凹。敞口，内斜平沿，浅腹，平底。长26.3、宽18.5、最高处高4.2厘米（图八九，6；彩版三〇，2）。标本AⅡM62∶22，用一块厚木板砍削而成。平面呈圆角长方形。短边沿较宽、平。敞口，平沿，浅斜腹。内底较平，外底呈弧形。长39.6、宽15.9、高4.6～6.6厘米（图八九，7；彩版三〇，3）。标本AⅡM62∶24，用一块厚木板砍削而成。短边沿较明显。厚圆沿，平底。残长40、残宽12、高6.6厘米（图八九，8；彩版三〇，4）。

木钵　1件（标本AⅡM62∶19）。用一截木头横向刳挖而成。敞口，平沿，折腹，平底。口径15.8～16.1、底径7.5、高7.8厘米（图八九，9；彩版三〇，5）。

AⅡM63

（1）墓葬形制

位于墓地西部、AⅡM62封堆东南部。地表有封堆，与AⅡM62封堆混在一起。平面略呈圆形，较低平，直径2.6～3.25、高0.52米。由岩石、黄土混合堆成。封堆底部有一堆灰烬，内含大量骨灰，旁边放陶束颈罐1件（图九〇）。墓室位于灰烬下，为圆形圜底土坑，直径0.58、深0.24米。墓向80°/260°。墓壁被火烧过，下部发红，上部呈黑红色。墓室内盛满木炭灰和骨灰。还有一根未燃尽的墓柱斜靠在墓壁上，残长0.47、直径0.06米（图九一；彩版三一，1）。

（2）随葬品

1件，为陶器。

陶束颈罐　1件（标本AⅡM63∶1）。夹砂灰陶。手制，外表经过刮磨过。侈口，外斜平沿，束颈，折肩，内外各有一道折棱，鼓腹，腹最大径靠上，下腹较瘦，饼状平底，边沿外侈。口径

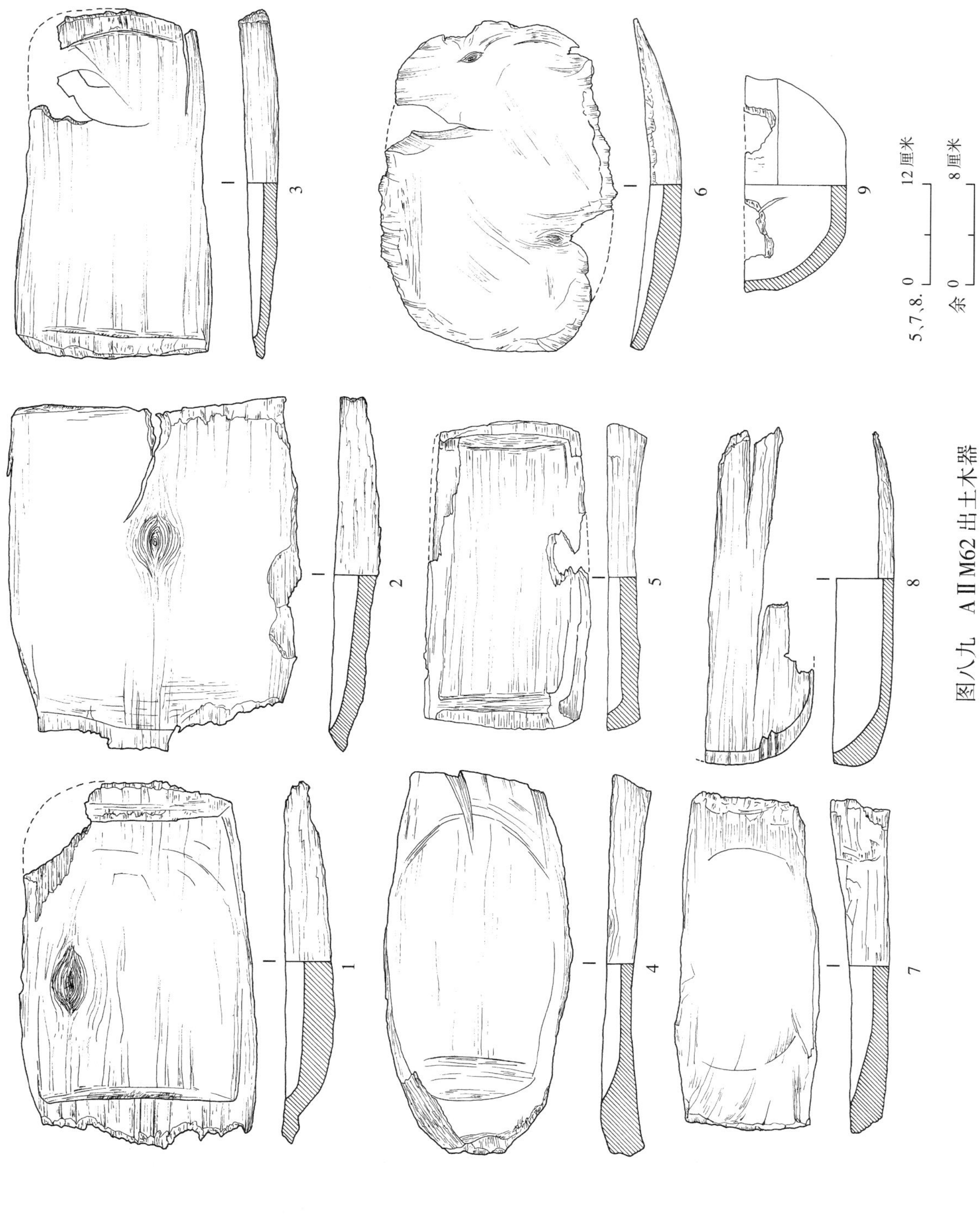

图八九　AⅡM62出土木器

1~8. 木盘（AⅡM62：12、14、15、18、20、21、22、24）　9. 木钵（AⅡM62：19）

11.5、底径7.5、高10.9厘米（图九一，1；彩版三一，2）。出土时罐内盛有羊足骨。

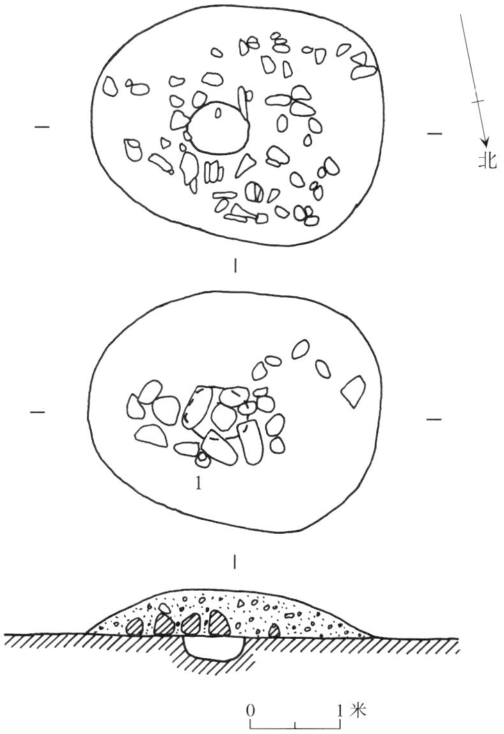

图九〇　AⅡM63平、剖面图

1. 陶束颈罐

AⅡM84

（1）墓葬形制

位于墓地中部、AⅡM47之南。地表有石围，平面呈圆形，直径4米。是用石块在墓室四周地面上摆放一圈而成。不完整，西北部有缺口，石围内部散布少许岩石块。墓室为东窄西宽的长方形竖穴土坑，长0.75、最宽0.58、深0.55米。墓向310°。墓口、墓底各平铺一层草。墓室填土为坚硬的黄土。墓底葬一人，为幼儿，第一恒臼齿正萌出。左向侧身屈肢一次葬，头向西，面向北，头颈弯曲较甚，右臂弯曲置于胸前，左臂弯曲，手置于头下。两腿水平放置，弯曲较甚，足踵贴臀。头前放置陶罐底1件（图九二；彩版三一，3）。

（2）随葬品

1件，为陶器。

陶罐底　1件（标本AⅡM84∶1）。夹砂灰陶，外壁施黑褐色陶衣，灰胎。手制，器表刮抹光滑。斜腹，饼状平底，边沿外侈。底径7.8、残高8厘米（彩版三一，4）。

AⅡM85

（1）墓葬形制

位于AⅡM111之北。地表有石围，仅存南半部分。平面略呈圆形，直径1.4米。是用石块在

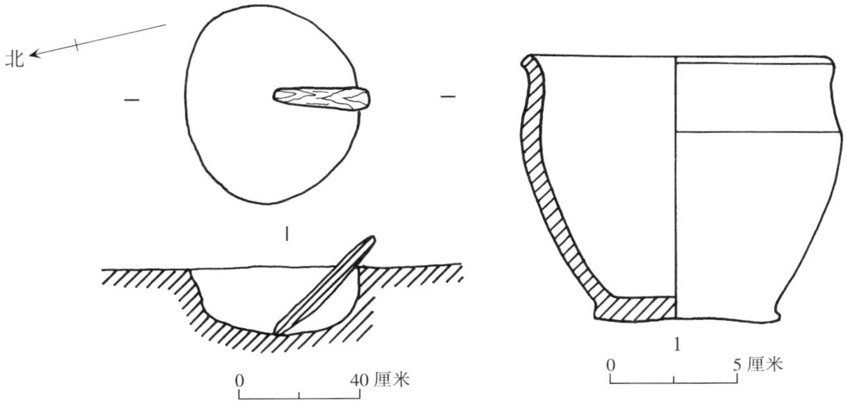

图九一　AⅡM63平、剖面图及出土器物

1. 陶束颈罐

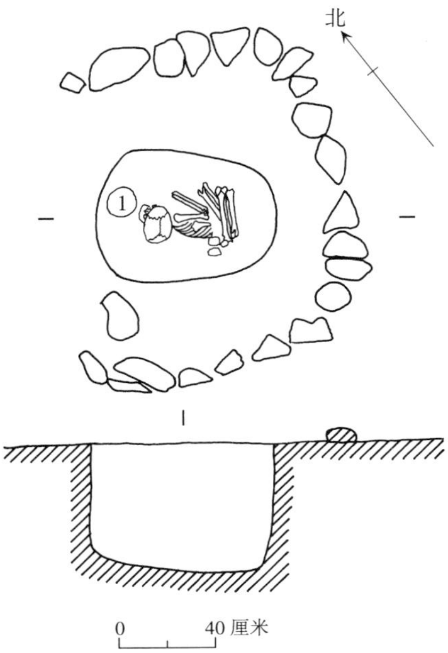

图九二　AⅡM84平、剖面图

1. 陶罐底

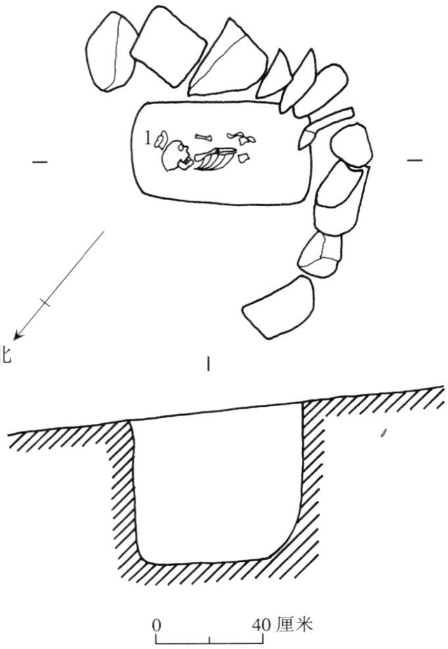

图九三　AⅡM85平、剖面图

1. 陶罐底

墓室四周地面上摆放一圈而成。墓室为圆角长方形竖穴土坑，长0.65、宽0.38、深0.6米。墓向50°。填土为坚硬的黄土。墓底平铺一层草。墓底葬一人，为婴儿，乳门齿正在萌出。左向侧身屈肢一次葬，头向东北，面向西南，右臂微屈置于身侧，两腿水平放置，弯曲较甚，足踵贴臀。头前放置陶罐底1件（图九三）。

（2）随葬品

1件，为陶罐底。已酥朽，无法提取。

AⅡM86

（1）墓葬形制

位于AⅡM114之北。地表有石堆，平面呈圆形，直径2.05、高0.35米。由岩石、黄土混合堆成。石围位于封堆中部，平面略呈椭圆形，长径1.7、短径1.4米。系将一层岩石块在墓室四周地面上水平摆放而成，北部压在墓口上。墓室为椭圆形竖穴土坑，墓底北高南低，长径1.42、短径0.98、深0.72米。墓向25°/205°。墓室又经过改建变成小墓室，东、西两壁立石，其中东壁一块，西壁三块，南边填土。在小墓室墓底铺一层草，上面水平放置一块扁平的三角形岩石，石上放置一堆拣拾干净的骨灰。墓室南北两壁和东西立石被火烧过，表面呈黑红色。骨灰北侧放置陶束颈罐1件（图九四；彩版三二，1）。

（2）随葬品

1件，为陶器。

陶束颈罐　1件（标本AⅡM86∶1）。夹砂红褐陶，颜色不匀，灰胎。手制。侈口，外斜平沿，束颈，鼓腹，下腹较鼓，饼状平底，边沿微外侈。口径10～10.2、底径5.5、高7.3厘米（图九四，1；彩版三二，2）。

AⅡM87

（1）墓葬形制

位于AⅡM50之西。地表散布少许岩石块。墓室为椭圆形竖穴土坑，长径0.49、短径0.4、深0.38米。墓向278°。墓室填土为坚硬的黄土。墓底平铺一层草。墓底葬一人，为婴儿。左向侧身屈肢一次葬，头向西，面向北，含胸低头，双臂弯曲置于胸前，双手覆面，两腿屈曲，足踵贴臀，水平放置。额前放置陶碗1件（图九五；彩版三二，3）。

（2）随葬品

仅陶器1件。

陶碗　1件（标本AⅡM87∶1）。夹砂红褐陶皮，红胎。手制，口沿不平整，器形较宽扁。敞口，圆沿，斜腹，上腹微弧，饼状平底，边沿外侈。外壁有烟炱。口径8.5、底径7.1～7.4、高4.8厘米（图九五，1；彩版三二，4）。

AⅡM88

（1）墓葬形制

位于AⅡM29之东、AⅡM89之南。地表有石围，平面略呈椭圆形，不完整，东面有缺口，长径2.15、短径1米。是用岩石在墓室四周地面上摆放一周而成。墓室为圆角长方形竖穴土坑，长0.82、宽0.52、深0.52米。墓向68°/248°。墓室填土为坚硬的黄土。墓底葬一人。年龄、性别不明。葬式为二次葬，人骨不完整（图九六）。

（2）随葬品

墓室内无随葬品。

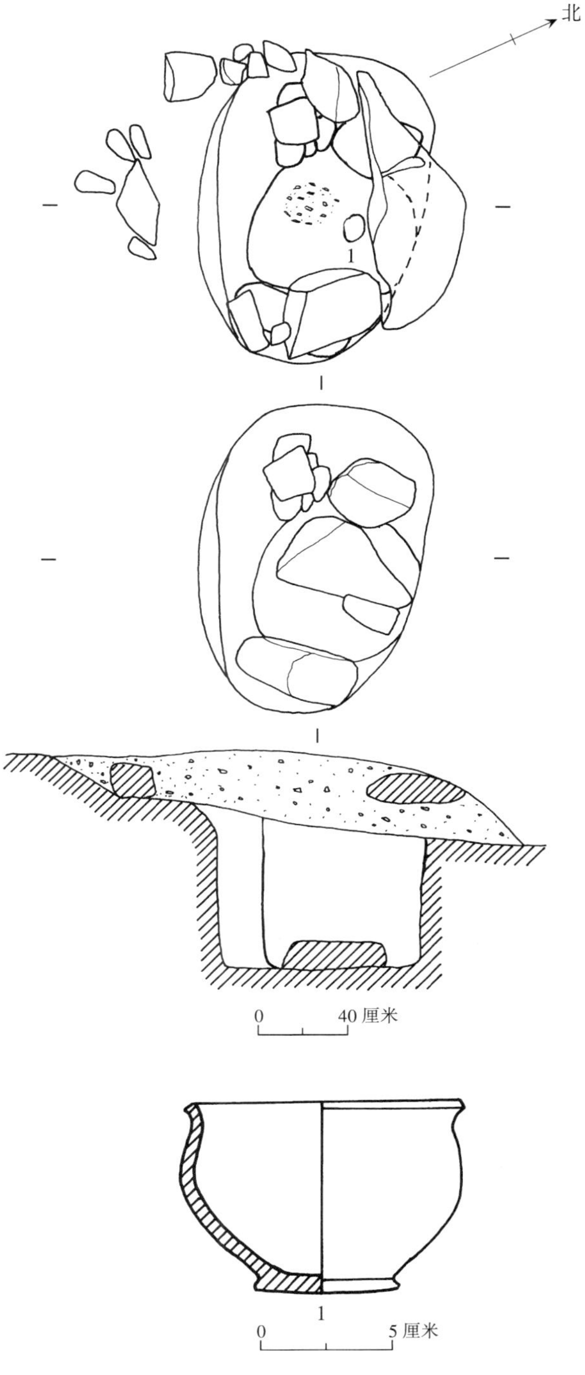

图九四　AⅡM86平、剖面图及出土器物

1. 陶束颈罐

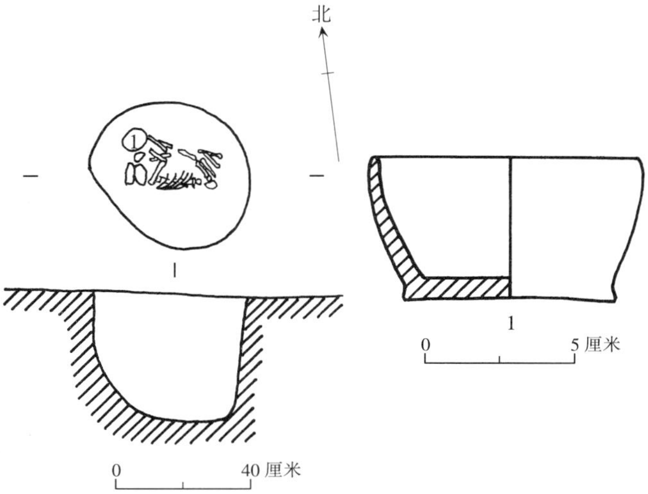

图九五　A Ⅱ M87 平、剖面图及出土器物
1. 陶碗

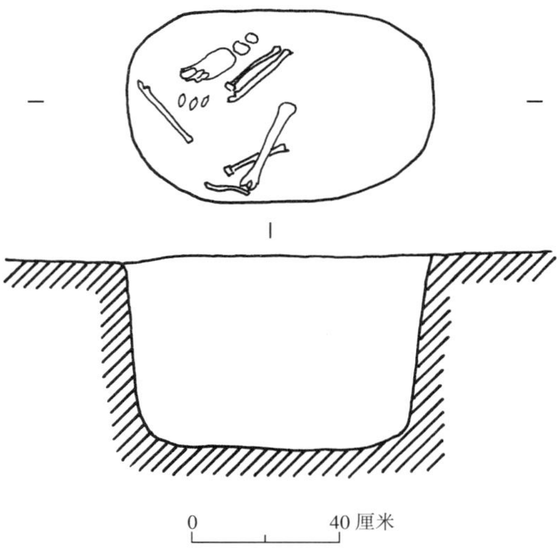

图九六　A Ⅱ M88 平、剖面图

A Ⅱ M89

（1）墓葬形制

位于 A Ⅱ M88 之北。地表有石围，平面呈圆形，直径 2 米。是用岩石在墓室四周地面上摆放一圈而成。墓室为圆角长方形竖穴土坑，长 0. 67、宽 0. 49、深 0. 56 米。墓向 87°。墓口平铺一层草，东侧放一块石板。墓底亦铺一层草。墓室填土为灰黄土。墓底葬一人，为幼儿，第一恒臼齿已萌出。葬式为左向侧身屈肢一次葬，头向东，面向南，右臂弯曲置于身侧；左臂曲于胸前，手置于颌下，两腿水平放置，弯曲较甚，足踵贴臀。足上穿一双浅腰皮靴，头顶放置陶杯 1 件（图九七；彩版三二，5）。

（2）随葬品

2 件，主要是陶器和皮制品等。

1）陶器　1 件。

陶杯　1 件（标本 A Ⅱ M89∶1）。夹砂灰陶，表皮局部脱落。手制，较粗糙。器形较高瘦。敞口，圆沿，深腹，饼状平底，边沿外侈。口径 5. 5、底径 4. 5、高 5. 3 厘米（图九七，1；彩版三二，6）。

2）皮制品　1 双。

皮靴　1 双（标本 A Ⅱ M89∶2）。用皮革缝制而成。鞋面用皮较薄，足髁部用细皮绳系扎，鞋底皮革较厚。残长 13、宽 6 厘米。

A Ⅱ M90

（1）墓葬形制

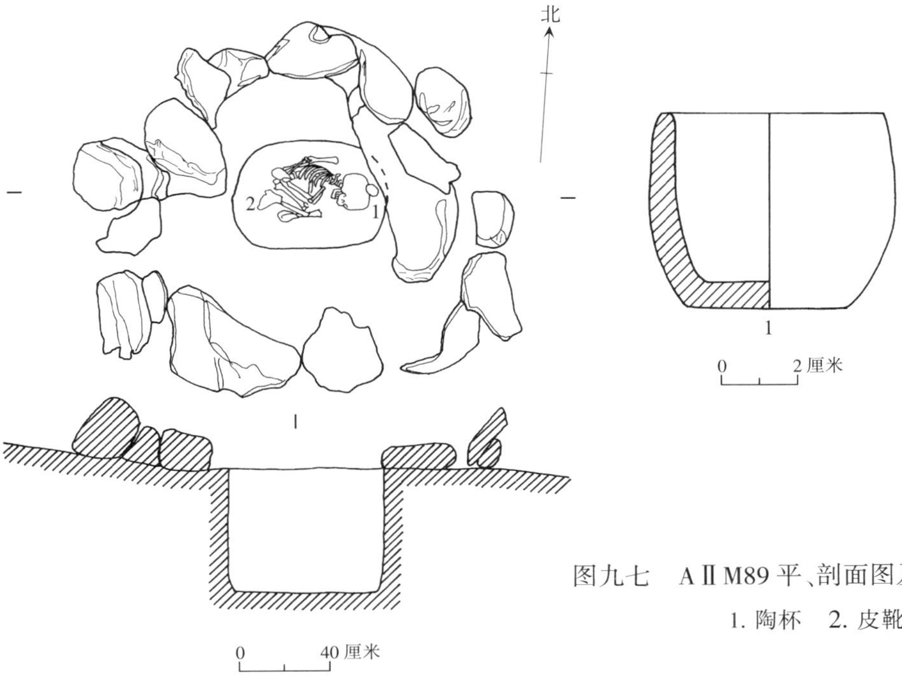

图九七　AⅡM89平、剖面图及出土器物
1. 陶杯　2. 皮靴

位于AⅡM89之北。地表有石围，平面呈椭圆形，长径3.25、短径2.7米。是用岩石在墓室四周地面上摆放一圈而成。石围内摆放少量岩石块（图九八；彩版三三，1）。在石围北部有一个长1.6、宽0.9米的小石围（编号为A），里面葬婴儿1、成人头骨1个。均已酥朽。墓室（编号为B）为圆角长方形竖穴土坑，长1.26、宽1.02、深0.84米。墓向80°。墓口平铺一层草。墓底亦铺一层草。墓室填土为坚硬的黄土。墓底葬一人，为成年男性，葬式为左向侧身屈肢一次葬，头向东，面向下，头颈弯曲较甚。双臂弯曲置于两腿间。两腿水平放置，弯曲较甚，足踵贴臀。颌下放置陶束颈罐1件（图九九；彩版三三，2）。

（2）随葬品

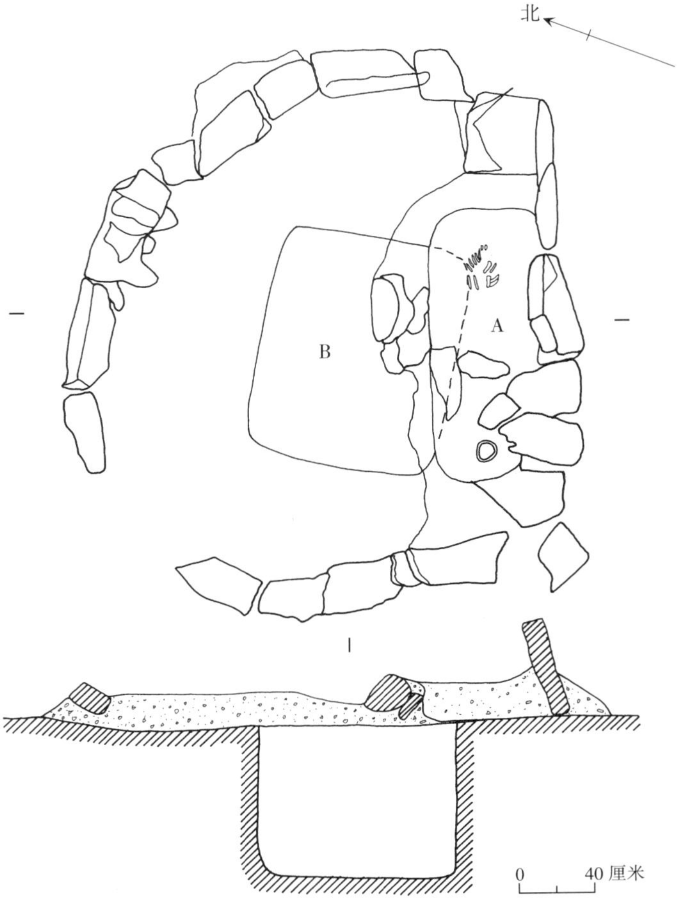

图九八　AⅡM90石围平、剖面图

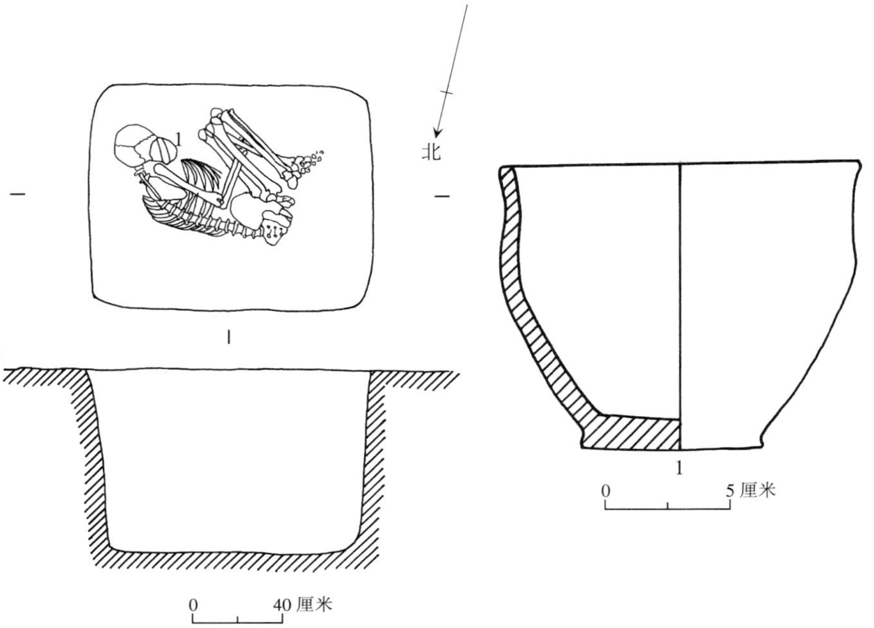

图九九　AⅡM90平、剖面图及出土器物

1. 陶束颈罐

1件，为陶器。

陶束颈罐　1件（标本AⅡM90∶1）。夹砂红褐陶，陶色不匀，灰胎。手制，器形不规整，口沿向一侧倾斜。侈口，圆沿，颈微束，鼓腹，腹最大径靠上，下腹较瘦，饼状平底，边沿微外侈。口径14～14.5、底径7.3、高11.7厘米（图九九，1；彩版三三，3）。

AⅡM91

（1）墓葬形制

位于AⅡM90之东南。地表有石围，平面呈圆形，直径2.6米。是用岩石在墓室四周地面上摆放一圈而成，保存不完整，东部有缺口。石围内散布少许岩石块。墓室为圆角长方形竖穴土坑，长1.04、宽0.68、深0.95米。墓向125°。墓口放置少量石块，石下平铺一层草，墓底亦铺一层草。墓室填土为坚硬的黄土。墓底葬一人，为成年女性，骨骺未愈合。葬式为左向侧身屈肢一次葬，头向东南，面向西，双臂弯曲置于胸前，双手置于面前，两腿弯曲较甚，膝及肘、足踵贴臀。头后放置陶杯1件，身上放带叉木棍一根（图一〇〇；彩版三三，4）。

（2）随葬品

1件，为陶器。

陶杯　1件（标本AⅡM91∶1）。夹砂红褐陶。手制，表面较粗糙。器形较高瘦。敞口，圆沿，斜腹，饼状平底，边沿外侈。口径8.5～8.7、底径3.9～4.3、高6.6厘米（图一〇〇，1；彩版三三，5）。

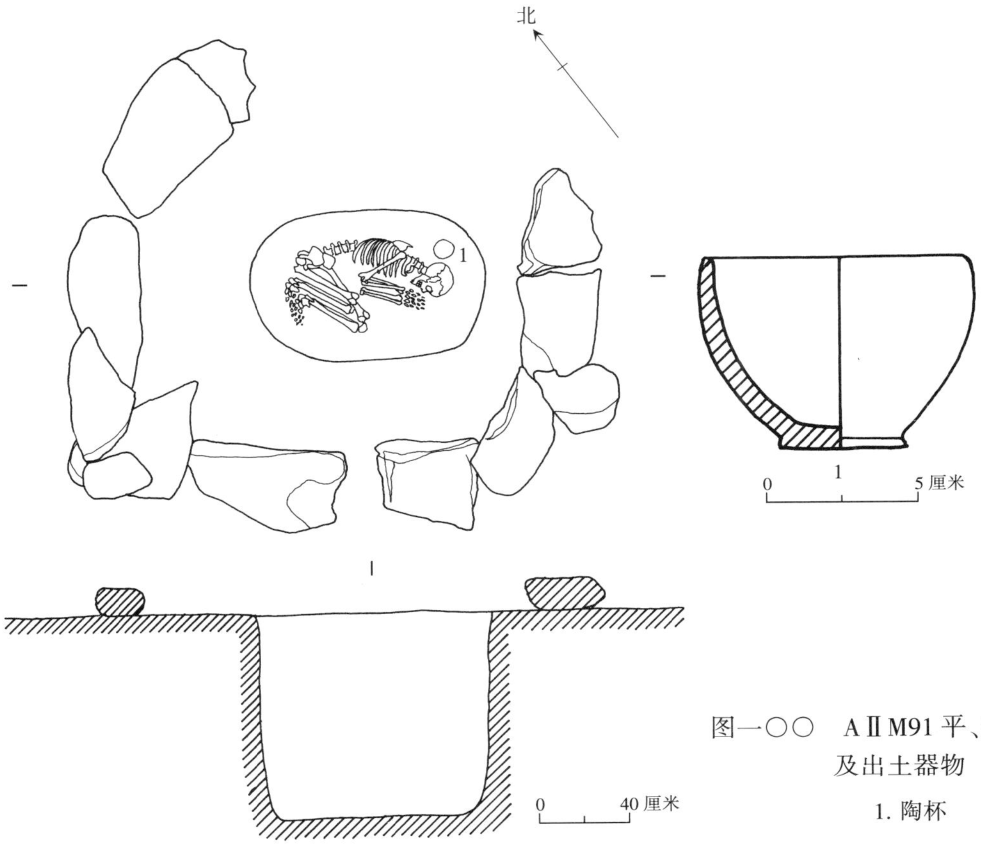

图一〇〇 AⅡM91平、剖面图及出土器物
1. 陶杯

AⅡM92

（1）墓葬形制

位于AⅡM90之东南。地表有石堆，平面呈圆形，直径2.4、高0.4米。由岩石、黄色沙土混合堆成。石围位于石堆中部，平面呈圆形，直径约1.5米。是用片石垂直插立于地面上而成，石块彼此排列不紧密。由于地面北高南低，营建墓穴时将墓口北侧地面挖去约0.1米。墓室为南宽北窄的长方形竖穴土坑，长0.97、最宽0.68、最深0.72米。墓向318°。墓口平铺一层草。墓室填土为坚硬的黄土。墓底亦铺一层草。墓底葬一人，为幼儿，有乳齿10颗，第一恒臼齿未萌出。葬式为左向侧身屈肢一次葬，头向西北，面向东北，双臂弯曲置于胸前，两腿水平放置，弯曲较甚，足踵贴臀。头顶放置陶束颈罐1件（图一〇一；彩版三四，1）。

（2）随葬品

1件，为陶器。

陶束颈罐　1件（标本AⅡM92∶1）。夹砂红褐陶皮，灰胎。手制，外表刮磨光滑平整。侈口，外斜平沿，束颈，折肩，内外各有一道折棱，鼓腹，腹最大径靠上，下腹较瘦，饼状平底，边沿外侈。外壁有烟炙、污垢，内壁亦有褐色污垢。口径11.4～11.6、底径6.7～7、高10.2厘米（图一〇一，1；彩版三四，2）。

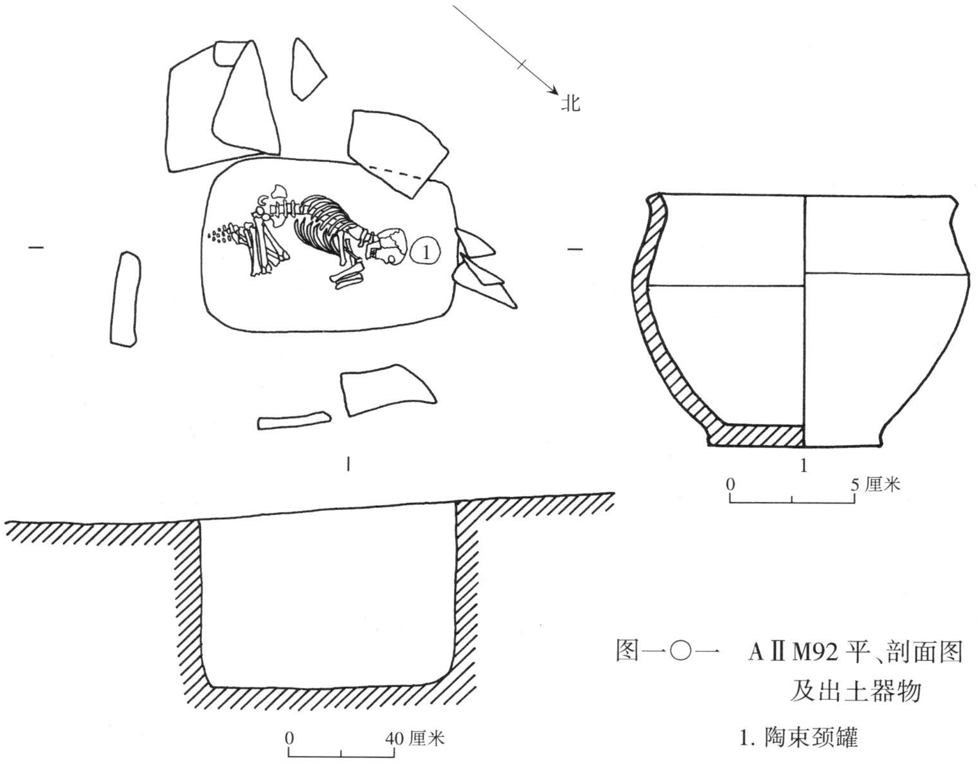

图一〇一 AⅡM92平、剖面图及出土器物
1. 陶束颈罐

AⅡM93

（1）墓葬形制

位于AⅡM90之东。地表有石围，平面呈长方形，长2、宽1.8米。是用岩石块在墓室四周地面上摆放一圈而成。其中南面双重石围，石块水平放置；其余三面各一列，石块垂直插立于地面上。石围内散布少许岩石块。墓室为圆角长方形竖穴土坑，长1.02、宽0.55、深0.73米。墓向106°。墓口、墓底各铺一层草。靠墓室西壁立两块石板，石板后墓壁上有一道地裂缝，里面全是青沙，石板是用来挡沙的。填土为坚硬的黄土。墓底葬一人，为幼儿，有乳齿10颗，第一恒臼齿未萌出。葬式为左向侧身屈肢一次葬，头向东南，面向西，头颈弯曲较甚，右臂弯曲置于胸前，左臂前伸，两腿水平放置，屈曲较甚。头顶放置陶束颈罐1件（图一〇二）。

（2）随葬品

1件，为陶器。

陶束颈罐 1件（标本AⅡM93∶1）。夹砂红褐陶，颜色不匀，灰胎。手制，较粗糙，不规整。侈口，圆沿，束颈，折肩，外侧有一道折棱，鼓腹，平底。口径7.5～8、底径5.6～5.8、高8.4厘米（图一〇二，1；彩版三四，3）。

AⅡM94

（1）墓葬形制

位于AⅡM95东北。地表有石围，平面略呈圆形，直径1.3米。是用岩石块在墓室四周地面

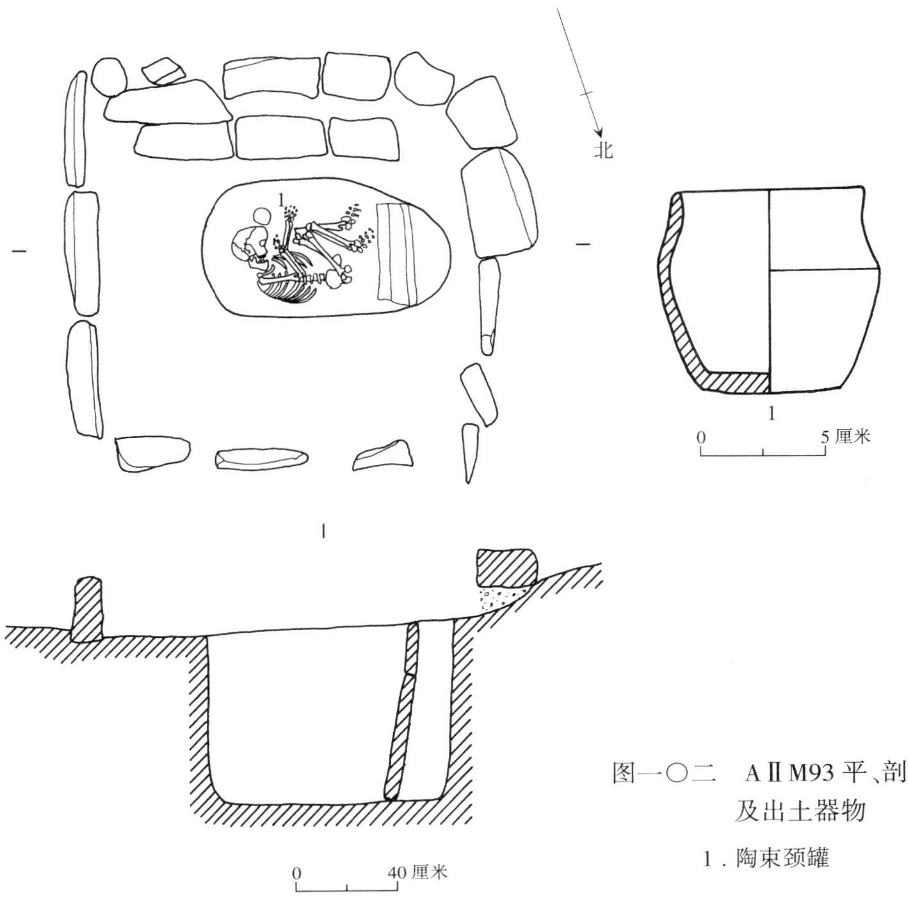

图一〇二 AⅡM93平、剖面图及出土器物
1. 陶束颈罐

上摆放一圈而成。其中东北面石块水平放置，其余三面石块则垂直插立于地面上。在石围内墓口东侧地面上水平放置一块大片石。墓室为圆角长方形竖穴土坑，长0.47、宽0.36、深0.52米。墓向285°。墓室填土为坚硬的黄土。墓底铺一层草。墓底葬一人，为婴儿，乳牙尚未萌出。葬式为左向侧身屈肢一次葬，头向西北，面向东南，双臂弯曲置于胸前，两腿水平放置，弯曲较甚，足踵贴臀。臀后放置木单耳杯1件（图一〇三）。

（2）随葬品

1件，为木器。

木单耳杯 1件（标本AⅡM94∶1）。较酥朽。制法为先截取一段木头砍削出毛坯后再横向剜挖而成。敞口，平沿，浅斜腹，上腹微折，平底。上腹部有一只细长錾耳。口径10.1～10.4、底径4.2、高2.9～3.2厘米（图一〇三，1；彩版三四，4）。

AⅡM95

（1）墓葬形制

位于AⅡM90之北。地表有石围，平面呈椭圆形，直径1.4～1.8米。是用岩石块在墓室四周地面上摆放一圈而成。墓室为不规则的长方形竖穴土坑，最长0.56、宽0.42、深0.63米。墓向160°。墓口西部纵向盖两块木板，在墓室西、南壁两角上各立一根方形木条。填土为坚硬的黄土。

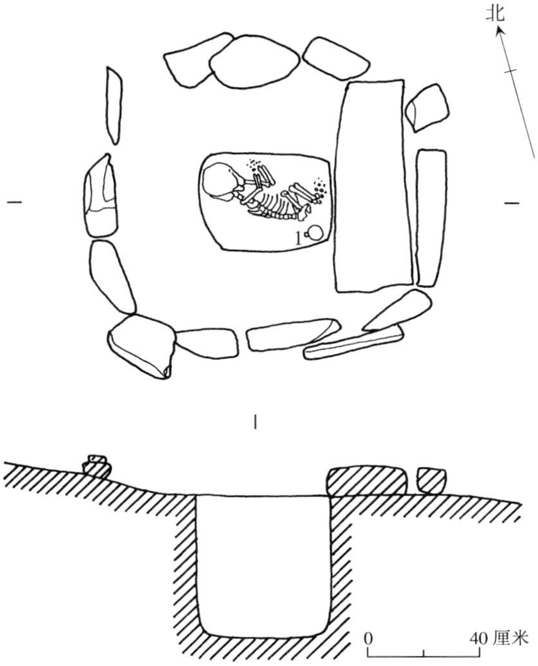

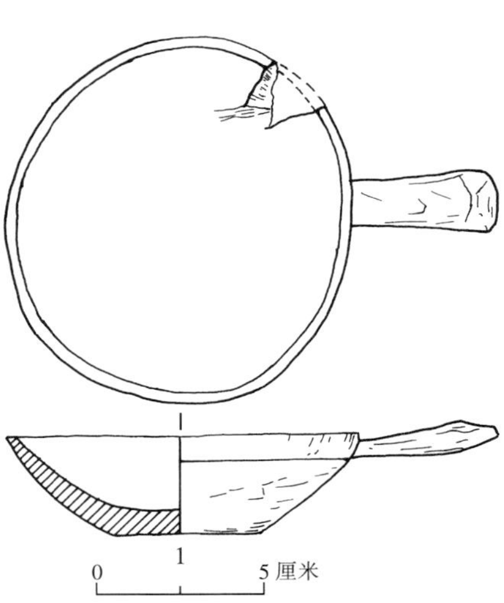

图一〇三　AⅡM94 平、剖面图及出土器物

1. 木单耳杯

墓底铺一层草。墓底葬一人，为婴儿，牙齿未萌出。葬式为右向侧身屈肢一次葬，头向西南，面向北，头颈弯曲较甚，双臂弯曲置于胸前，两腿水平放置，屈曲较甚。头顶放置陶杯 1 件（图一〇四）。

（2）随葬品

1 件，为陶器。

陶杯　1 件（标本 AⅡM95∶1）。夹砂红褐陶，器表颜色不匀。手制，较粗糙。器形较高瘦。敞口，圆沿，斜腹，饼状平底，边沿外侈。口径 7.5、底径 5.2、高 5.3～6 厘米（图一〇四，1；彩版三四，5）。

AⅡM96

（1）墓葬形制

位于 AⅡM90 之西。地表散布少许岩石块。墓室为不规则的长方形竖穴土坑，长 0.45、宽 0.38、深 0.53 米。墓向 220°。填土为坚硬的黄土。墓底铺一层草。墓底葬一人，为婴儿，乳齿未萌出。葬式为左向侧身屈肢一次葬，头向西南，面向北，双臂弯曲置于胸前，两腿水平放置，屈曲较甚，足踵贴臀（图一〇五）。

（2）随葬品

墓室内无随葬品。

AⅡM97

（1）墓葬形制

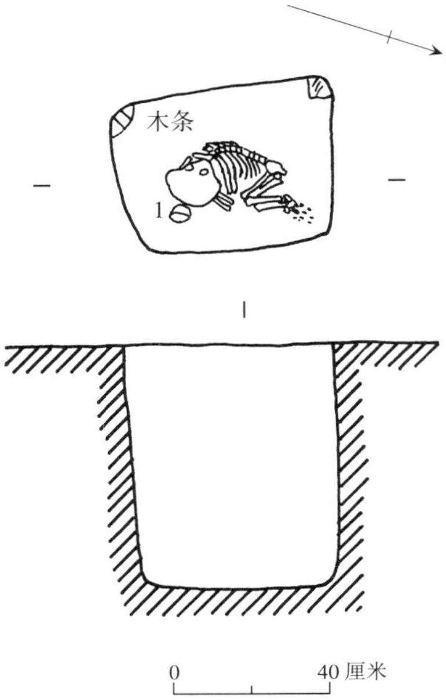

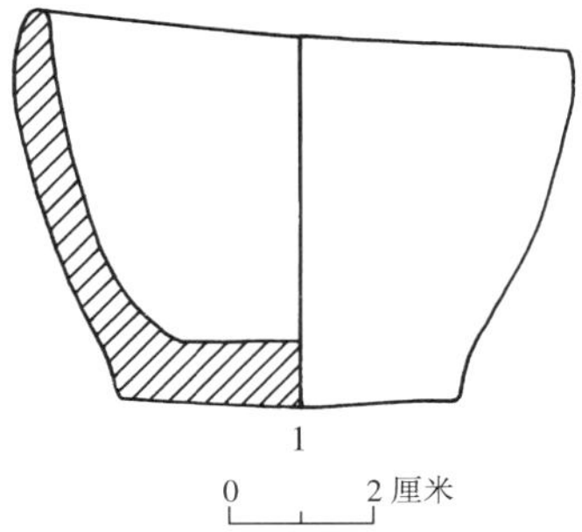

图一〇四　AⅡM95 平、剖面图及出土器物

1. 陶杯

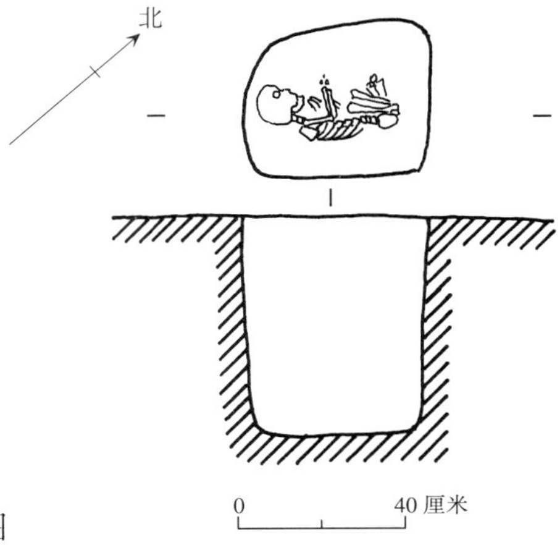

图一〇五　AⅡM96 平、剖面图

位于墓地东部一孤立小山丘的西北坡上。与 AⅡM98～AⅡM101 四座墓距离相对较近。地表无封堆标志，墓室为圆角长方形竖穴土坑，长 1.4、宽 0.77、深 0.7 米。墓向 273°。填土为坚硬的黄土。墓底葬一人，为成年男性。葬式为左向侧身屈肢一次葬，头向西，面向北，右臂弯曲置于胸前，左臂屈曲，手置于面部，两腿水平放置，屈曲较甚。头顶放置陶碗 1 件（图一〇六；彩版三五，1）。

（2）随葬品

1 件，为陶器。

陶碗　1 件（标本 AⅡM97∶1）。夹砂红褐陶皮红胎，表皮多脱落。手制，器表经过刮抹。器形较宽扁。敞口，斜腹，上腹微弧，饼状平底，边沿外侈。口径 11.5、底径 7、高 6 厘米（图一〇六，1；彩版三五，2）。出土时碗内有羊骶骨 1 件。

AⅡM98

（1）墓葬形制

位于 AⅡM97 之东。地表无标志。墓室为圆形竖穴土坑，直径 0.71、深 0.65 米。墓向 270°。填土为坚硬的黄土。墓底葬一人，为成年女性，股骨骨骺未愈合。葬式为左向侧身屈肢一次葬，头向西北，面向东，头颈弯曲较甚，右臂弯曲置于胸前；左臂微曲，置于身下，两腿水平放置，屈曲较甚，足踵紧贴臀部。头前放置陶碗 1 件（图一〇七；彩版三五，3）。

（2）随葬品

1 件，为陶器。

陶碗　1 件（标本 AⅡM98∶1）。夹砂红褐陶皮红胎。手制，较粗糙。器形较宽扁。敞口，平沿，浅斜腹，上腹微弧，饼状平底，边沿外侈。表面有烟炱。口径 8.5、底径 6.4～6.7、高 4.2 厘

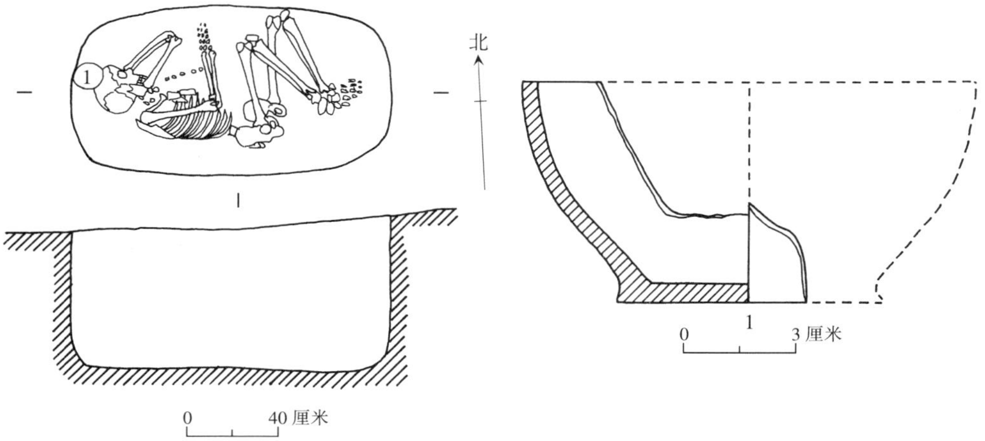

图一〇六　AⅡM97 平、剖面图及出土器物

1. 陶碗

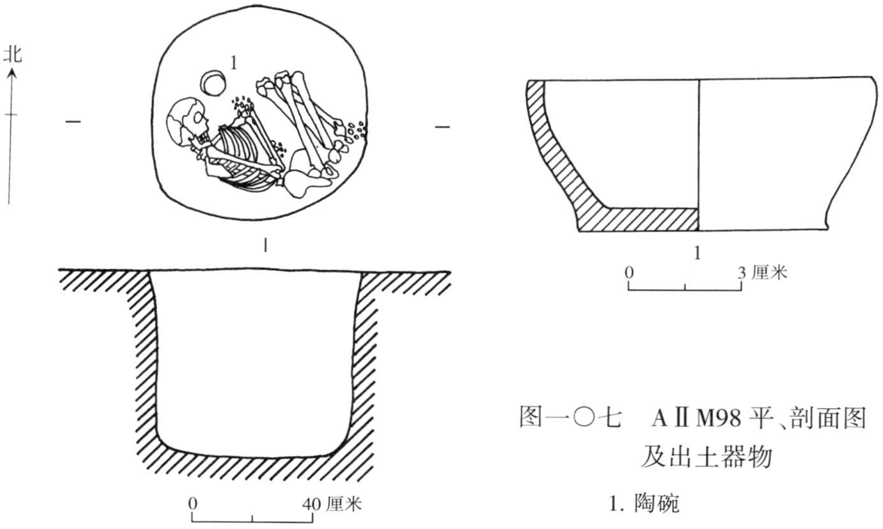

图一〇七　AⅡM98 平、剖面图及出土器物

1. 陶碗

米（图一〇七，1；彩版三五，4）。

AⅡM99

（1）墓葬形制

位于 AⅡM98 之东。地表无标志。墓室为圆角长方形竖穴土坑，长 1.07、宽 0.75、深 0.6 米。墓向 280°。填土为坚硬的黄土。靠墓室南壁斜向放置一根木棍。墓底葬一人，为成年男性。葬式为左向侧身屈肢一次葬，头向西北，面向东，头颈弯曲较甚，双臂微曲置于腿两侧，两腿水平放置，屈曲较甚。后颈部放置陶束颈罐 1 件（图一〇八；彩版三五，6）。

（2）随葬品

1 件，为陶器。

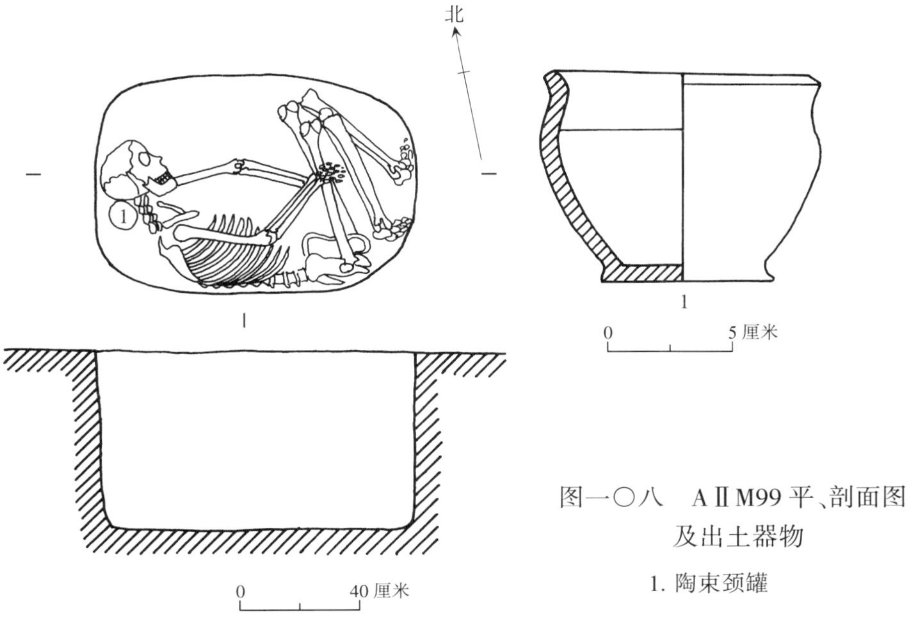

图一〇八　AⅡM99平、剖面图及出土器物

1. 陶束颈罐

陶束颈罐　1件（标本AⅡM99∶1）。夹砂红褐陶，陶色不匀，灰胎。手制。侈口，外斜平沿，束颈，折肩，内外各有一道折棱，鼓腹，腹最大径靠上，饼状平底，边沿外侈。外壁有烟炱、污垢，内壁有一层棕褐色污垢。口径10.1、底径6.8、高8.6厘米（图一〇八，1；彩版三五，5）。

AⅡM100

（1）墓葬形制

位于AⅡM99之南。地表无标志。墓室为椭圆形竖穴土坑，长径1.1、短径0.9、深0.65米。墓向273°。填土为坚硬的黄土。墓底葬一人，为成年男性。葬式为左向侧身屈肢一次葬，头向西北，面向东北，低头含胸，右臂弯曲，手置于右腋下；左臂屈曲，手置于面部，两腿水平放置，屈曲较甚。盆骨间放置陶碗1件（图一〇九；彩版三六，1）。

（2）随葬品

1件，为陶器。

陶碗　1件（标本AⅡM100∶1）。夹砂红褐陶皮红胎。手制，器表刮抹光滑。器形较宽扁。敞口，外斜平沿，沿内微折，斜腹，饼状平底，边沿外侈。表面有烟炱、污垢。口径11.1～11.3、底径5.5～5.9、高6.1厘米（图一〇九，1；彩版三六，2）。

AⅡM101

（1）墓葬形制

位于AⅡM99之东。地表无标志。墓室为椭圆形竖穴土坑，长径1.16、短径0.92、深0.42～0.53米。墓向272°。填土为坚硬的黄土。墓底铺一层草。墓底西南部葬一人，为成年女性。葬式为左向侧身屈肢一次葬，头向西，面向东，低头含胸，右臂弯曲，手置于右颈部；左臂屈曲，手置于面部，两腿水平放置，屈曲较甚，足踵紧贴臀部。头前放置陶束颈罐1件（图一一〇；彩版

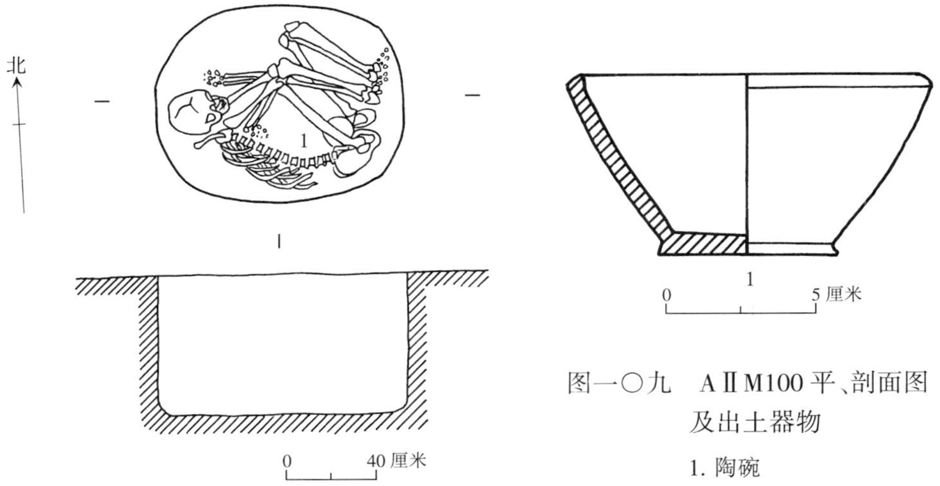

图一〇九　AⅡM100 平、剖面图及出土器物

1. 陶碗

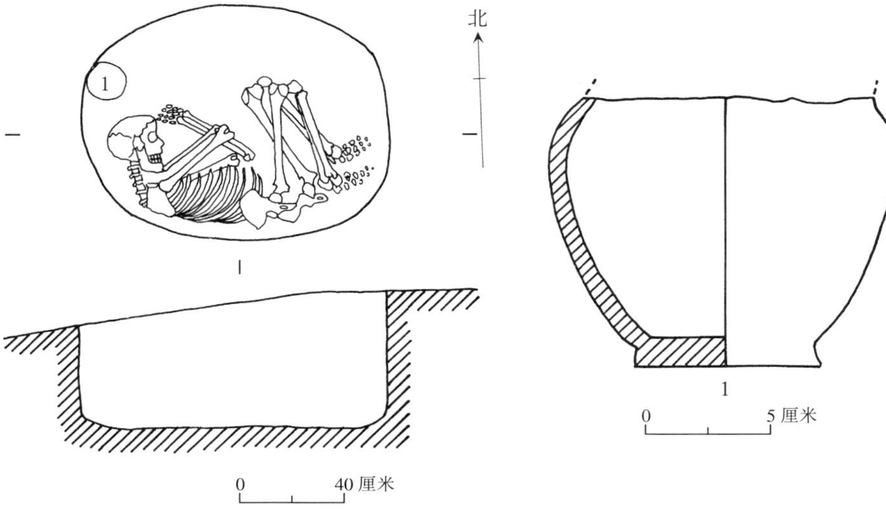

图一一〇　AⅡM101 平、剖面图及出土器物

1. 陶束颈罐

三六，3）。

（2）随葬品

1 件，为陶器。

陶束颈罐　1 件（标本 AⅡM101∶1）。夹砂红褐陶，颜色不匀，灰胎。手制。束颈，鼓腹，下腹较瘦，饼状平底，边沿外侈。罐内有一层炭化物。底径 7.4、残高 11 厘米（图一一〇，1）。

AⅡM102

（1）墓葬形制

位于 AⅡM110 之南。地表有石围，不完整，仅存北半部分。平面呈圆角长方形，长 2、残宽约 1 米。是用岩石在墓室北侧地面上摆放而成。墓室为圆角长方形竖穴土坑，长 1.5、宽 0.94、深

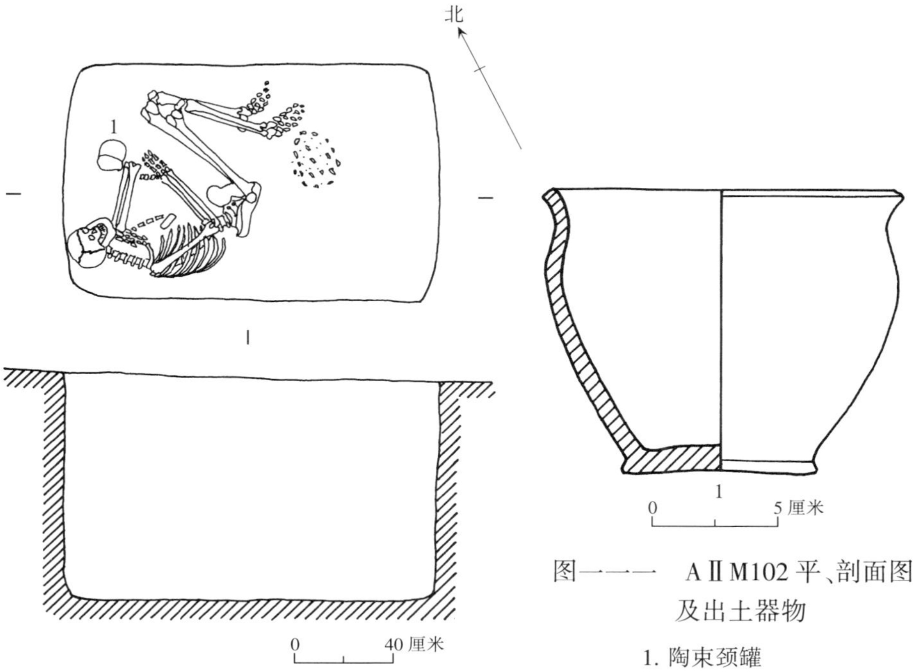

图一一一　AⅡM102平、剖面图及出土器物
1. 陶束颈罐

0.9米。墓向298°。墓口、墓底各铺一层草。墓室填土为坚硬的黄土，内含细木棍。墓底葬两人，为一成年男性和一堆骨灰合葬。人骨位于墓室西南部，葬式为左向侧身屈肢一次葬，头向西北，面向东北，上身弯曲，右臂弯曲置于胸前；左臂屈曲较甚，手放在右下颌部，两腿弯曲，水平放置。骨灰放在足底墓室中部，骨灰较纯净，均是经过拣选的未完全烧尽的黑色骨殖。墓室西部左肘外侧放置陶束颈罐1件（图一一一；彩版三六，5）。

（2）随葬品

1件，为陶器。

陶束颈罐　1件（标本AⅡM102∶1）。夹砂红褐陶，表皮局部已脱落，灰胎。手制，外表经刮磨过。侈口，外斜平沿，束颈，颈较短，鼓腹，腹最大径靠上，饼状平底，边沿外侈。外壁有烟炙，内壁有一层褐色污垢。口径13～13.6、底径8、高11.7厘米（图一一一，1；彩版三六，4）。

AⅡM103

（1）墓葬形制

位于AⅡM102之东。地表有石围，不完整，仅存北半部分。平面呈长方形，残长3.5、残宽1.1米。是用岩石在墓室南侧地面上摆放而成。东北角两块片石垂直插立于地面上。墓口平铺一层草。墓室为圆角长方形竖穴土坑，长1.3、宽0.86、深0.82米。墓向280°。东壁下部有一个向内掏进约0.46米的偏洞。偏洞底部宽0.84米，弧顶高0.7米。底部比墓底低0.12米。墓底亦铺一层草。填土为坚硬的黄土。墓底葬一人，下半身在偏洞内，上半身在竖穴东南角上。为成年女性。葬式为左向侧身屈肢一次葬，头向西北，面向东北，双臂弯曲置于胸前，两腿屈曲较甚，压在腹上。头顶放置陶束颈罐1件（图一一二；彩版三七，1）。

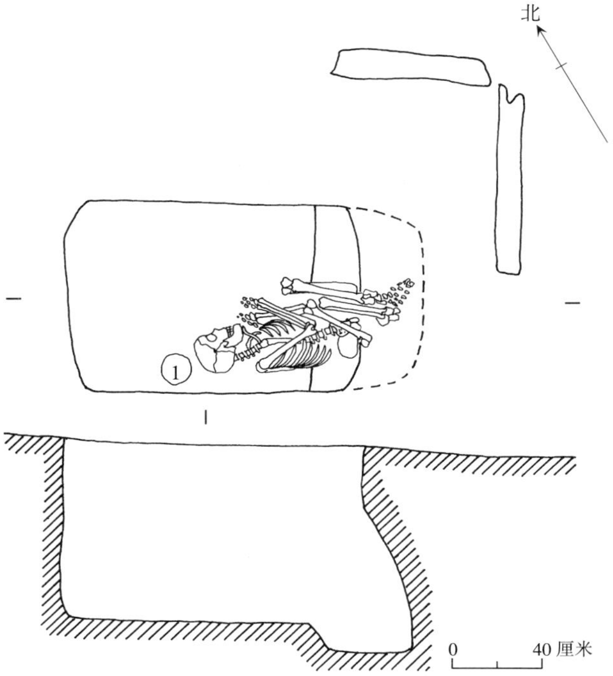

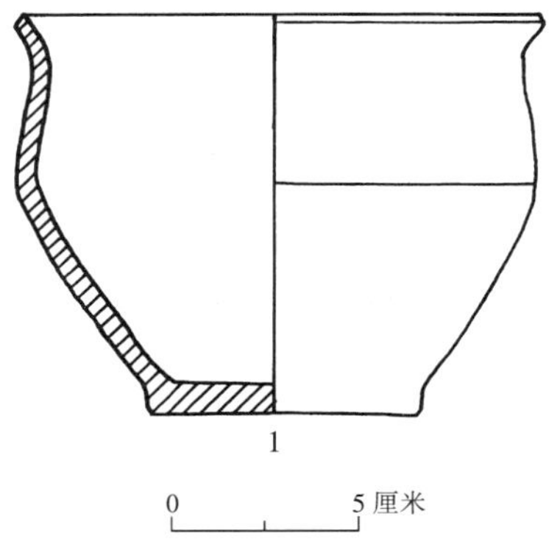

图一一二　AⅡM103平、剖面图及出土器物
1. 陶束颈罐

（2）随葬品

1件，为陶器。

陶束颈罐　1件（标本AⅡM103∶1）。夹砂灰褐陶，陶色不匀，灰胎。手制。侈口，外斜平沿，束颈，折肩，内外各有一道折棱，鼓腹，腹最大径靠上，饼状平底，边沿外侈。外壁有烟炙。口径13.9、底径7.4、高11厘米（图一一二，1；彩版三七，2）。

AⅡM104

（1）墓葬形制

位于AⅡM105之北。地表有石围，不完整，仅存南半部分。平面略呈圆形，直径约3米。是用岩石在墓室南侧地面上摆放而成。墓口西侧地面上垂直立一块片石。墓室为圆角长方形竖穴土坑，长1.31、最宽0.86、深1.02米。墓向263°。填土为坚硬的黄土。墓室东壁上部贴一块片石板。墓底葬一人，为成年男性。葬式为左向俯身屈肢一次葬，头向西，面向北，双臂弯曲合抱于胸前，两腿水平放置，屈曲较甚，足踵紧贴臀部。墓室西北角有木盘1件，盘上放置一截羊脊椎骨（图一一三；彩版三七，3）。

（2）随葬品

1件，为木器。

木盘　1件（标本AⅡM104∶1）。整体干裂变形。用一块厚木板砍削而成，加工痕明显。平面呈椭圆形，边沿上翘，中部微凹。敞口，宽沿，浅腹，平底。长24.7、宽17、高3厘米（图一一三，1；彩版三七，4）。

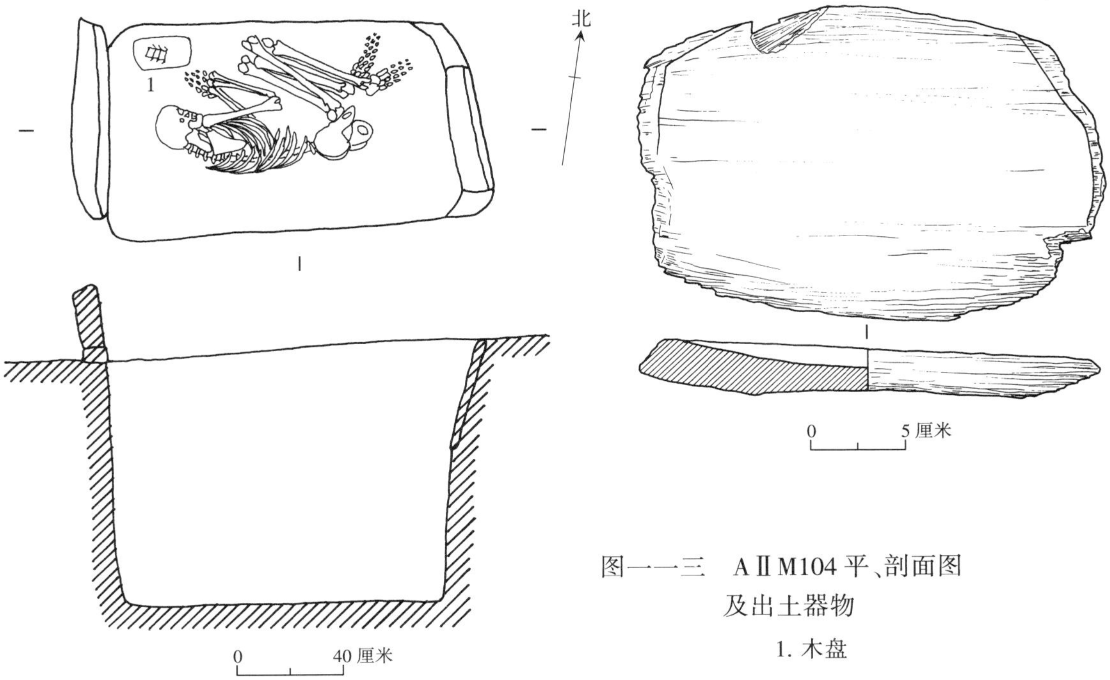

图一一三　AⅡM104平、剖面图及出土器物
1. 木盘

AⅡM105

（1）墓葬形制

位于AⅡM104之南。地表有石围，平面呈长方形，长3.1、宽2.42米。是用岩石在墓室四周地面上摆放一圈而成。其中西南面片石垂直插立于地面上，东北面水平放置三层片石（彩版三八，1）。墓室为圆角长方形竖穴土坑，长1.25、宽0.8、深1.14米。墓向270°。墓口平铺一层草，东侧横向放置一根长约0.7、直径0.06米的木棍。填土为坚硬的黄土。墓底亦铺一层草，在人骨右膝弯处放木棍一根。墓底葬一人，为成年男性。葬式为左向侧身屈肢一次葬，头向西，面向北，双臂弯曲，双手置于面前，两腿水平放置，屈曲较甚，足踵贴臀。头前放置陶束颈罐1件（图一一四；彩版三八，2）。

（2）随葬品

1件，为陶器。

陶束颈罐　1件（标本AⅡM105∶1）。夹砂灰陶。手制，外表经刮磨过，但口部仍不光滑平整。侈口，外斜平沿，束颈，折肩，内外各有一道折棱，鼓腹，腹最大径靠上，下腹较瘦，饼状平底，边沿外侈。外壁有烟炱。口径12.2、底径7、高10.2～10.6厘米（图一一四，1；彩版三八，3）。

AⅡM106

（1）墓葬形制

位于AⅡM19西侧缓坡地上。地表散布少许石块。墓室为椭圆形圜底土坑，口上部已被风

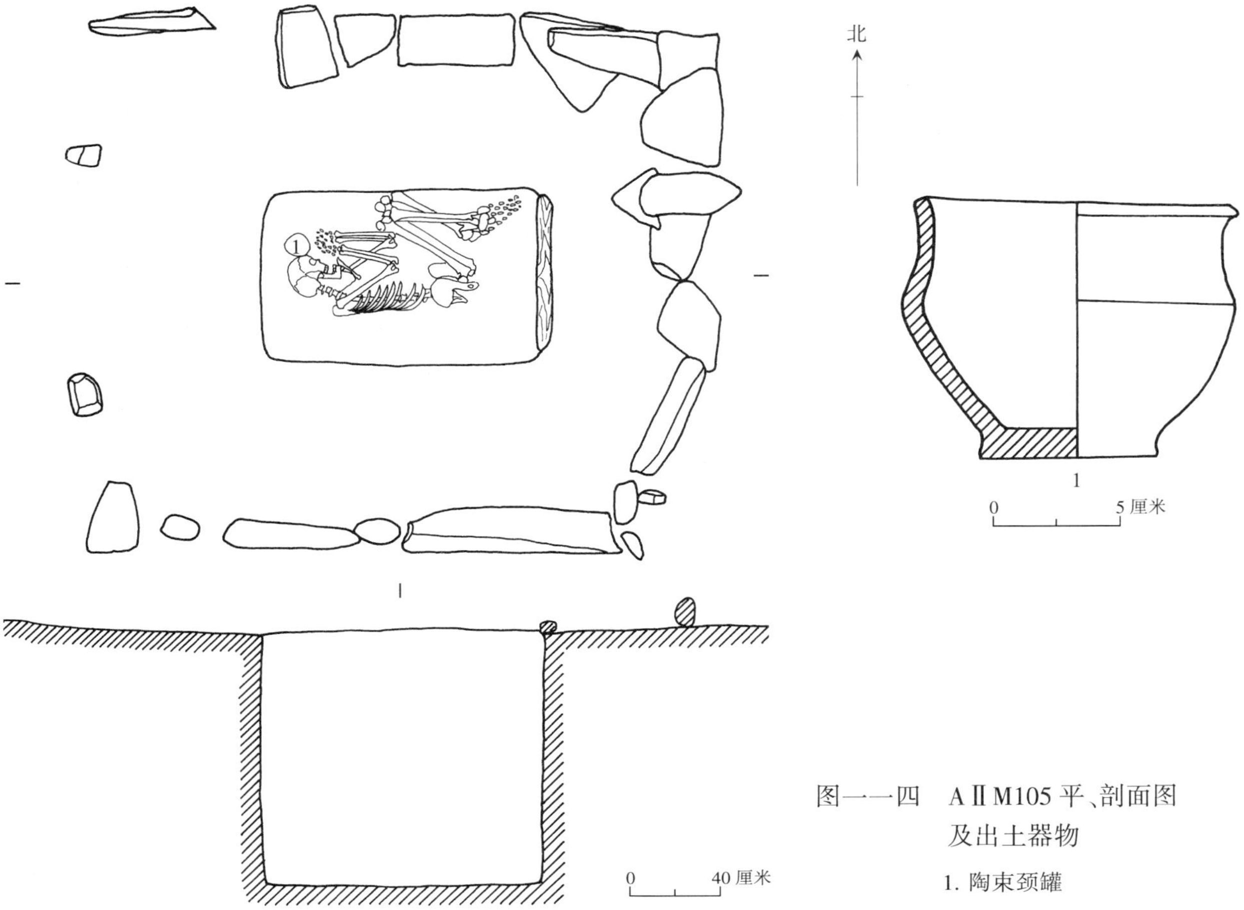

图一一四　AⅡM105 平、剖面图及出土器物
1. 陶束颈罐

蚀掉。长径 0.66、短径 0.41、残深 0.2 米。墓向 80°/260°。墓壁被火烧过，呈黑红色。墓室内盛满木炭灰和骨灰，内含少量陶片渣。墓底铺有一层草，局部被火烧过（图一一五；彩版三八，4）。

（2）随葬品

墓室内仅出少量陶片渣，形制不明。

AⅡM107

（1）墓葬形制

位于 AⅡM18 之西南，打破 AⅡM18 封堆西半部分。地表有石堆，直径约 1.5、高 0.3 米。由岩石块堆成。墓室为不规则长方形竖穴土坑，墓室上部已被风蚀掉，残长 1.14、残宽 0.85、残深 0.35 米。墓向 180°。埋葬较浅，去掉封堆后人骨即露出。填土为粉黄土。墓底葬一人，为成年女性。葬式为右向侧身屈肢一次葬，头向南，面向东，左侧手臂及肩

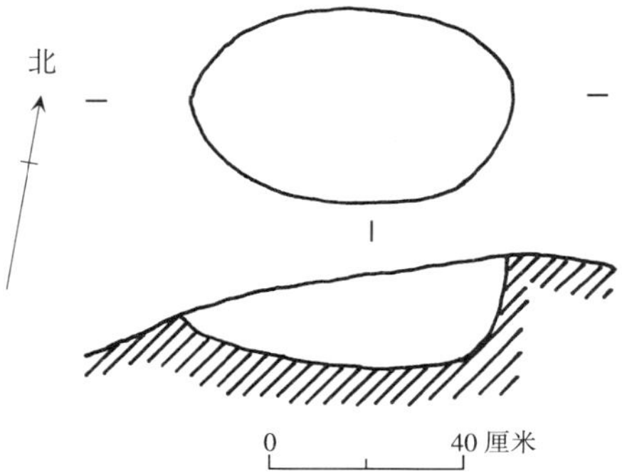

图一一五　AⅡM106 平、剖面图

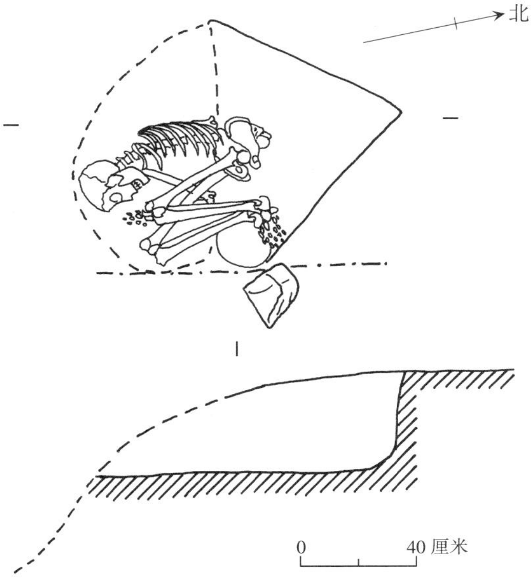

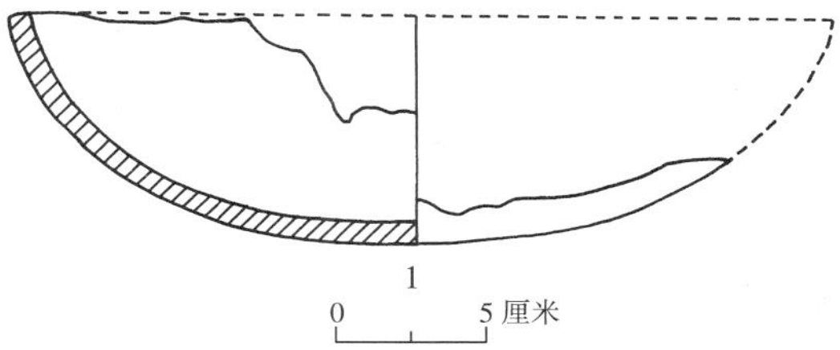

图一一六 AⅡM107 平、剖面图及出土器物
1. 陶钵

胛骨已不存，右臂弯曲置于身下，下肢屈曲较甚，膝几乎与面部相接，双足叠放在一起。足前放置陶钵 1 件（图一一六）。

（2）随葬品

1 件，为陶器。

陶钵 1 件（标本 AⅡM107∶1）。夹砂红褐陶，灰胎。手制。敞口，圆沿，浅斜腹，圜底。口径 26、高 7.8 厘米（图一一六，1）。

AⅡM108

（1）墓葬形制

位于 AⅡM18 之东。地面无封堆标志，去掉表土墓口即暴露。墓室为椭圆形竖穴土坑，长径 0.65、短径 0.47、深 0.34 米。墓向 115°/295°。填土为坚硬的黄土。墓底中部放置一堆拣拾干净的骨灰（图一一七；彩版三九，1）。

（2）随葬品

墓室内无随葬品。

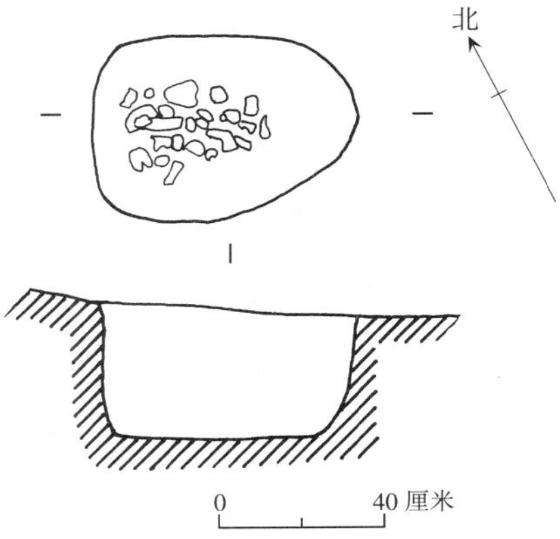

图一一七 AⅡM108 平、剖面图

AⅡM109

（1）墓葬形制

位于 AⅡM18 之东北。地面有一堆乱石。墓室为圆角长方形竖穴土坑，长 1.5、宽 0.6、深 0.44 米。墓向 135°/315°。墓室填土为黄沙土，东壁有一块大岩石。墓底葬一人，成年，性别不明。葬式为二次葬，人骨不完整，墓底东部出少许人肋骨。西部出木单耳杯 1 件（图一一八）。

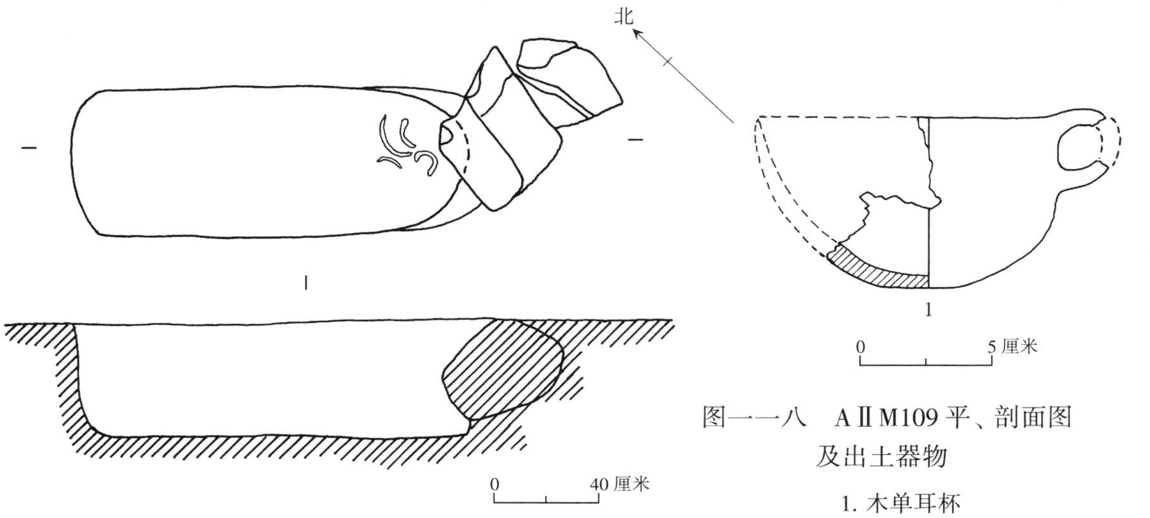

图一一八 AⅡM109平、剖面图及出土器物

1. 木单耳杯

（2）随葬品

1件，为木器。

木单耳杯 1件（标本AⅡM109:1）。已干裂变形。用一截木柱纵向刳挖而成，加工痕明显。敛口，尖沿，鼓腹，小平底。沿上有一环形耳。上腹部有两道裂痕，两侧残留有铜钉，说明此物曾被修补并重复使用过。口径10.5、底径2.5、高6.3厘米（图一一八，1；彩版三九，2）。

AⅡM110

（1）墓葬形制

位于AⅡM93之东。地表有石围，平面呈长方形，长5.6、宽2.4、高0.4米。是用岩石块在墓室四周地面上摆放一圈而成，共有三层。石围内有少许岩石块。墓室为圆角长条形竖穴土坑，南北两壁不直。长4.5、宽1、深0.84米。墓向118°/298°。墓室填土为坚硬的黄土，内含碎草、细木片和片石等。墓底铺一层草。靠墓室南壁立细木棍三根；北壁立细木棍两根，西南角填土中斜插一根木棍。木棍长约0.3、直径0.05米。棍头露出墓口约0.05米。墓室被三块木板横向隔成四小室（自西向东依次编号为a、b、c、d）。a室长1.15米，靠南壁放置陶束颈罐1件；b室长0.9米，靠西侧隔板放置木盘1件；c室长0.88米，靠西侧隔板放置骨灰一堆、木盘1件，东北角放置木盘1件；d室长1.36米，中部放置骨灰一堆，西部放置木盘2件。木隔板保留树木的自然弧度，但经过加工，上面有砍削痕。其长与墓宽相等，长1、宽0.19~0.26、厚0.07米（图一一九；彩版四〇，1）。

（2）随葬品

6件，主要是陶、木器等。

1）陶器 1件。

陶束颈罐 1件（标本AⅡM110:1）。夹砂红褐陶，陶色不匀，灰胎。手制。侈口，圆沿，束

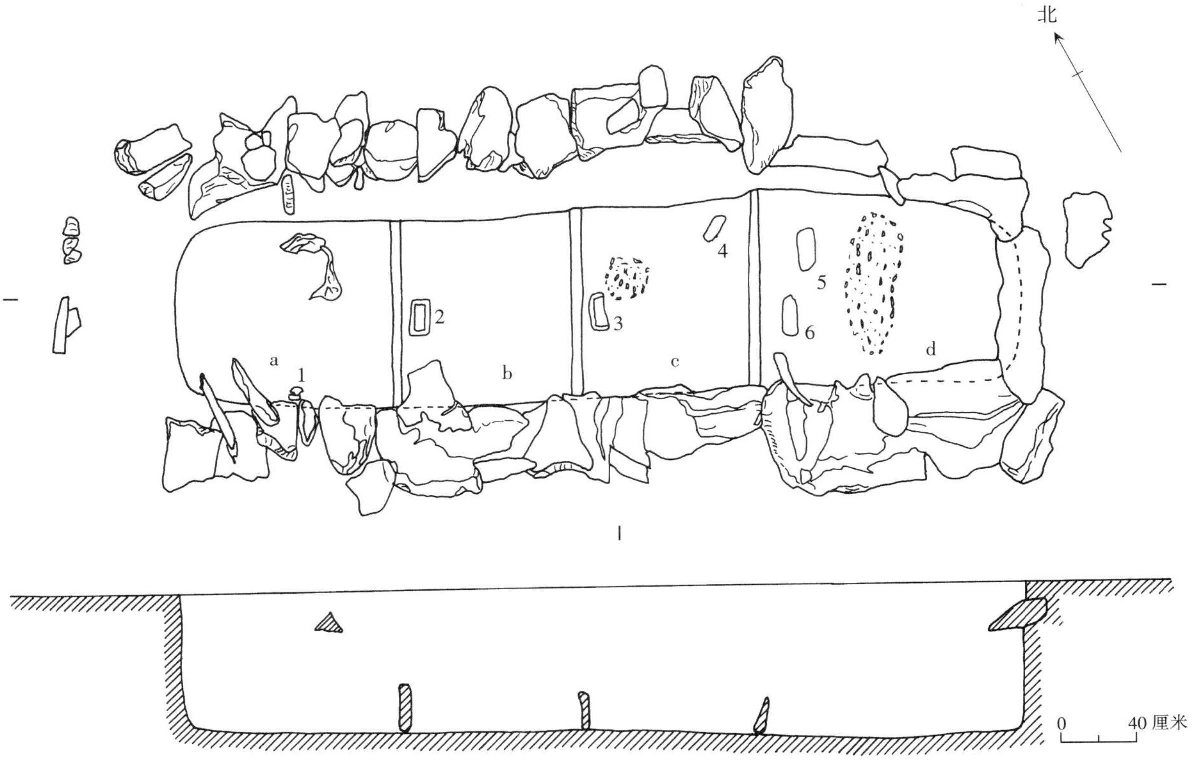

图一一九　AⅡM110 平、剖面图

1. 陶束颈罐　2～6. 木盘

颈，颈较短，鼓腹，腹最大径靠上，饼状平底。口径 10.8～11.5、底径 6.4、高 9.7 厘米（图一二〇，3；彩版四〇，2）。

2）木器　5 件。

木盘　5 件，其中一件残朽严重无法提取。外表保持原木的自然弧度，均干裂变形。标本 AⅡM110∶2，系将圆木剖开后从中横向刳挖而成。平面呈圆角长方形。两短边的沿较宽、平。敞口，平沿，浅斜腹。内底较平，外底呈弧形。长 20.2、宽 10.2、高 4.4 厘米（图一二〇，1；彩版四〇，3）。标本 AⅡM110∶3，系将圆木剖开后从中横向刳挖而成。平面呈圆角长方形。两短边的沿较宽、平。敞口，平沿，浅斜腹。内底较平，外底呈弧形。长 11.2、残宽 5、高 1.5 厘米（图一二〇，2；彩版四〇，4）。标本 AⅡM110∶4，用一块薄木片加工而成。平面呈圆头长方形，中间厚，边缘薄。长 20、宽 9.3、厚 1.2 厘米（图一二〇，4；彩版四〇，5）。标本 AⅡM110∶5，用一块薄木片加工而成。平面呈圆角长方形。长 17.1、宽 8.7、厚 1 厘米（图一二〇，5；彩版四〇，6）。

AⅡM111

（1）墓葬形制

位于 AⅡM85 之南。地表有石棺，西北部有一缺口。平面呈椭圆形，长径 1.5、短径 1.2、高

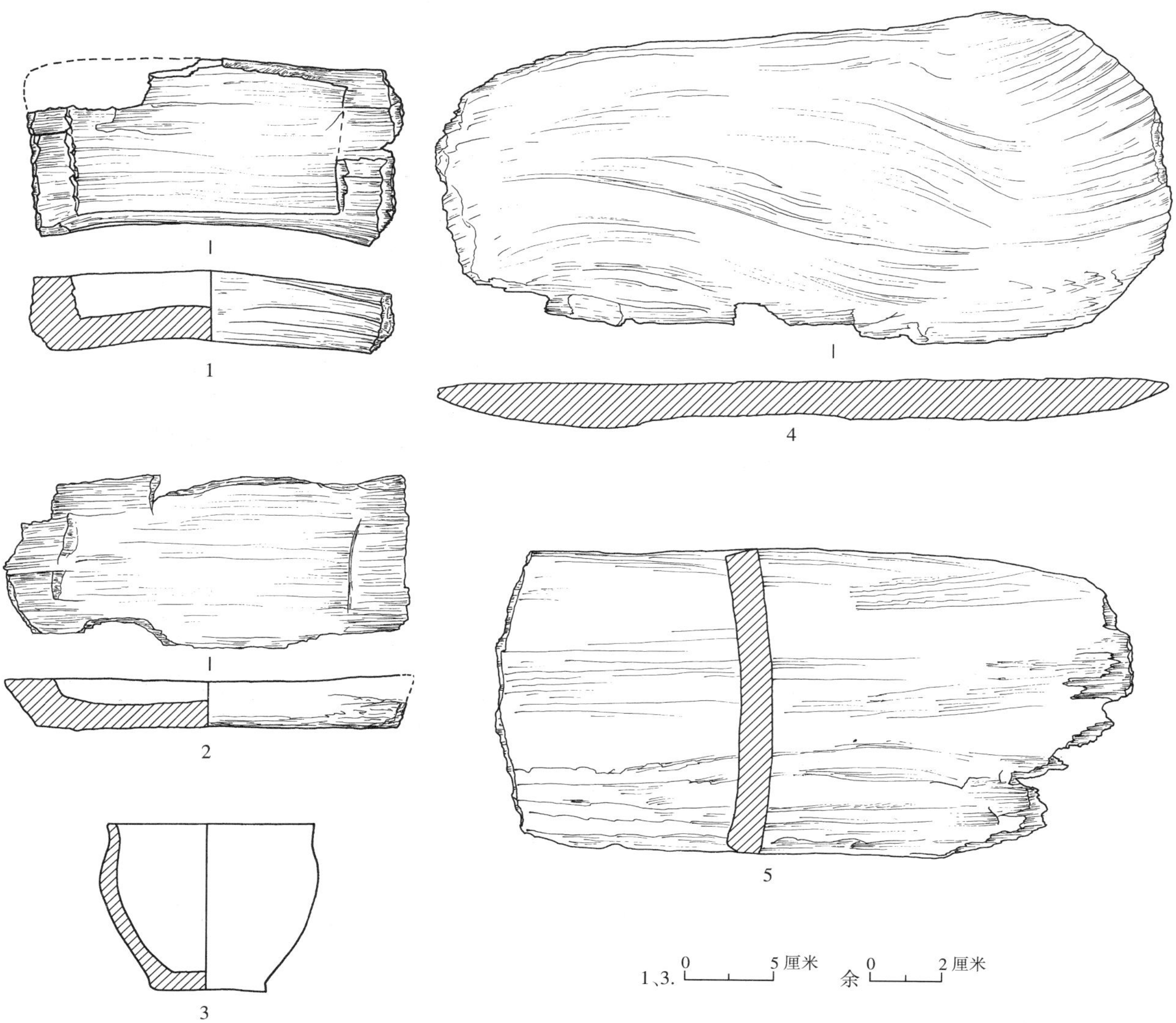

图一二〇 AⅡM110出土器物

1、2、4、5. 木盘（AⅡM110∶2、3、4、5） 3. 陶束颈罐（AⅡM110∶1）

0.7米。墓向125°/305°。是用大块片石插立于地面上而成。石头下部深入地下约0.16~0.26米。最大一块片石长0.76、宽0.3、厚0.3米。石棺内有小墓室，为椭圆形竖穴圜底，长径0.92、短径0.44、深0.1~0.25米。石棺内壁被火烧过，呈红色。棺内有半棺灰烬，内含大量骨灰及少量陶器碎片。灰烬上面还有三根未烧完的木棍（图一二一；彩版三九，3）。

（2）随葬品

1件，为陶器。酥朽看不出形制。

AⅡM112

（1）墓葬形制

位于AⅡM111之东。地表有石堆，平面呈圆形，直径3、高约0.2米。由黄色淤土、石块混

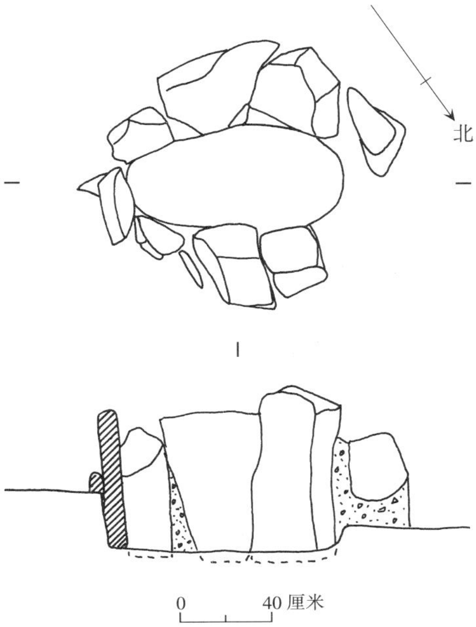

图一二一 AⅡM111 平、剖面图

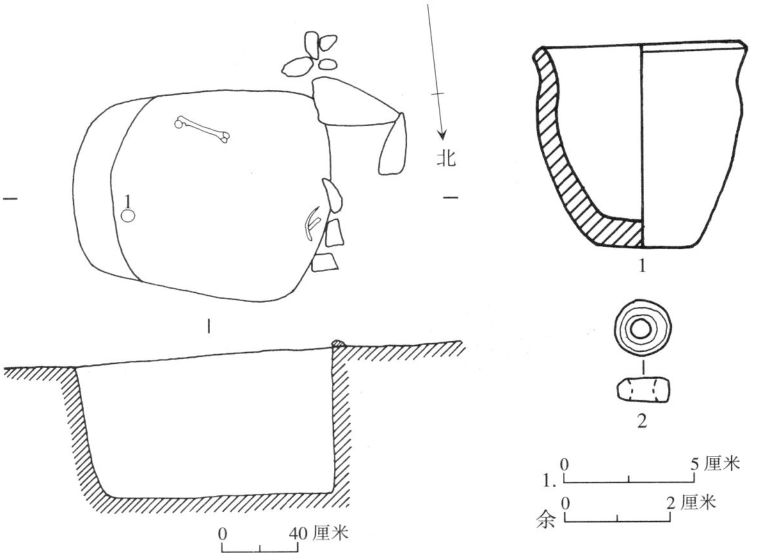

图一二二 AⅡM112 平、剖面图及出土器物

1. 陶束颈罐 2. 铜珠

合堆积而成。石围位于封堆外侧，平面呈圆形，不完整，仅西半部保存较好。是用岩石块在地面上摆放而成。墓室为圆角长方形竖穴土坑，下部内收。长 1.37、最宽 1.16、深 0.79 米。墓向 95°/275°。墓室上部填土为黄沙土，下部为坚硬的黄土。填土中出铜珠 1 枚。墓底铺一层草。墓底葬一人，年龄、性别不明。葬式为二次葬，人骨不完整，仅存肱骨 1、肋骨 2 根。墓底东部放置陶束颈罐 1 件（图一二二）。

（2）随葬品

2 件，主要是陶、铜器等。

1）陶器 1 件。

陶束颈罐 1 件（标本 AⅡM112∶1）。夹砂灰褐陶，灰胎。手制，外表经过刮磨过，但不光滑平整。侈口，圆沿，束颈，上腹微鼓，平底。外壁有烟炙、污垢。口径 7.7～8、底径 4～4.3、高 8 厘米（图一二二，1；彩版三九，4）。

2）铜器 1 件。

铜珠 1 件（标本 AⅡM112∶2）。铸造。扁圆鼓形，上下各有一小台面，中心有对钻孔。直径 1.05、高 0.55、孔径 0.4～0.6 厘米（图一二二，2）。

AⅡM113

（1）墓葬形制

位于 AⅡM112 之东南。地表有石堆，平面呈椭圆形，长径 2.5、短径 2、高 0.3 米。由岩石、黄土混合堆成。石堆下有石围，不完整，仅东半部保存较好。平面呈椭圆形，长径 0.9、短径 1

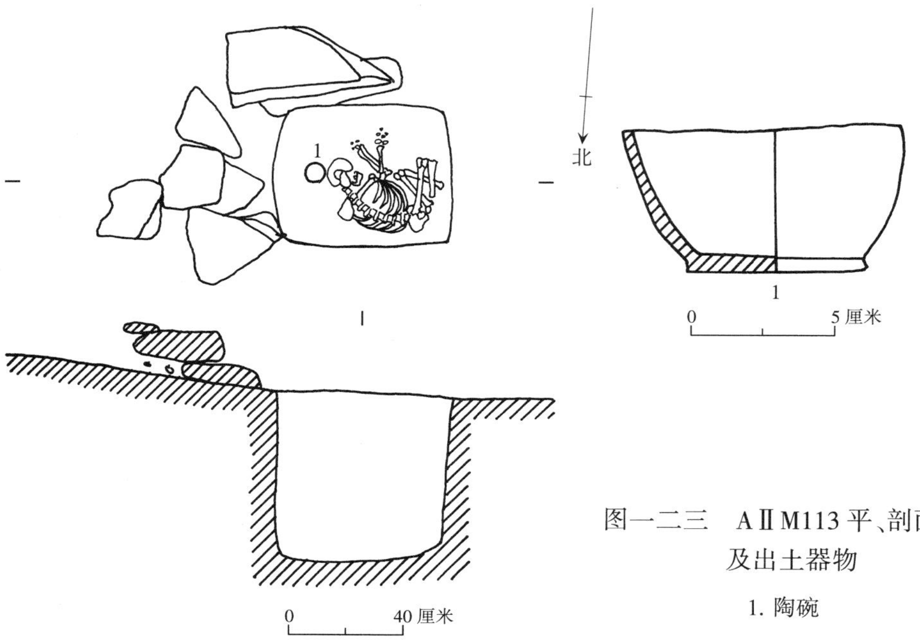

图一二三　AⅡM113平、剖面图及出土器物
1. 陶碗

米。是用岩石在墓室外侧地面上摆放而成。墓室为圆角长方形竖穴土坑，长0.64、宽0.52、深0.6米。墓向85°。墓口平铺一层草，草内出成人桡骨1、肋骨1。填土为黄沙土。墓底亦铺一层草。墓底葬一人，为婴幼儿，臼齿未萌出。葬式为左向侧身屈肢一次葬，头向东南，面向西南，上身弯曲，双臂弯曲置于胸前方，下肢屈曲，左腿上抬，右腿足踵贴臀。头顶放置陶碗1件（图一二三）。

（2）随葬品

1件，为陶器。

陶碗　1件（标本AⅡM113∶1）。系用一陶罐底加工而成，口部打磨光滑。夹砂红褐陶皮红胎。器形较宽扁。敞口，斜腹，饼状平底，边沿外侈。口径9.4、底径6.5、高5.2厘米（图一二三，1；彩版三九，5）。

AⅡM114

（1）墓葬形制

位于AⅡM113之北。地表有石堆，平面略呈圆形，直径1.9、高0.3米。由岩石、黄土混合堆成。石堆下有石围，平面呈圆角方形，边长1.9米。不完整，东南和西北各有一个缺口。是用岩石在墓室四周地面上摆放一圈而成。墓室为圆角长方形竖穴土坑，长1、宽0.62、深0.79米。墓向120°。墓口西侧横向放置两根长0.55、直径0.06米的木棍。填土为黄土。墓底铺一层草。墓底葬一人，为婴幼儿，第一恒臼齿未萌出。葬式为左向侧身屈肢一次葬，头向东南，面向西南，上身微曲，双臂弯曲，双手置于面部，下肢水平放置，屈曲较甚，膝与肘接，足踵贴臀。头前放置陶束颈罐1件（图一二四）。

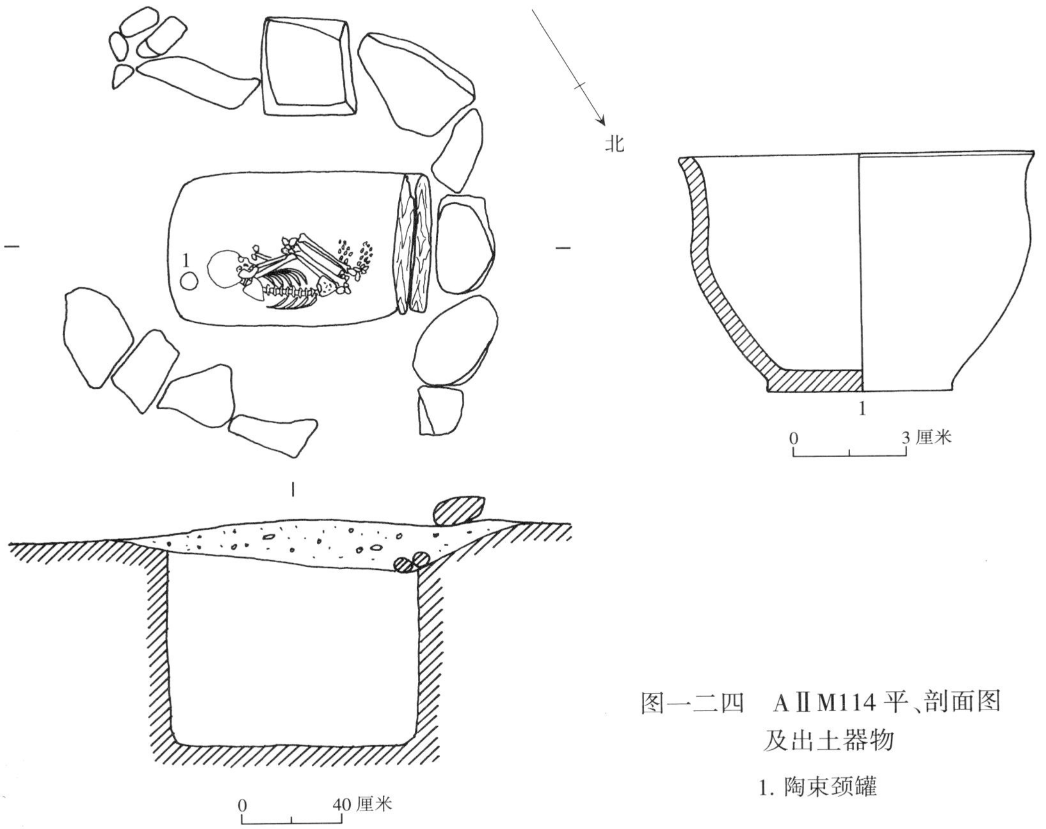

图一二四　AⅡM114平、剖面图及出土器物
1. 陶束颈罐

（2）随葬品

1件，为陶器。

陶束颈罐　1件（标本AⅡM114∶1）。夹砂红褐陶，陶色不匀，灰胎。手制，外表经刮磨，但仍不光滑平整。侈口，外斜平沿，束颈，鼓腹，腹最大径靠上，下腹较鼓，饼状平底，边沿微外侈。口径8.5、底径4.7～5.3、高6.5厘米（图一二四，1；彩版三九，6）。

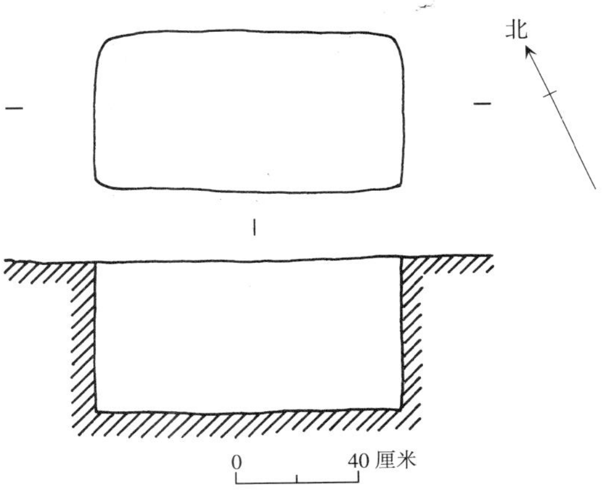

图一二五　AⅡM116平、剖面图

AⅡM116

（1）墓葬形制

位于墓地南侧山梁顶部一块孤立的黄土台地上。地面上散布少许岩石块。墓室为长方形竖穴土坑，长1、宽0.55、深0.52米。墓向115°/295°。填土为坚硬的黄土，内含少许碎草。墓内无人骨和遗物（图一二五）。

（2）随葬品

墓室内无随葬品。

第二节 汉唐时期墓葬

汉唐时期27座墓葬主要分布于AⅠ、AⅡ和AⅤ号墓地。其中AⅠ号墓地9座，AⅡ号墓地15座，AⅤ号墓地3座。

一 AⅠ号墓地

AⅠ号墓地位于塔什库尔干河北岸一级台地上。台地呈东西向狭长带状，东西长约1500米，南北最宽不足100米。北依高山，南临河床断崖。地表遍布戈壁砾石，少量植被生长。墓地南与位于下班迪沟口的BⅤ号墓地隔河相望。从塔什库尔干县县城通往水库大坝及大同乡的简易公路从墓地北侧经过。墓地共发掘墓葬17座，其中8座墓封堆下无墓室，实有墓葬9座。

墓葬地表有封堆标志，按形制可分为石堆、石围、石棺三种。其中石堆墓2座，石围墓4座，石棺墓1座，地表无标志墓2座。石堆是用卵石、砂砾石混合堆成，较低矮。平面略呈圆形，最大者直径9.15、高0.6米；最小者直径1.8、高0.3米。石围是用大卵石在墓室四周地面上摆放一圈而成。平面呈长方形，大者长3、宽1.8米；小者长1.8、宽1.7米。石棺是用扁平卵石或岩石块插立于地表上而成，平面呈长方形。

9座墓封堆下各有一座墓室。根据埋葬方式可分为土葬墓和火葬墓两种。其中土葬墓8座，墓室可分为圆角长方形竖穴和圆形竖穴石室两种。8座墓中只有4座墓埋有人骨。3座墓为单人葬，双人葬只有1座。一次葬墓2座，二次葬和截肢葬各1座。葬式为仰身直肢葬，头向西。其中AⅠM8缺少头骨；AⅠM15腰椎以下部分完整。少葬具，AⅠM10有简易箱式木棺，部分墓墓口部放置少许木棍和树枝等物。火葬墓3座，系将人骨直接放在墓室内火化，然后回填。

随葬品较匮乏。9座墓中只有3座墓有随葬品，共7件。主要是陶、木、葫芦器及纺织品等。

AⅠM8

（1）墓葬形制

位于AⅠM15之北，与AⅠM15、AⅠM10、AⅠM14呈南北向排列（图一二六）。地表有封堆，平面呈圆形，直径4、高0.4米。由卵石、黄土混合堆成。封堆南部地面上有火烧过的痕迹，地表发红，上面有一层含木炭块的灰烬堆积。旁边出残木盘1件、残木钵1件，还有少许禽类骨骼。

墓室位于封堆北部，为圆角长方形竖穴，长1.65、宽0.53、深0.58米。墓向259°。墓口上横向放置五根长0.46～1.27、直径0.03～0.06米的木棍。墓室填土为细沙砾土，内含碎草。墓内葬一人，为成年女性。葬式为截肢二次葬，头骨已被截去。仰身直肢，头向西。尸体保存较好，部分已成干尸，身上穿套头长布袍（图一二七；彩版四一，1）。

（2）随葬品

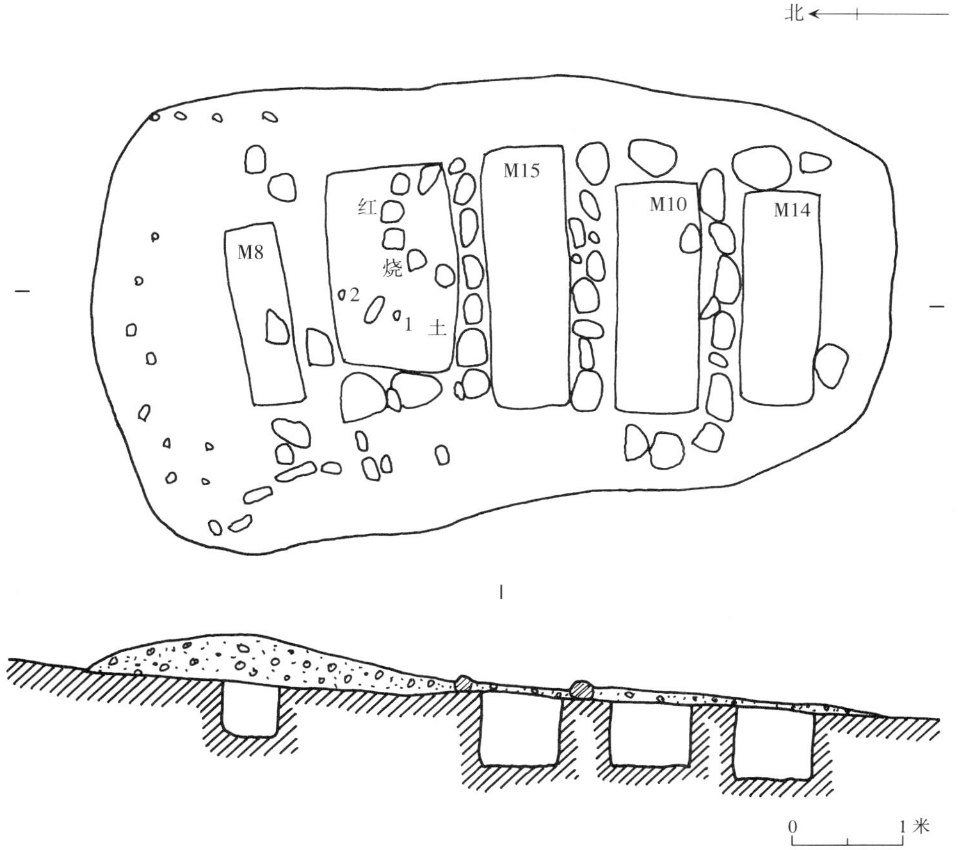

图一二六　AⅠM8、AⅠM10、AⅠM14、AⅠM15 位置图
1. 木盘　2. 木钵

3 件。其中 1 件为布袍，余为木器。木器制法均为截取原木一截，砍削成型后再从中刳挖，最后经过旋制打磨光滑。

木盘　1 件（标本 AⅠM8∶1）。已残。圆形。敞口，平沿，斜直腹，平底。残高 3.5 厘米（图一二七，1；彩版四一，2）。

木钵　1 件（标本 AⅠM8∶2）。敛口，圆沿，鼓腹，小平底。腹上部有两道弦纹。口径 9、底径 4、高 4.9 厘米（图一二七，2；彩版四一，3）。

AⅠM9

（1）墓葬形制

位于墓地东北部。地表有封堆。墓室为椭圆形竖穴，长径 2.2、短径 1.9、深 0.8 米。墓向 90°/270°。填土为疏松的黄土，内含羊粪、草、植物种子等。墓室内有石室，圆形，直径 1.5～1.8、深 0.9 米。系用扁平状卵石贴墓壁垒砌而成。共 7 层，下面一层石头垂直放置，上面 6 层水平放置，最上面一层高出墓口约 0.1 米。墓底铺一层草（图一二八；彩版四一，5）。

（2）随葬品

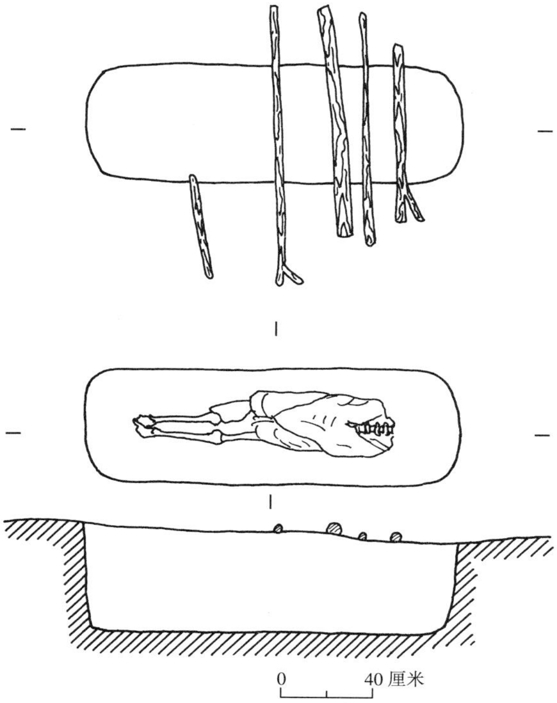

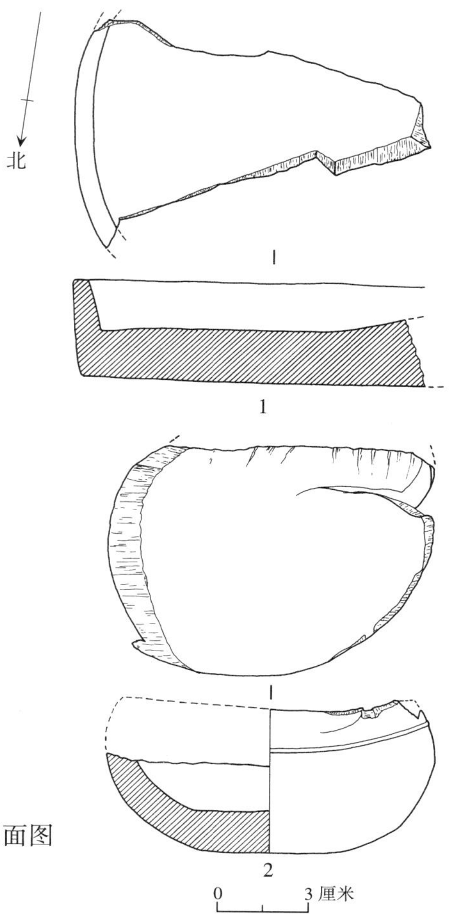

图一二七　A Ⅰ M8 平、剖面图
及出土器物
1. 木盘　2 . 木钵

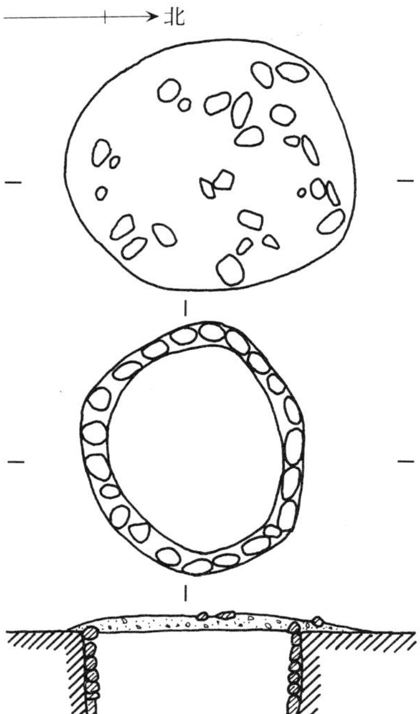

图一二八　AⅠM9 平、剖面图

墓室内无随葬品。

A Ⅰ M10

（1）墓葬形制

位于 A Ⅰ M15 之南。地表有石围，平面呈长方形，长 3、宽 1. 8 米。系用大卵石在墓口四周地面上摆放一圈而成。不完整，东端有缺口。墓室为圆角长方形，长 2. 11、宽 0. 77、深 0. 59 米。墓向 270°。墓口上盖两层棚木，上层为三根纵向放置的木柱，最大一根长 2. 34、直径 0. 1 米。下层为横向放置的一层细木棍和树枝，树枝间夹杂少许碎毛毡片。填土为沙砾土。墓室内置简易箱式木棺一具。棺内葬一人，为成年女性。葬式为仰身直肢一次葬，头向西，面向右上方，双手置于腹部。身上穿着套头长布袍。尸体保存较好，尚存部分皮肉。墓室西端棺外放置陶罐 1 件（图一二九）。木棺呈头宽足窄的长方形，长 1. 89、头挡宽

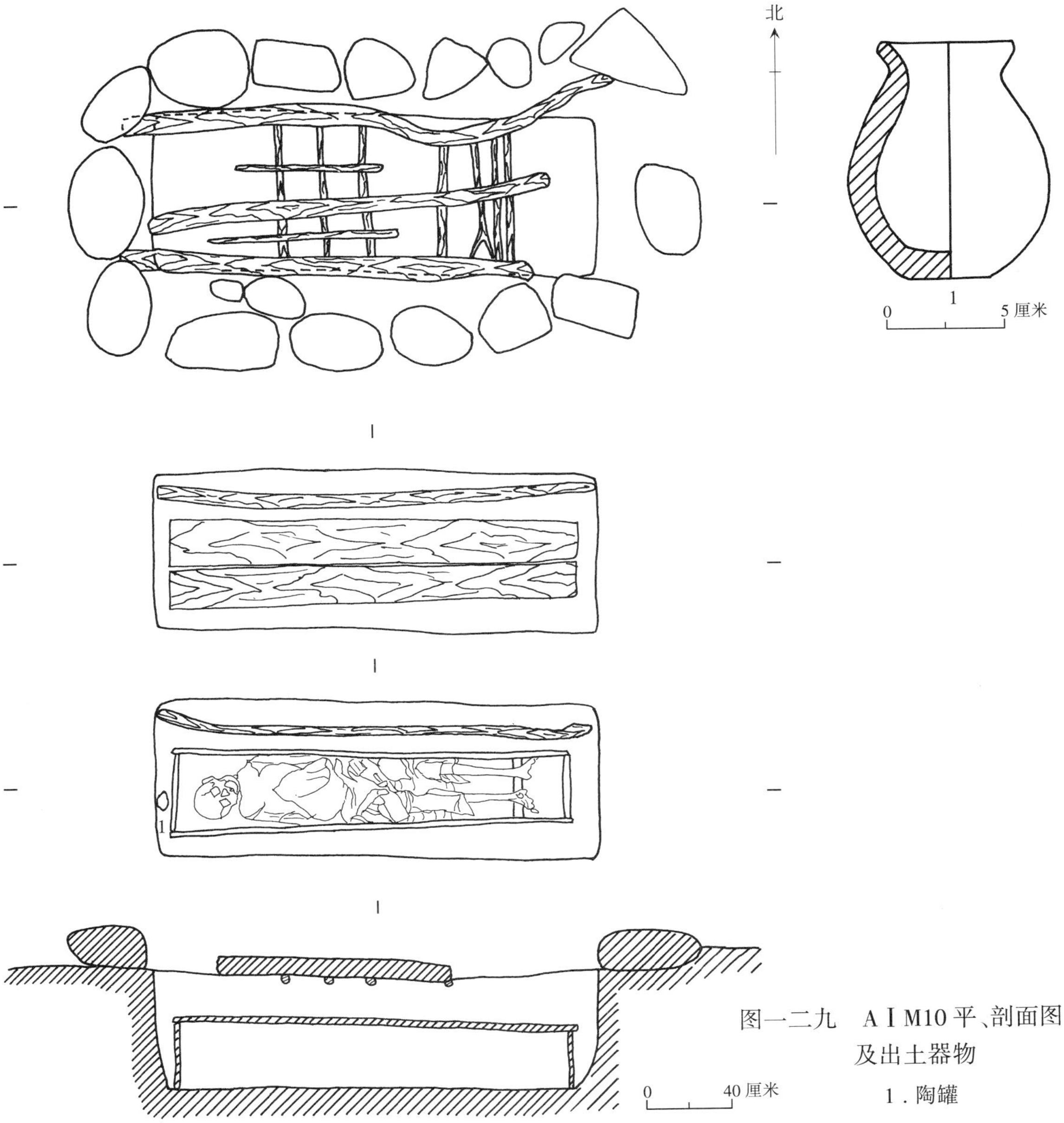

图一二九　AⅠM10 平、剖面图及出土器物
1. 陶罐

0.44、高 0.33 米，足挡宽 0.35、高 0.275 米。棺盖由两块木板拼成，中间无连接。长、宽略与棺相当。棺侧板、挡板均由两块木板拼成，拼缝两侧各钻两孔，内穿树枝条拧成的绳索用于固定。左侧板宽 0.28～0.33 米，其中上面一块宽 0.08 米，下面一块宽 0.2～0.25 米。右侧板宽 0.275～0.33 米，其中上面一块宽 0.75～0.11 米，下面一块宽 0.2～0.22 米。头挡板高 0.33 米，其中上面一块高 0.195、下面一块高 0.135 米。足挡板高 0.275 米，其中上面一块高 0.2、下面一块高 0.075 米。棺侧板与挡板两端相对应位置亦各钻三孔，孔内穿一道树枝条拧成的绳索固定。无底板，底部有五根宽 5～6 厘米的横撑，横撑两端有榫，与侧板底部榫孔连接。棺板较薄，厚约 2 厘米（图一三〇；彩版四一，4）。

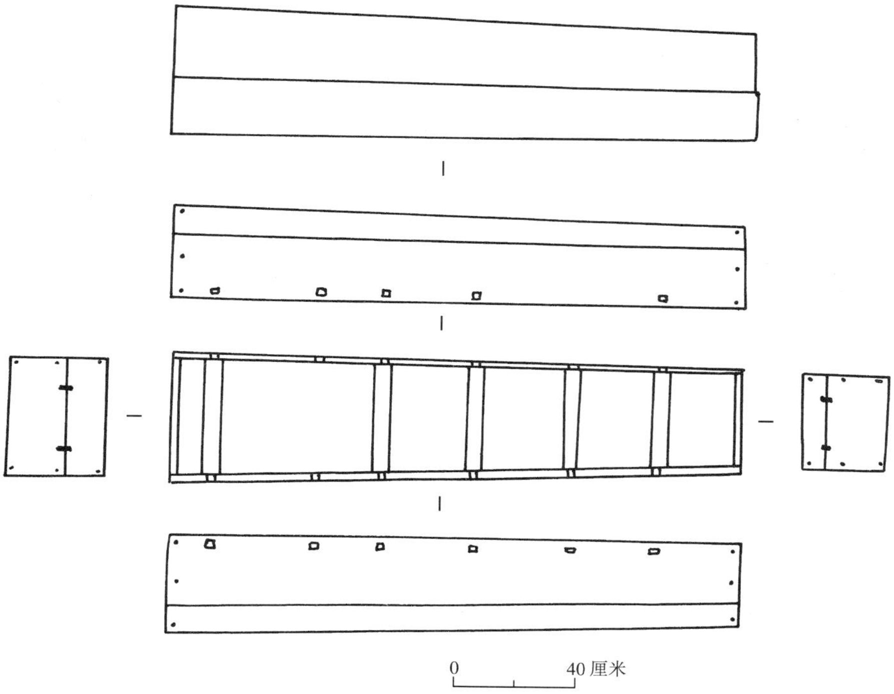

图一三〇 AⅠM10 木棺结构图

（2）随葬品

2 件，其中 1 件为布袍。

陶罐 1 件（标本 AⅠM10∶1）。夹砂红陶，陶色不匀，局部呈灰色。手制。侈口，圆沿，束颈，鼓腹，上腹较瘦，腹最大径靠下，小平底。口径 5.3、底径 4.5、高 10.5 厘米（图一二九，1；彩版四二，1）。

AⅠM12

（1）墓葬形制

位于 AⅠM17 之西。地面有长方形石围，系用一层碎石块平铺而成，长 1.8、宽 1.7、高 0.155 米。石围宽 0.4 米。墓室为不规则长方形竖穴，长 1.05、宽 0.88、深 0.26 米。墓向 90°/270°。四壁被火烧过，呈红黑色。墓室内盛满骨灰和木炭灰烬等（图一三一）。

（2）随葬品

墓室内无随葬品。

AⅠM13

（1）墓葬形制

位于墓地西部河床断崖边上。墓室南半部分已坍毁。平面为圆角长方形，残长 0.8、宽 0.58、深 0.14 米。墓向 10°/190°。墓室内有石棺，系用扁平卵石砌成，局部两层。石棺高出现地面约 0.24 米（图一三二）。

图一三一　AⅠM12平、剖面图

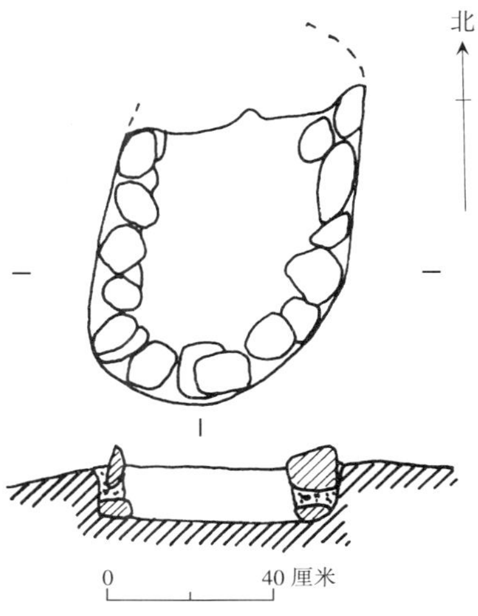

图一三二　AⅠM13平、剖面图

（2）随葬品

墓室内无随葬品。

AⅠM14

（1）墓葬形制

位于AⅠM10之南。地表有石围，不完整，北依托AⅠM10的石围，东、南侧地面上呈弧形摆放少许大卵石。墓室为圆角长方形，长1.9、宽0.6~0.76、深0.56米。墓向270°。墓口有棚木，最上面纵向放置三根木柱，长1.96、直径0.1米，其下横向放置四根长0.6~0.9、直径0.04~0.1米的短木柱及细树枝。墓室填土为沙砾土，内含碎草、毡片等。墓内葬两人，为上下重叠放置。上面一具为成年男性，葬式为仰身直肢一次葬，头向西，面向上，左臂微曲置于身侧，右臂置于胸前。下面一具为成年女性，葬式为仰身直肢一次葬，双臂置于身侧。身上尚存部分皮肉及衣物（图一三三）。

（2）随葬品

墓室内无随葬品。

AⅠM15

（1）墓葬形制

位于AⅠM10之北。地表有石围，不完整，南依托AⅠM10的石围，北侧地面上摆放一列卵石，长2米。墓室为不规则长方形，长2.36、最宽处宽0.8、深0.67米。墓向263°。墓口放置三层棚木。最上面一层横向放置两根短木棍；中间一层为纵向铺放的树枝，树枝间夹杂少许碎毡片；最下面一层纵向放置一根长木柱和横向放置十一根短木棍。墓室填土为沙砾土，内含碎毡片等。墓内葬一人，为成年女性。葬式为二次葬。上半身骨头凌乱地堆放在墓室西部，髋骨以下部分在

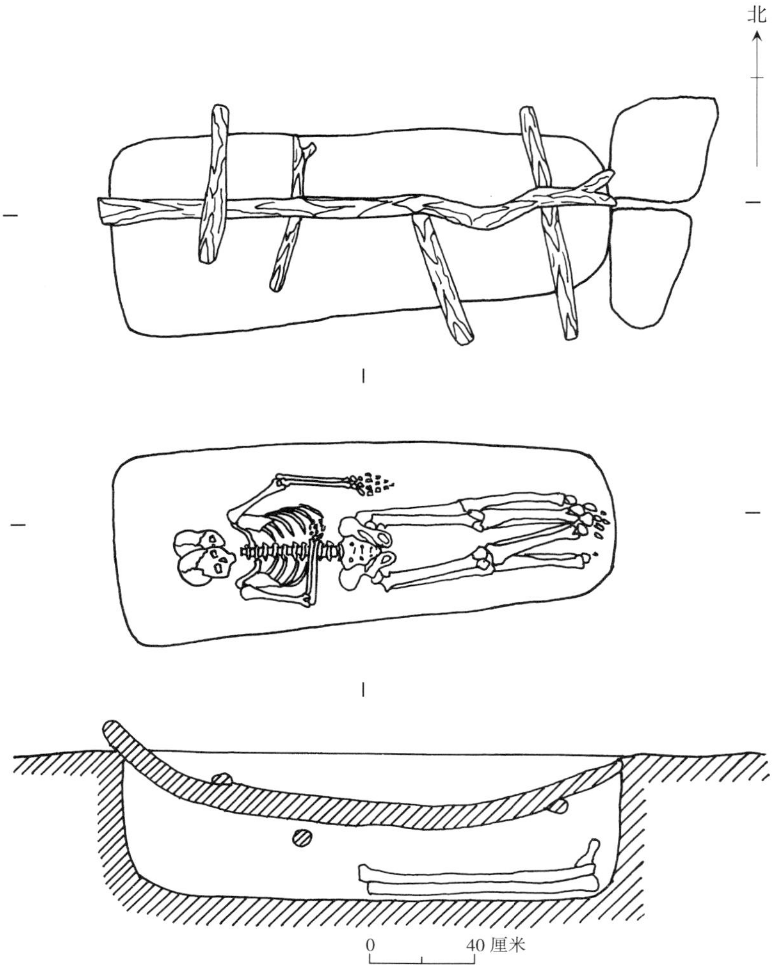

图一三三　AⅠM14 平、剖面图

正常解剖位置，足东向，不见趾骨部分。可以看出其初始埋葬方式为仰身直肢葬。在墓室西部出葫芦罐1件、残布枕1件，下身上残留少许衣物碎片（图一三四；彩版四二，2）。

（2）随葬品

2件，其中1件为布枕。

葫芦罐　1件（标本AⅠM15:1）。将葫芦上半部分截去。口部虽经过修整但仍不平齐。敛口，溜肩，鼓腹，底内凹。口径2.2、底径3.3、高8.1厘米（图一三四，1；彩版四二，3）。

AⅠM16

（1）墓葬形制

位于AⅠM12之南。地面有少许石块。墓室为椭圆形竖穴，长径0.97、短径0.83、深0.2～0.28米。墓向90°/270°。墓壁被火烧过，呈红色。墓室填土中含有大量骨灰、木炭灰（图一三五）。

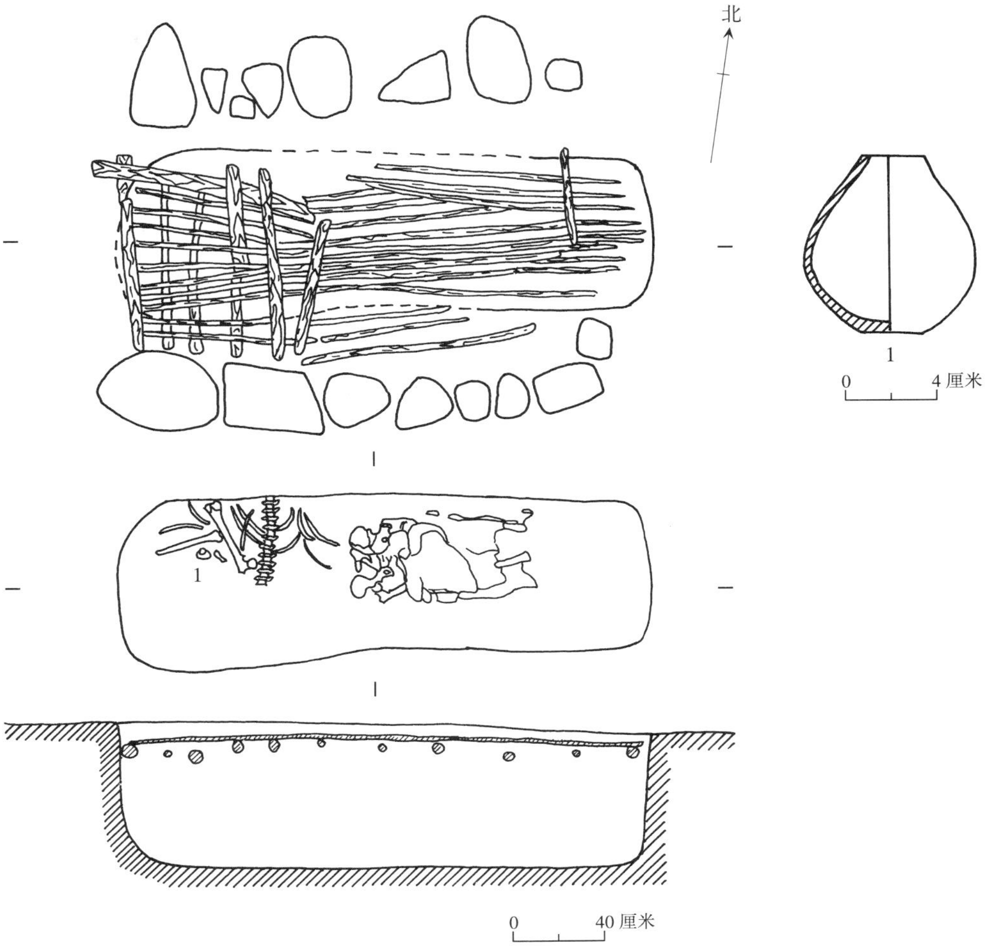

图一三四　AⅠM15平、剖面图及出土器物

1. 葫芦罐

（2）随葬品

墓室内无随葬品。

AⅠM17

（1）墓葬形制

位于AⅠM8之西。墓室为不规则长方形，长1.24、最宽处宽0.71、深0.54～0.58米。墓向108°/288°。填土为腐殖草土，内含牲畜粪便（图一三六）。

（2）随葬品

墓室内无随葬品。

二　AⅡ号墓地

AⅡ号墓地有汉唐时期墓葬15座。主要分布于墓地

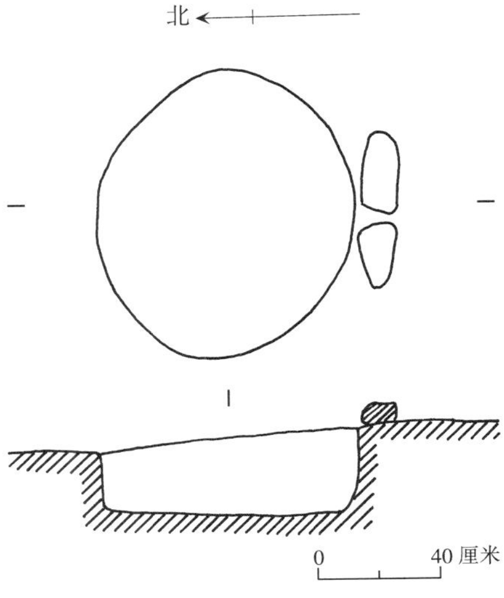

图一三五　AⅠM16平、剖面图

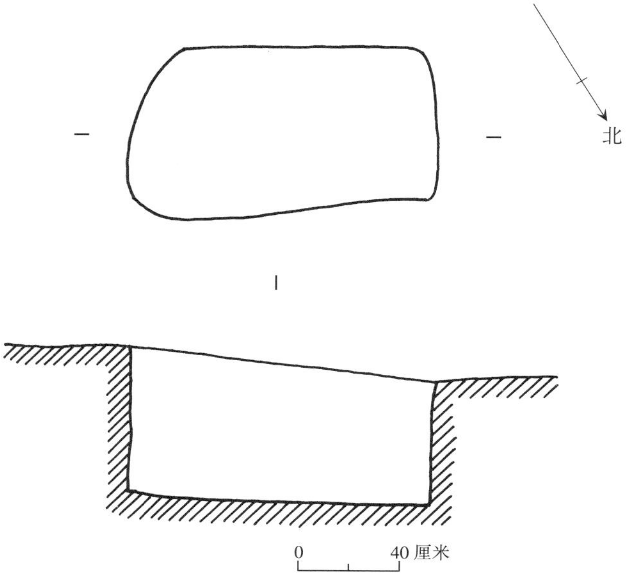

图一三六 AⅠM17平、剖面图

西部，分布比较零散。

AⅡM13

（1）墓葬形制

位于墓地东南部、AⅡM52之东。地表有封堆，平面略呈方形，较低平，边长9.12、高0.15～0.3米。由黄土、石块混合堆成，中间石头少，四周石头较多（图一三七）。墓室为圆角长方形竖穴偏室土坑，竖穴长2.2、宽0.74、深1.2米。墓向115°。墓室填土为坚硬的黄土。竖穴内随葬马一匹。马呈头西尾东俯卧状，四肢蜷曲较甚。估计年龄在4岁左右。马身上有马鞍，嘴上有铁马衔，均已朽。

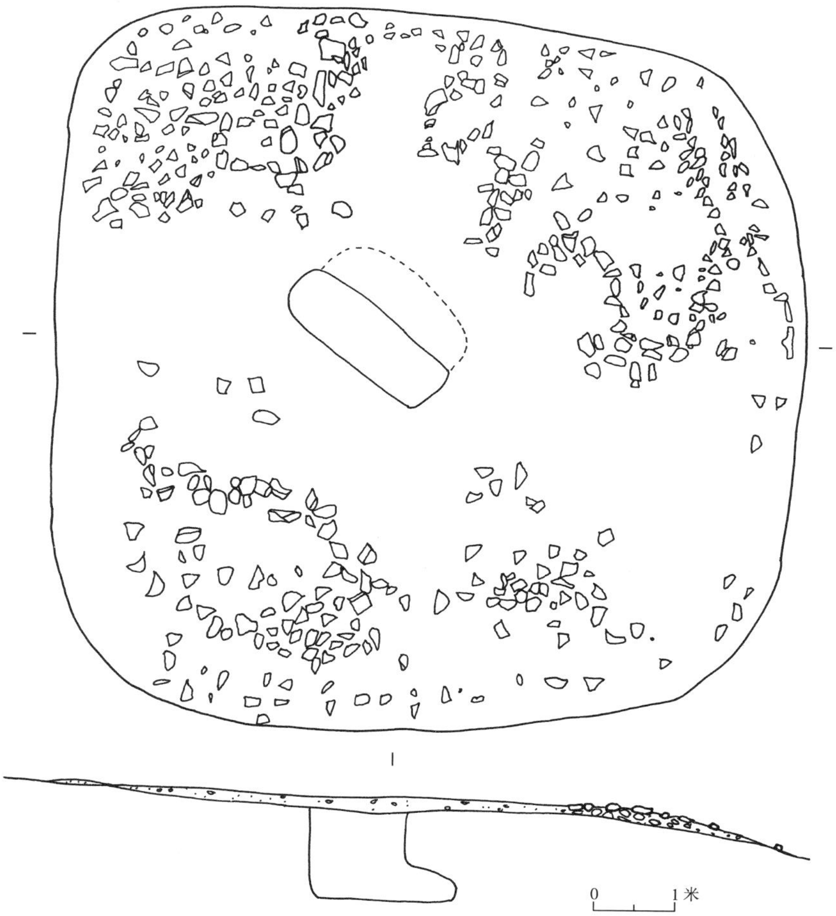

图一三七 AⅡM13封堆平、剖面图

偏室位于墓室北壁下部。长2、进深0.76米。弧顶，最高约0.62米。偏室口外立十余根细木棍。偏室内葬一人，为成年男性。葬式为仰身直肢截肢葬，头和右肩被肢解后放在右臂外侧，头部包有一层丝织物。右臂外侧放置木钵1件，盆骨处放置带鞘铁刀、残铁器各1件，身体左侧放置弓1、弓箙1、铁镞2、铁刀1件。马鞍右侧出核桃4枚，马后腿旁随葬羊后腿骨1。在偏室东部出残木罐1件（图一三八；彩版四三，1～3）。

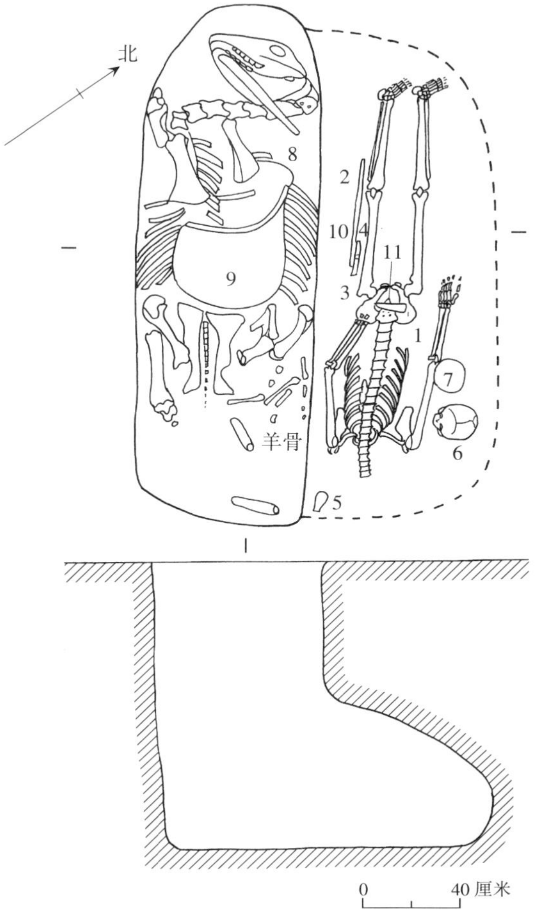

图一三八　AⅡM13平、剖面图

1、3. 铁刀　2. 弓　4. 铁镞　5. 木罐　6. 木刀鞘　7. 木钵　8. 核桃　9. 马鞍　10. 弓箙　11. 残铁器

（2）随葬品

13件（组）。主要有木器、铁器、复合器、植物果核、马鞍和马、羊骨等。

1）木器　3件。

木罐　1件（标本AⅡM13∶5）。仅存少半部分，已经酥朽。横向旋制而成，胎较薄。侈口，圆沿，束颈，圆肩，鼓腹。口径7、残高6.9厘米。

木钵　1件（标本AⅡM13∶7）。残，已变形。做工精细，器表打磨光滑。敞口，尖沿，上腹较曲，小平底。口径19.6、底径5.6、高7厘米（图一三九，1；彩版四三，4）。出土时钵内盛有羊骨。

木刀鞘　1件（标本AⅡ13∶6）。残片。已朽。

2）铁器　4件。

铁刀　2件。标本AⅡM13∶1，已锈蚀，和刀鞘黏在一起。仅存刃部，平面呈柳叶形，双面刃。残长19、宽4.5、厚0.8厘米。标本AⅡM13∶3，已锈蚀，断为三截，出土时和刀鞘黏在一起。仅存刃部。单面刃。残长7.5、宽2、刀背厚0.3厘米。

铁镞　2件。已锈蚀。标本AⅡM13∶4（1），三翼形，有铤，较长。铤插于芦苇质箭杆中。镞长3.5、铤长8厘米。

此外还有铁镞残片、芦苇箭杆残片。其中2枚箭杆上髹黑漆，并缠若干道细线。人骨附近还出残铁器1件（标本AⅡM13∶11），已看不出形状。

3）植物果核　1组。

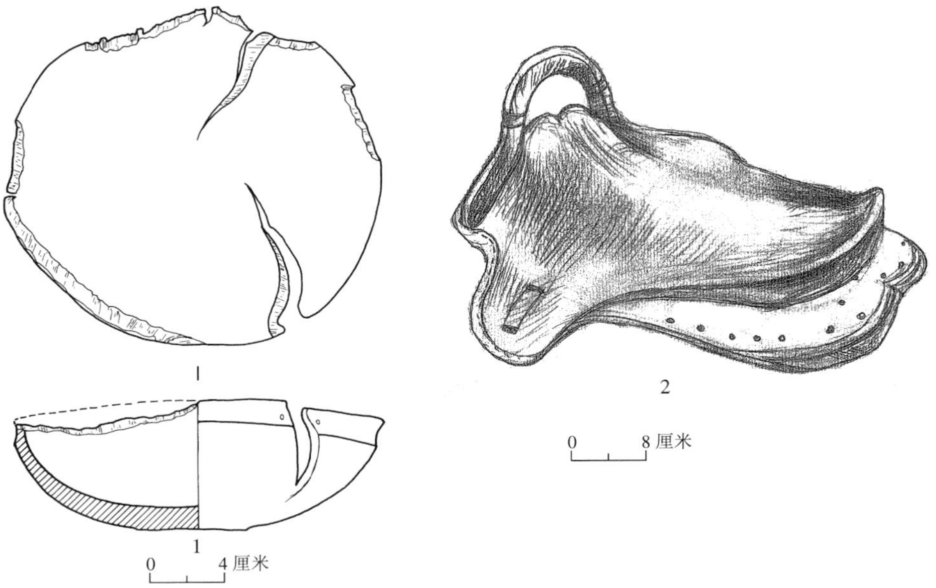

图一三九　AⅡM13出土器物
1. 木钵（AⅡM13∶7）　2. 马鞍（AⅡM13∶9）

核桃　1组4枚（标本AⅡM13∶8）。其中3枚完整。较小，椭圆形，长4、最大径3.7厘米（彩版四三，5）。

还有其他一些植物种子，种属不明。

4）复合器

弓　1件（标本AⅡM13∶2）。已朽，仅存几小块骨片、木片。

马鞍　1件（标本AⅡM13∶9）。仅存少量鞍鞒、鞍身及铁片等。木质鞍身，前鞒较直，上附一圈铁条；后鞒平缓，马镫和腹带等缺失（图一三九，2）。

弓箙　1件（标本AⅡM13∶10）。残，看不出形制，无法提取。

AⅡM68

（1）墓葬形制

位于墓地最西部、AⅡM62之西南。地表有封堆，较规整，平面呈圆形，直径9.5、高0.6米。由岩石和卵石混合堆成，中部稍低洼。墓室为长方形竖穴土坑，长2.35、宽1.55、深1.8米。墓向102°。墓室填土为坚硬的黄土，内含石块、木炭粒等物。西部填土中出一根木棍。墓底出一堆动物骨骼，较零乱，不完整，经判定至少有2马、1羊的骨骼。墓内没有人骨（图一四〇）。

（2）随葬品

墓室内仅见少量动物骨骼。

AⅡM70

（1）墓葬形制

AⅡM70～AⅡM76七座墓位于墓地西北部、AⅡM68之东北。AⅡM70居中，封堆较高较规

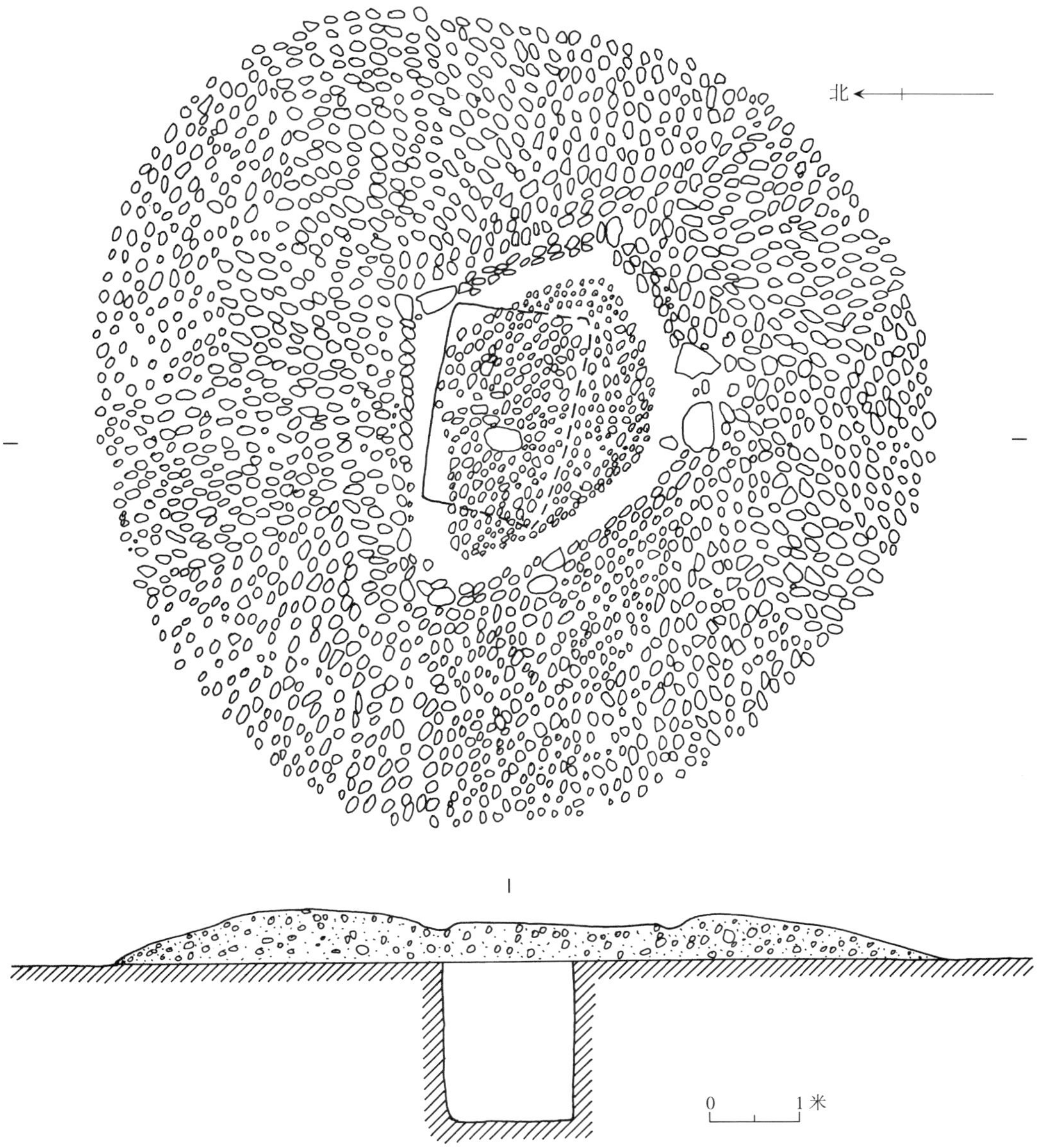

图一四〇　AⅡM68 平、剖面图

整，其余6座墓分布在其周围，封堆较低平、矮小。

封堆平面略呈椭圆形，顶部较平。直径7、高0.9米。是用故意打碎的小岩石块堆成。有墓室4个（编号A、B、C、D）。A室平面略呈长方形，竖穴，长1.7、宽0.6、深0.5米。墓向101°/281°。墓室内空无一物。B室平面呈椭圆形，长径1.1、短径0.9、深0.72米。墓向90°/270°。填土中出两节人指骨、两块灰陶片及一根木棍，木棍残长0.25米，且一端被火烧过。C室平面呈不规则长方形，长1.6、宽0.5、深0.32米。墓向90°/270°。墓室内空无一物。D室平面呈不规则长方形，长1.05、宽0.5、深0.35米。墓向90°/270°。墓室内亦空无一物。在C墓室东北地面上立

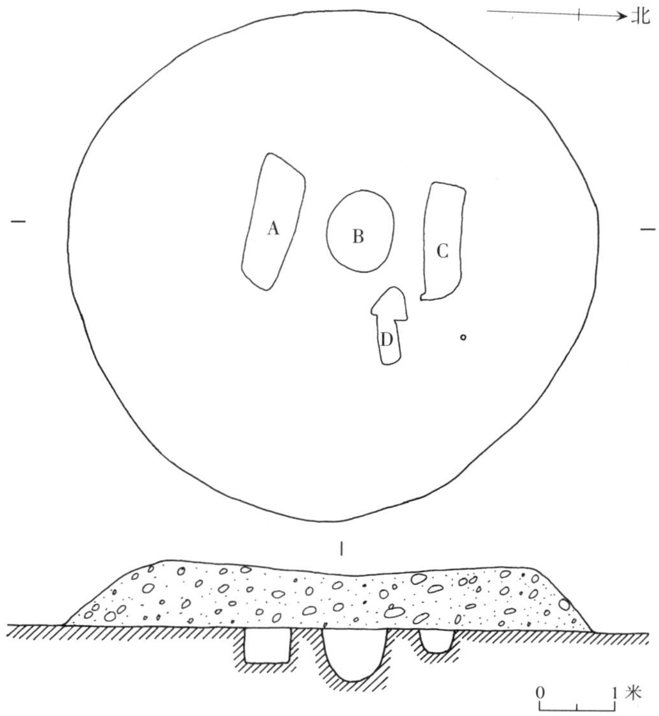

图一四一　A Ⅱ M70 平、剖面图

有一根木柱，柱顶端削尖，残高 0.2、直径 0.05 米（图一四一；彩版四二，4、5）。

（2）随葬品

仅有少量陶片，形制不明。

A Ⅱ M72

（1）墓葬形制

位于 AⅡM70 之东南。地表有封堆，平面略呈圆形，较低平，直径 3.3～3.8、高 0.5 米。是用岩石、黄土混合堆成，表面散布少许大岩石块。封堆下有两个墓室呈南北向排列（编号为 A、B）。墓口上各有一长条形石堆。A 墓室居南，为长方形竖穴土坑，长 2、宽 0.38、深 0.32 米。墓向 80°/260°。填土为黄土，内出少量兽、禽类骨骼。空墓。B 墓室居北，为长方形竖穴土坑，长 1.82、宽 0.45、深 0.3 米。墓向 80°/260°。填土为黄沙土，内含硬土块及细木片等，墓底出两块陶片和一块兽骨（图一四二）。

（2）随葬品

两座墓室内仅出少量陶片和动物骨骼。

A Ⅱ M73

（1）墓葬形制

位于 A Ⅱ M70 东。地表有封堆，平面呈圆形，较低平，直径 8、高 0.3 米。由岩石、黄土混合堆成，表面散布少许岩石块。墓室位于封堆中东部，墓口上有一堆石头。墓室为长方形竖穴土坑，长 2.9、宽 1.48、深 0.37 米。墓向 0°/180°。填土为粉黄土，内含碎草、小木片等。无人骨和随葬品（图一四三）。

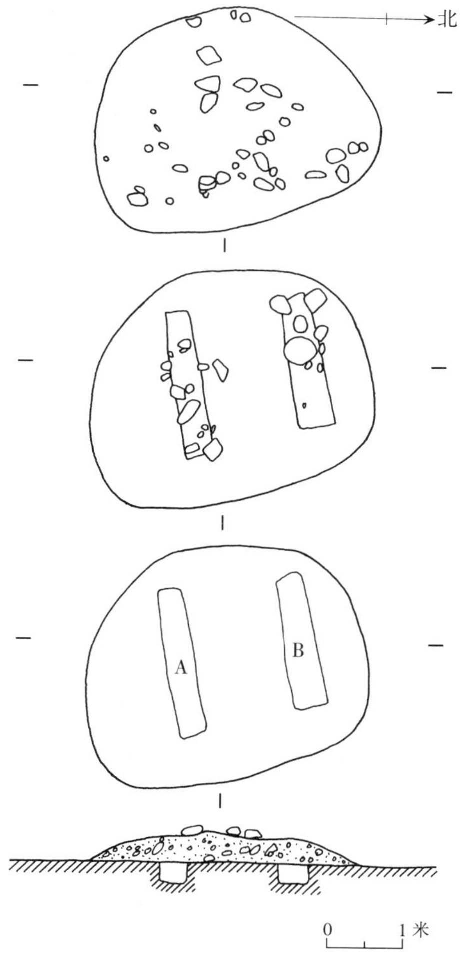

图一四二　A Ⅱ M72 平、剖面图

图一四三　AⅡM73 平、剖面图

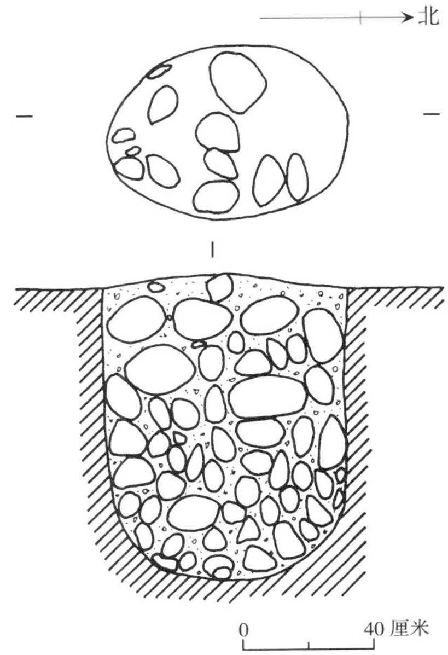

图一四四　AⅡM74 平、剖面图

（2）随葬品

墓室内无随葬品。

AⅡM74

（1）墓葬形制

位于AⅡM70东北。地表有封堆，平面略呈椭圆形，较低平，直径2.5、高0.3米。由岩石、黄土混合堆成。墓室为椭圆形竖穴土坑，长径0.73、短径0.55、深0.9米。墓向0°/180°。墓室内填石块和黄土。填土中出一小块马牙齿。墓室内无人骨（图一四四）。

（2）随葬品

仅出1块马牙。

AⅡM77

（1）墓葬形制

AⅡM77～AⅡM80四座墓位于墓地西南山间一小块孤立的黄土台地上。地表无封堆，地面上有一小片红烧土，旁边散布少许岩石块。揭去表土后墓口即暴露（彩版四四，1）。

AⅡM77位于墓地西南部，AⅡM78南侧。墓室为圆角长方形竖穴土坑，墓底不平，呈足高头低状。长2.4、宽0.73、最深0.65米。墓向195°。墓口横向放置短木棍十余根，在墓室东南角贴壁放置一根长1、直径0.06米的木棍。填土为坚硬的黄土。墓底葬一人，为成年女性。葬式为二

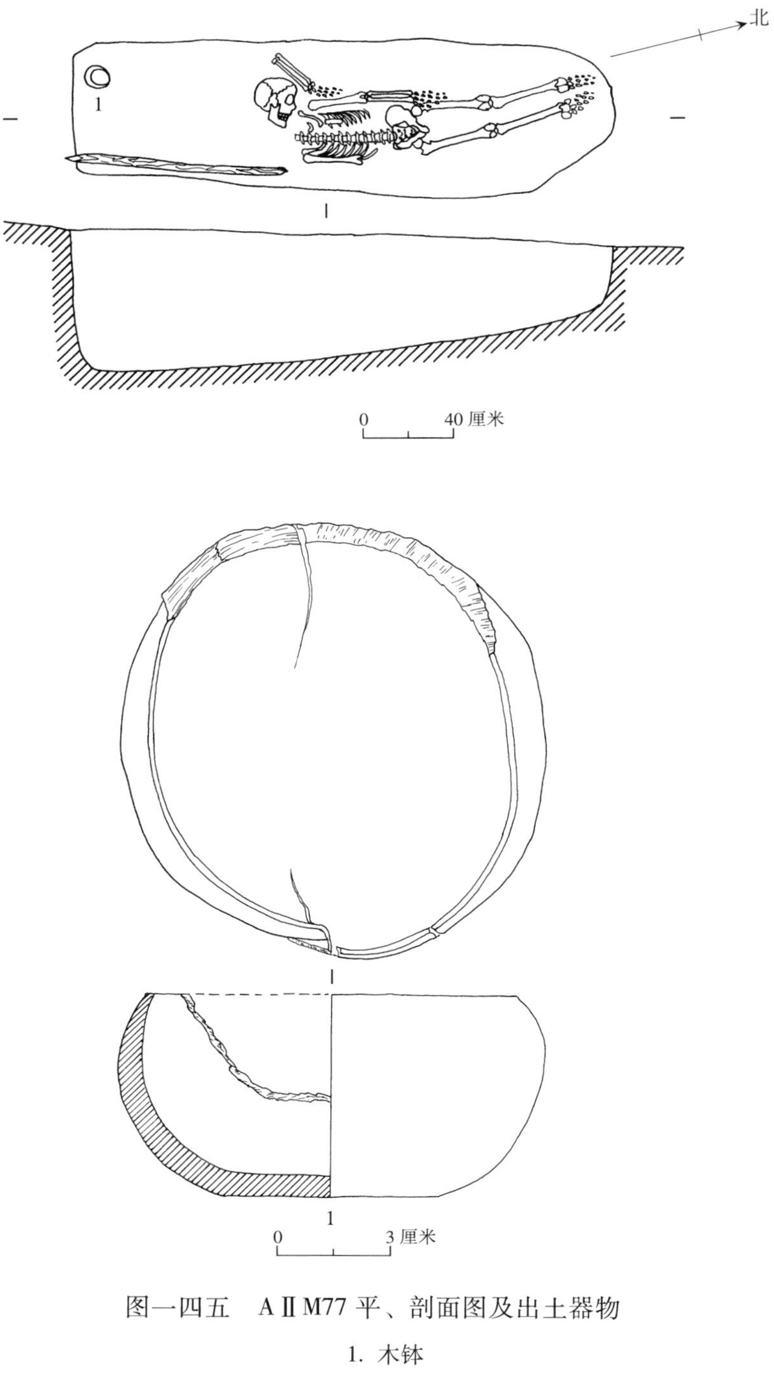

图一四五　AⅡM77平、剖面图及出土器物
1. 木钵

次葬，仰身直肢，头向南，头骨和右小臂骨移位，位于左肩外侧。在墓室西南角放置木钵1件（图一四五；彩版四四，2）。

（2）随葬品

1件，为木器。

木钵　1件（标本AⅡM77∶1）。用一截木头刳挖成型。做工精细，器表刮磨光滑。敛口，尖沿，鼓腹，平底。口径9.2～12、底径5.6、高5.5厘米（图一四五，1；彩版四四，3）。

AⅡM78

（1）墓葬形制

位于AⅡM77北侧。墓室为圆角长方形竖穴土坑，长2.32、宽0.8、深0.64米。墓向10°/190°。填土为坚硬的黄土，内含红烧土块、木炭、碎土坯等。土坯有两种规格：一种长32、宽23、厚6厘米；另一种残长31、宽28、厚6厘米。墓底葬一人，为成年女性。葬式为二次葬，骨骼不完整（图一四六）。

（2）随葬品

墓室内无随葬品。

AⅡM79

（1）墓葬形制

位于AⅡM78之西。墓室为圆角长方形竖穴土坑，长2.65、宽1.02、深0.6米。墓向100°/280°。墓口有一堆红烧土。填土为坚硬的黄土，内含碎小人骨和小动物骨头（图一四七）。

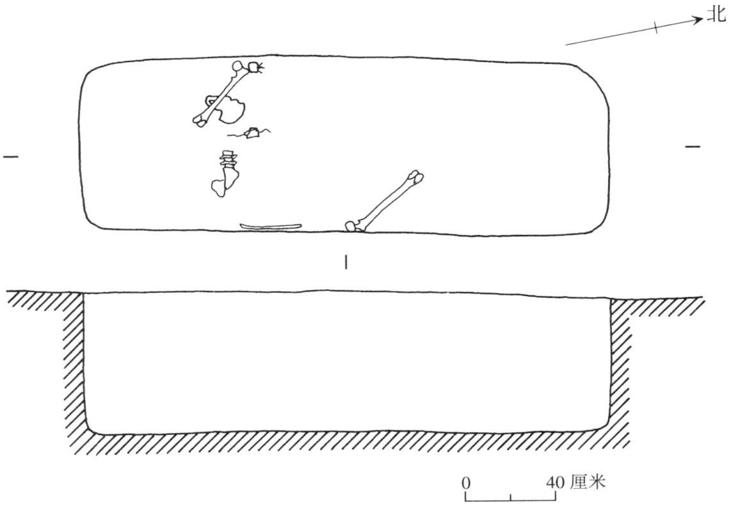

图一四六　AⅡM78平、剖面图

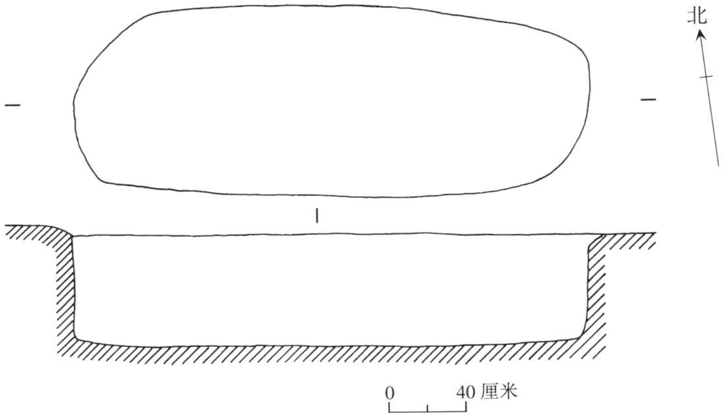

图一四七　AⅡM79平、剖面图

（2）随葬品

仅有少量动物骨骼，种属不明。

AⅡM80

（1）墓葬形制

位于AⅡM79之南，AⅡM77之西。地表无标志。墓室为圆角长方形竖穴土坑，长2.5、宽0.63、深0.64米。墓向105°。填土为坚硬的黄土，内含碎土坯等。墓底葬一人，为成年男性。葬式为二次葬，骨骼集中堆放在墓室东部，比较零乱，不完整，主要有下颌、锁、肋、脊椎骨等（图一四八）。

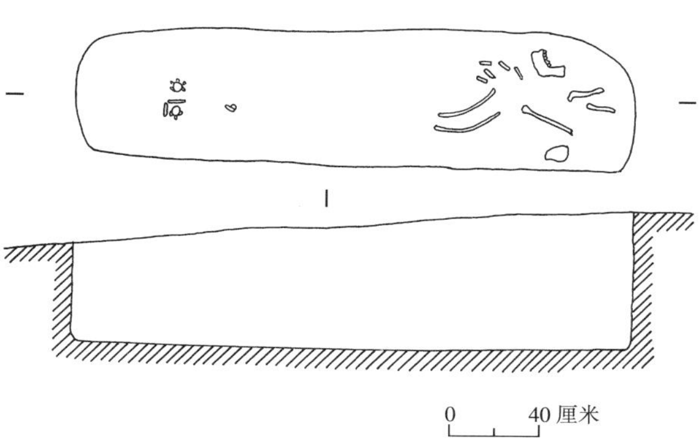

图一四八　AⅡM80 平、剖面图

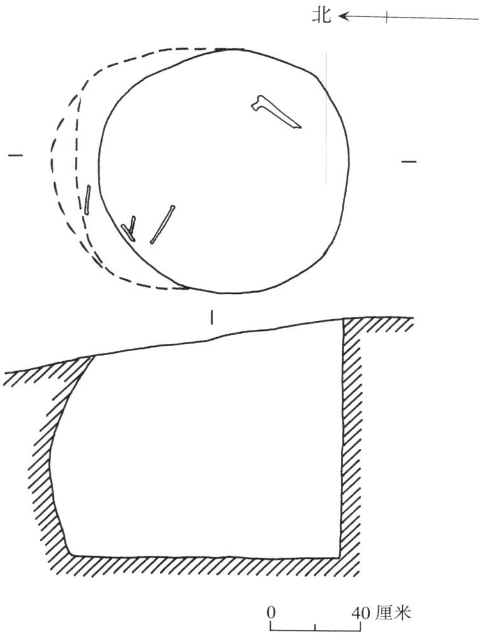

图一四九　AⅡM81 平、剖面图

（2）随葬品

墓室内无随葬品。

AⅡM81

（1）墓葬形制

AⅡM81～AⅡM83 三座墓位于墓地中南部山间一小块孤立的黄土台地上。AⅡM77 在其西南。三座墓呈链状排列，间距约 5 米。无封堆。揭去表土墓口即暴露。

AⅡM81 墓室为圆形竖穴土坑，南半部分墓壁较直，北半部分墓壁微弧。直径 1.1、深 1.1 米。填土为黄土。墓内葬一人，成年，性别不明。葬式为二次葬，骨骼不全，仅见几截碎人骨（图一四九）。

（2）随葬品

墓室内无随葬品。

AⅡM82

（1）墓葬形制

位于 AⅡM81 西南。墓室为圆形竖穴土坑，墓壁较直。直径 1.1、深 1.05 米。填土为坚硬的黄土。空墓（图一五〇）。

（2）随葬品

墓室内无随葬品。

AⅡM83

（1）墓葬形制

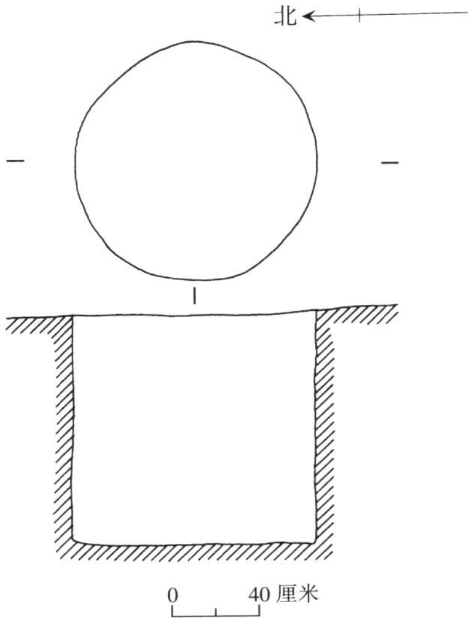

图一五〇　AⅡM82 平、剖面图

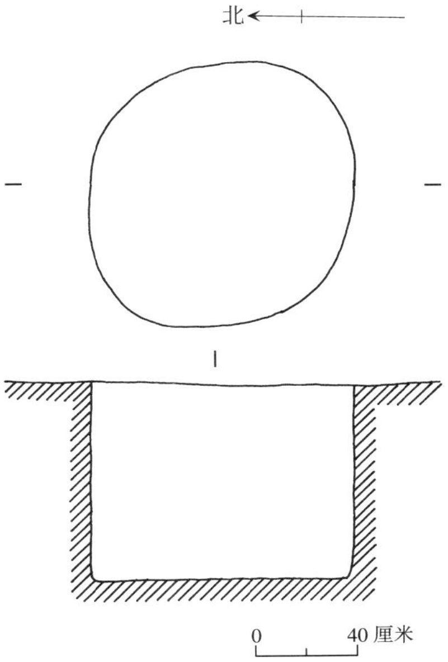

图一五一　AⅡM83 平、剖面图

位于 AⅡM82 西南。墓室为圆角长方形竖穴土坑，墓壁较直，直径 1.06、深 0.8 米。填土为黄土。空墓（图一五一）。

（2）随葬品

墓室内无随葬品。

AⅡM115

（1）墓葬形制

位于墓地中部一条南北向小洪沟的东侧坡上，为孤立的一座墓。地表散布少许岩石块。墓室为不规则的圆角长方形竖穴土坑，长 2.16、最宽 1.22、深 0.4 米。墓向 90°/270°。填土为坚硬的黄土。填土中出大量的人骨、兽骨。墓底葬一人，为成年女性，葬式为二次葬，人骨不完整，大部分骨头被人为折断。填土中出琉璃珠 1 枚、残陶釜 1 件（图一五二；彩版四五，1）。

（2）随葬品

2 件，主要是陶和琉璃器等。

1）陶器　1 件。

陶釜　1 件（标本 AⅡM115∶1）。夹砂红褐陶，灰胎。手制，较粗糙，器壁较厚。上腹微束，下腹较直，大平底。器表有烟炙。底径 13.6、残高 14 厘米（图一五二，1；彩版四五，3）。

2）琉璃器　1 件。

琉璃珠　1 件（标本 AⅡM115∶2）。算盘珠形，上、下各有一小台面，中间有孔，为一面钻孔。最大径 1.2、高 0.9、孔径 0.25～0.3 厘米（图一五二，2；彩版四五，2）。

AⅡM117

（1）墓葬形制

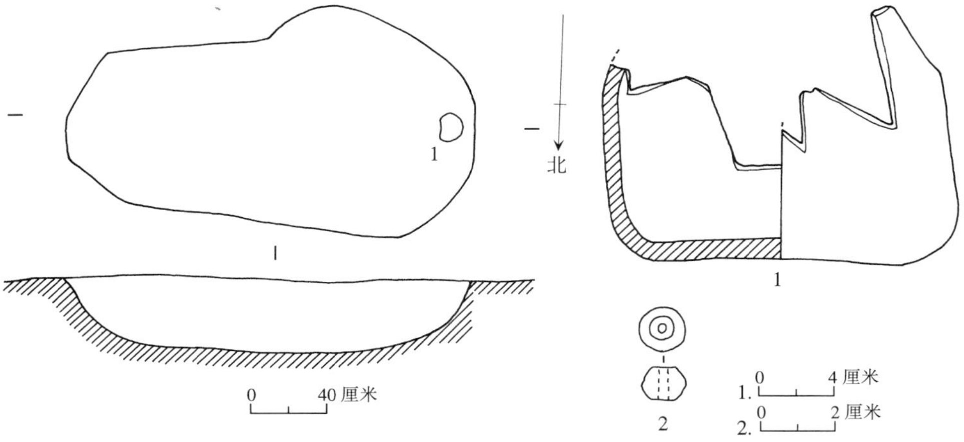

图一五二　AⅡM115 平、剖面图及出土器物

1. 陶釜　2. 琉璃珠

位于AⅡM27之北5米处。地表有石堆，平面略呈圆形，直径4.5、高0.3米。由岩石、黄土混合堆成（图一五三）。墓室为圆角长方形竖穴土坑，长1.85、宽0.75、深0.76米。墓向88°。墓口中部横向放置一根木棍。填土为黄沙土，内含小石块。墓底葬一人，为成年男性。葬式为仰身屈肢一次葬，头向东，面向北，双臂置于身侧，下肢向右上屈。无随葬品，人骨上纵向放置一根长1.4、直径0.06米的木棍（图一五四；彩版四四，4）。

（2）随葬品

墓室内无随葬品。

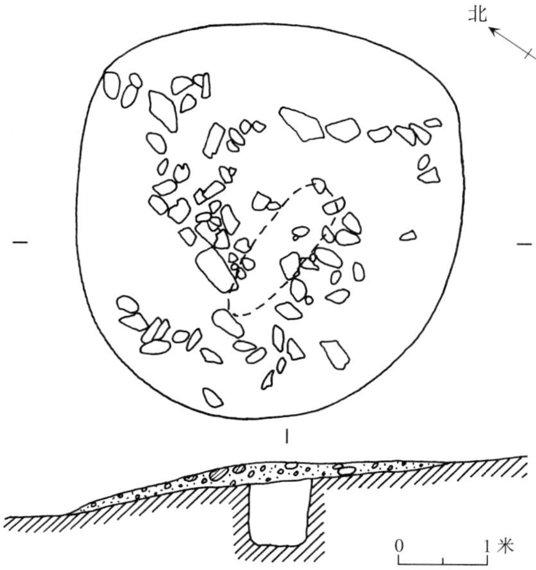

图一五三　AⅡM117 封堆平、剖面图

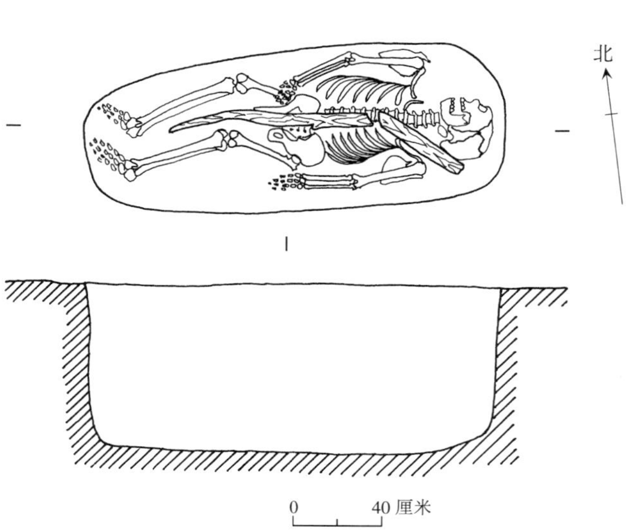

图一五四　AⅡM117 平、剖面图

三　AⅤ号墓地

AⅤ号墓地位于辛迪村西南约200米处，地处辛迪沟西侧山前洪积扇上。地势北高南低，地表遍布戈壁沙砾，并生长有少量耐旱植被。从县城至大同乡及水库大坝的简易公路从墓地南部东西向经过。墓地有墓40余座，此次发掘7座，其中4座地表有封堆，但无墓室，实有墓葬3座。

在墓地北部有一大片黄土台地，上面散布少量夹砂红陶片。在沟东AⅢ号墓地西北山前台地上有几座废弃的半地穴式房址和一座石头房址。附近地面上散布少量陶片，其陶色、质地与西岸台地上分布的陶片相同。据《新疆图志》卷八十二《道路四》记载："（蒲犁厅）城东七十里申底驿"。这处遗址可能是申底驿的遗存。

墓葬地表有封堆标志，按形制可分为石堆、石围石堆两种。

墓葬封堆下都没有墓室。

AⅤM1

（1）墓葬形制

位于墓地最南部。地表有石堆，平面略呈圆形，直径6.55～7.8、高0.55米。封堆下无墓室，地面上1米见方的范围内被火烧过呈红色，上面有一层灰烬，内含人骨灰。经判别，骨头至少分属于一成年人和一未成年人（彩版四六，1）。

（2）随葬品

墓室内无随葬品。

AⅤM4

（1）墓葬形制

位于AⅤM3之西。地表有石围石堆。石堆平面呈圆形，直径9～13米。是用岩石堆成，石围位于石堆下，长8.9、宽4.8米。是用石块在地面上摆放而成。封堆下无墓室。地面上有三堆灰烬，东北角有一堆陶片及少许动物肋骨。石围内填土中出石锥1件（彩版四五，4）。

（2）随葬品

2件，主要是陶、石器和动物骨骼等。

1）陶器　1件。

陶器　1件（标本AⅤM4∶2）。为陶器腹部残片。夹砂灰褐陶。手制。器壁较厚，有使用痕。

2）石器　1件。

石锥　1件（标本AⅤM4∶1）。用黑色石头磨制而成。上部呈三棱形，下部尖圆。长6.15、最大径0.8厘米（图一五五）。

AⅤM6

（1）墓葬形制

位于墓地东北部。地表有石堆，平面为圆形，直径5.15、高0.3米。是用岩石块堆砌而成。

封堆下无墓室。在封堆底部地面上出陶片2件。

（2）随葬品

陶片 2件。标本AⅤM6:1，一片为陶器腹，一片为陶器口沿残片。夹砂灰陶。手制。侈口，圆沿，束颈。

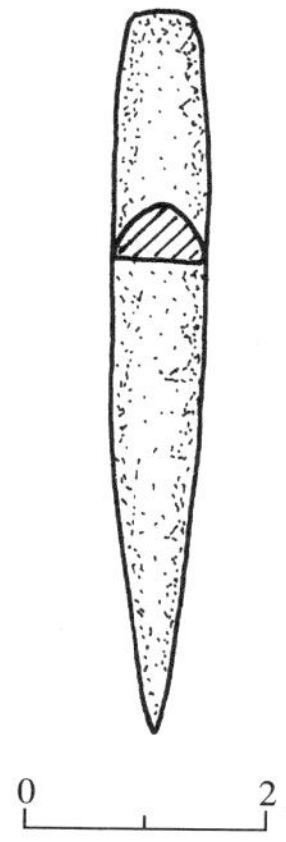

图一五五 AⅤM4出土器物

石锥（AⅤM4:1）

第三节 明清时期墓葬

明清时期墓葬31座，主要分布在AⅢ、BⅠ、BⅣ、BⅤ、BⅥ和BⅦ等六处墓地中，其中AⅢ号墓地1座，BⅠ号墓地11座，BⅣ号墓地3座，BⅤ号墓地7座，BⅥ号墓地6座，BⅦ号墓地3座。

一 AⅢ号墓地

又名辛迪村墓地。位于辛迪村东南山前洪积台地上。北依山，南为村舍、农田。自县城通往水库大坝和大同乡的简易公路从墓地北侧20米处经过。有墓葬4座。此次发掘2座（编号AⅢM1、AⅢM2），实有墓葬1座（见图二；彩版二，1）。

AⅢM2

（1）墓葬形制

位于AⅢM1之南10米处，与AⅢM1之间有一条小水渠。地表有石堆，平面呈圆形，较高大。直径16、高1.8米。由青白色细沙砾石堆成。墓室位于封堆中部。平面为不规则椭圆形，长径1.63、短径0.97、深0.5米。墓向120°/300°。墓口西北侧横向放置一根长0.65、直径0.06米的木棍。填土为沙砾土。墓底葬一人，性别、年龄不明。葬式为二次葬，骨骼零乱不完整。

（2）随葬品

墓室内无随葬品。

二 BⅠ号墓地

BⅠ号墓地位于下班迪村赛尔哈纳自然村村内，东、西两面均有民房，南面有一条小水渠，北面为宽阔的河滩草地。地面无标志，地表上偶尔可见一些夹砂红陶片。我们采用探方法发掘，布5米×5米的探方14个，发掘面积350平方米。探方内有墓30余座，本次发掘墓葬11座（见图二；彩版二，2）。

从探方剖面上观察：地层堆积可以分为2层，第1层为洪积沙砾土层，厚约0.5～1.5米，地层中偶见夹砂红陶片；第2层为原生的洪积砾石层。墓葬开口于第1层下，打破第2层，距现地表深约0.5～1米。

墓葬地表无封堆标志，墓口横向盖一层片石或片石和木棍。墓室为圆角长方形竖穴土坑，墓向西北。均为单人一次葬，葬式以仰身直肢葬为主，头向西北，面向南或西南，双手置于身侧或胸腹部。

墓室内均无随葬品，在墓地地表采集到少量陶器残片。陶器以夹砂红陶为主，夹砂灰陶较少。部分陶片上有红色或黄色陶衣。制法以轮制为主，大型器为手制。器表刮磨光滑，无纹饰。器形主要有敛口罐等。

陶敛口罐　2件。BⅠ：C：1，仅存口沿部分。夹砂红陶。手制。敛口，圆沿，鼓腹（图一五六，1）。BⅠ：C：2，仅存口沿部分。夹砂红陶。手制，口沿为器形制成后附加上去的。敛口，外斜沿，鼓腹（图一五六，2）。

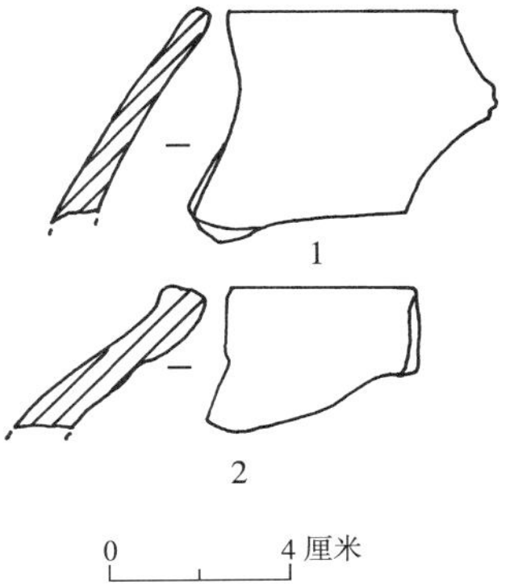

图一五六　BⅠ号墓地采集陶敛口罐
1. BⅠ：C：1　2. BⅠ：C：2

BⅠM1

（1）墓葬形制

位于BⅠT1中部。墓口盖几块片状石板。墓室为圆角长方形竖穴土坑，长1.88、宽0.87、深0.88米。墓向302°。墓室填土为沙砾土。墓底葬一人，为成年女性。葬式为仰身直肢一次葬，头向西北，面向西南，左手置于腹部，右手置于骨盆处。

（2）随葬品

墓室内无随葬品。

BⅠM2

（1）墓葬形制

位于BⅠT1西北部。墓口有几块片状石板。墓室为圆角长方形竖穴土坑，长1.9、宽0.72、深0.8米。墓向303°。墓室填土为沙砾土。墓底葬一人，为成年男性。葬式为仰身直肢一次葬，头向西北，面向西南，双手置于腹部。

（2）随葬品

墓室内无随葬品。

BⅠM3

（1）墓葬形制

位于BⅠT2中部。墓口有几块片状石板。墓室为圆角长方形竖穴土坑，长1.91、宽0.89、深0.76米。墓向310°。墓室填土为沙砾土。墓底葬一人，为成年女性。葬式为仰身直肢一次葬，头向西北，面向西南，双手置于腹部。

（2）随葬品

墓室内无随葬品。

BⅠM4

（1）墓葬形制

位于BⅠT2东北部。墓室为圆角长方形竖穴土坑，长2.6、宽0.74、深0.82米。墓向305°。墓室填土为沙砾土。墓底葬一人，为成年男性。葬式为仰身直肢一次葬，头向西北，面向西南，双手置于腹部。

（2）随葬品

墓室内无随葬品。

BⅠM5

（1）墓葬形制

位于BⅠT4西北部。墓口盖一层片石板。墓室为圆角长方形竖穴土坑，长0.76、宽0.36、深0.11米。墓向312°。墓室填土为沙砾土。墓底葬一人，为未成年婴儿。葬式为仰身直肢一次葬，头向西北。

（2）随葬品

墓室内无随葬品。

BⅠM6

（1）墓葬形制

位于BⅠT9北部。墓口西部盖一层片状石板。墓室为圆角长方形竖穴土坑，长1.87、宽0.73、深0.79米。墓向320°。墓室填土为黄土。墓底葬一人，为成年男性。葬式为仰身直肢一次葬，头向西北，面向西南，双小臂上举，双手置于肩两侧（图一五七）。

（2）随葬品

墓室内无随葬品。

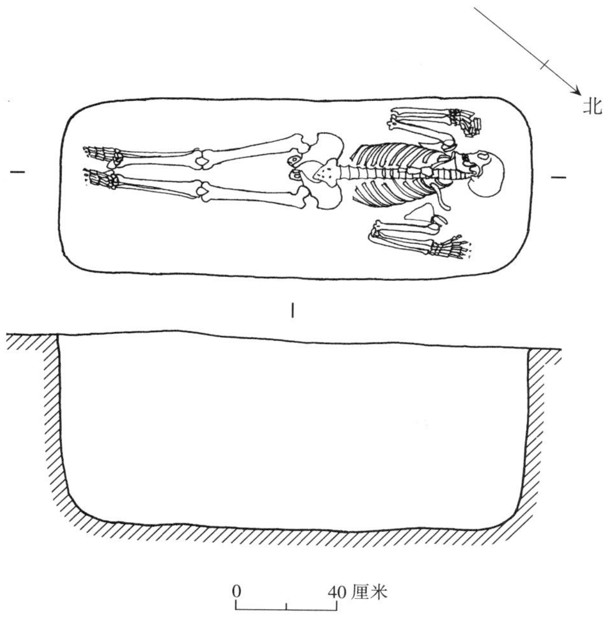

图一五七　BⅠM6平、剖面图

BⅠM7

（1）墓葬形制

位于BⅠT10中北部。墓口横向盖一层片状石板，石板约十余块，大者长0.6、宽0.4米。墓室为圆角长方形竖穴土坑，长2.04、宽0.76、深0.6米。墓向315°。墓室填土为含沙砾黄土，填土中出少许羊骨。墓底葬一人，为成年男性。葬式为仰身直肢一次葬，头向西北，面向南，双小臂弯曲，横放腹上（图一五八）。

（2）随葬品

墓室内无随葬品。

BⅠM8

（1）墓葬形制

位于BⅠT11东北部。墓口有几块片状石板。墓室为圆角长方形竖穴土坑，长2、宽1、深0.6米。墓向310°。墓室填土为沙砾土，内含少量片石。墓底葬一人，为成年男性。葬式为仰身直肢一次葬，头向西北，面向东北，下肢略向右侧，双手置于腹部（彩版四六，2）。

（2）随葬品

墓室内无随葬品。

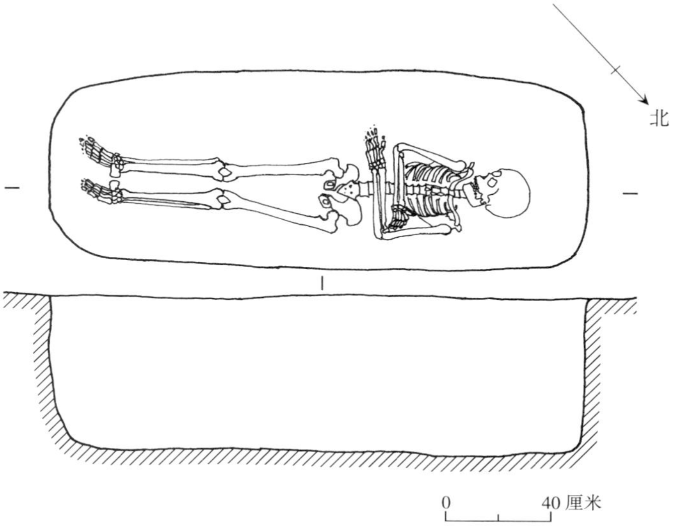

图一五八　BⅠM7平、剖面图

BⅠM9

（1）墓葬形制

位于BⅠT12中部。墓口横向盖一层片石板。墓室为圆角长方形竖穴土坑，长1.9、宽0.7、深0.38米。墓向315°。墓室填土为沙砾土。墓底葬一人，为成年女性。葬式为仰身直肢一次葬，头向西北，面向西南，双手置于腹部。

（2）随葬品

墓室内无随葬品。

BⅠM10

（1）墓葬形制

位于BⅠT13西部。墓口盖几块片石板和细木柱。墓室为圆角长方形竖穴土坑，长1.12、宽0.42、深0.23米。墓向300°。墓室填土为沙砾土。墓底葬一人，为婴幼儿。葬式为仰身直肢一次葬，头向西北，面向东南，双手置于腹部（图一五九）。

（2）随葬品

墓室内无随葬品。

BⅠM11

（1）墓葬形制

位于BⅠT14东南角上。墓口横向盖一层木棍，约八根，木棍上放少量小片石。最长一根木棍长1、直径0.15米。墓室为圆角长方形竖穴土坑，长2.24、宽0.84、深0.45米。墓向330°。墓室填土为黄色沙砾土，内含少量碎草。墓底葬一人，为成年女性。葬式为仰身直肢一次葬，头向西北，面向西南，双小臂弯曲置于下腹部（彩版四六，3）。

（2）随葬品

墓室内无随葬品。

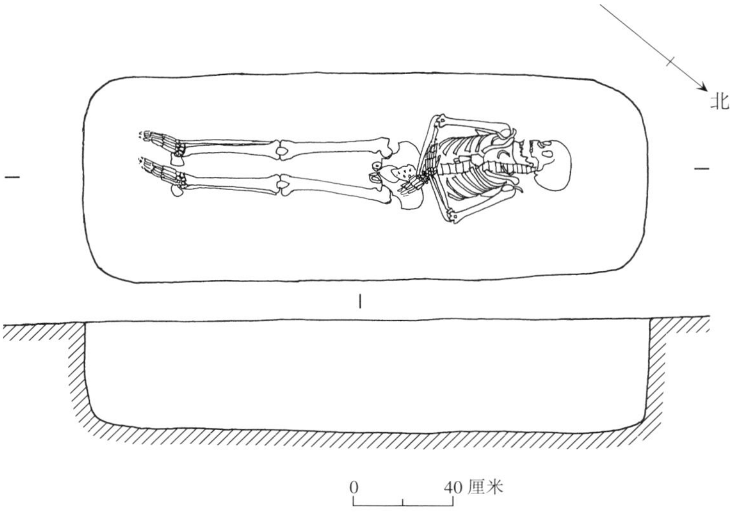

图一五九 BⅠM10平、剖面图

三 BⅣ号墓地

BⅣ号墓地第二次全国文物普查时称其为阿发司流沟墓地，因其位于阿发司流沟沟口而得名。实际上此沟叫布罗那热尔沟，真正的阿发司流沟还在此沟之北4千米处。

墓地位于下班迪村西南2.5千米处，下班迪沟与布罗那热尔沟交汇处南侧。地处布罗那热尔沟出山口处山前洪积台地山。地势西高东低，地表遍布戈壁砾石，罕有植被生长。墓地现为一处塔吉克族坟地，地表偶尔可见一些夹砂红陶片。墓地西侧有一条废弃的老公路，以前有一条便道由此路经过进山，沿布罗那热尔沟西行可达塔什库尔干县城；东侧有一条石子路南可至班迪乡政府所在地，北可至塔什库尔干县城。

在墓地中间空隙处东西向布方8个，发掘面积200平方米，发现墓葬4座。本次发掘墓葬4座，其中实有墓葬3座（见图五；彩版二，3）。

从探方剖面上观察：地层堆积可以分为2层，第1层为洪积沙砾层，厚约0.3～1米；第2层为原生的洪积砾石层。墓葬开口于第1层下。

墓葬地表有石堆，除BⅣM4封堆保存较好外，其余3座墓因位于老公路上，地表的封堆已毁。墓口横向铺一层木棍，棍上再平铺一层片状石板。墓室为圆角长方形竖穴，墓向西北。除BⅣM3外其余3座墓墓内均有人骨，均为单人葬。其中一次葬2座，葬式为仰身直肢，二次葬1座。墓室内不见随葬品。

BⅣM1

（1）墓葬形制

位于BⅣT1西南部。地表封堆已被毁。墓口横向放置十余根木棍，上面再盖一层片状石板。墓室为圆角长方形竖穴，长2.14、宽0.58、深0.68米。墓向175°/355°。填土为沙砾石土，内含

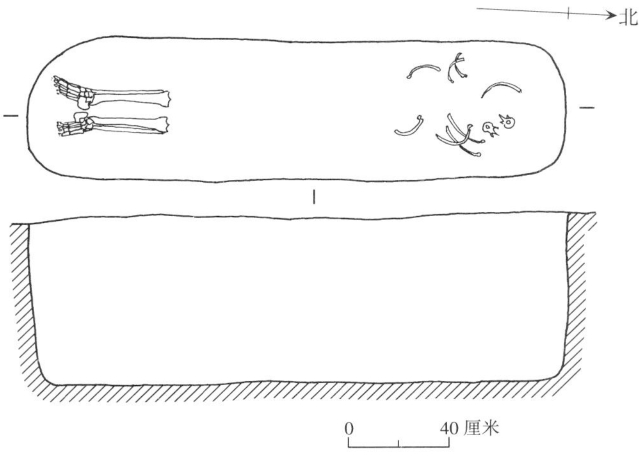

图一六〇　BⅣM1 平、剖面图

少许碎草。墓底葬一人，为成年人，性别不明。葬式为二次葬，人骨不完整。在墓室东部散乱放置少许肋骨、脊椎骨，西部仅有小腿骨在正常位置（图一六〇）。

（2）随葬品

墓室内无随葬品。

BⅣM4

（1）墓葬形制

位于BⅣT3中西部。地表有封堆，平面呈圆角长方形，长3.1、宽2.5、高0.6米。外围用大卵石砌一个长方形石围，共三层。石围里面填砾石土。墓口横向铺七根木棍，木棍上再平放一层片状石板。墓室为圆角长方形竖穴，长1.95、宽0.85、深0.94米。墓向337°。填土为沙砾土，内含树叶、碎草等杂物。墓底葬一人，为成年女性。葬式为仰身直肢一次葬，头向西北，面向西南，双手置于身体两侧（图一六一）。

（2）随葬品

墓室内无随葬品。

四　BⅤ号墓地

BⅤ号墓地又名苏里堂麻扎墓地，位于下班迪村西侧苏里堂麻扎区内。墓地地处塔什库尔干河南岸、下班迪沟与塔什库尔干河交汇处西侧二级台地上。墓地西依山，东临河，地势陡峭，表面覆盖一层冰积岩石层。从县城至班迪乡的公路从墓地东侧经过。以前修路时曾将部分墓葬毁坏，至今路边断崖上尚可见到几座被破坏的墓葬和1件陶罐，路基下乱石间尚可见到一些原本是棚盖在墓口上的木棍。

在墓地东侧布方3个，发掘面积100平方米，发掘墓葬7座（见图六；彩版三，1）。

从探方剖面上观察，地层堆积可以分为3层，第1层为洪积沙砾层，厚约0.3～1米，地层中

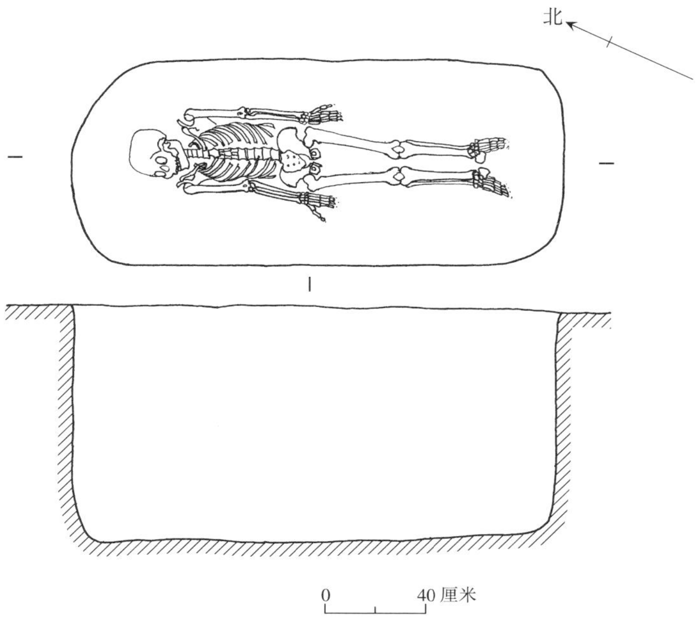

图一六一 BⅣM4 平、剖面图

偶见夹砂红陶片；第2层为原生的冰积砾石层，最厚处堆积达4米；第3层为山体岩石层。墓葬开口于第1层下。

墓葬地面无封堆标志，墓口横向铺一层木棍，上面再铺一层草。墓室为圆角长方形竖穴，部分墓室用石块修补过，其中BⅤM1墓室内有石室。墓向以西北为主。以单人一次葬为主，葬式为仰身直肢，二次葬墓2座。无随葬品。在探方上层扰土中出少量夹砂红陶片，如釜1件（BⅤ:C:1），仅存腹以下部分，手制，鼓腹，圜底，器表有黑色烟炱。

BⅤM1

（1）墓葬形制

位于BⅤT3北部。墓室东半部分已毁，头骨露出地面。从残存状况分析，墓室依山而建，墓口横向盖一层木棍，木棍上再铺一层草。墓室为圆角长方形竖穴，长2.48、残宽0.94、深1米。墓向20°。墓室内有石室，用岩石块砌成，其中西壁七层，南壁三层，北壁仅存一层。填土为沙砾土，内含碎草。墓底葬一人，为成年男性。葬式为仰身直肢一次葬，头向东北，面向西，两小臂上屈，双手置于肩两侧（图一六二；彩版四六，4）。

（2）随葬品

墓室内无随葬品。

BⅤM2

（1）墓葬形制

位于BⅤT3南部，北邻BⅤM1，东半部分被公路毁坏。墓室依山而建，墓口横向盖一层木棍。墓室为圆角长方形竖穴，长1.6、残宽0.6、深0.4米。墓向10°。填土为沙砾土，内含少量碎草。墓底葬一人，未成年，性别不明。葬式为二次葬。人骨集中堆放于墓室北部，主要有骨盆、肢骨和下颌骨等。

（2）随葬品

墓室内无随葬品。

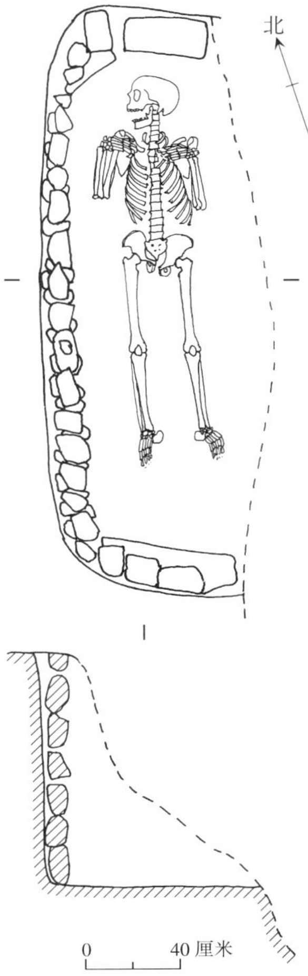

图一六二　BⅤM1平、剖面图

BⅤM3

（1）墓葬形制

位于BⅤT2东部，北为BⅤM2，西为BⅤM4。墓室为圆角长方形竖穴，长1.3、宽0.55、深0.4米。墓向20°。墓口两端各盖一块片石，中部横向盖一层共29根细木棍，木棍上再铺一层草。填土为沙砾土，内含碎草。墓底葬一人，为未成年幼儿。葬式为仰身直肢一次葬，头向东北，面向西。

（2）随葬品

墓室内无随葬品。

BⅤM4

（1）墓葬形制

位于BⅤT2西北部，墓室依山而建，BⅤM4、BⅤM3、BⅤM5三座墓由西向东、从高到低呈阶梯状排列，高差约0.5～0.7米。墓口横向铺一层共有27根细木棍，棍上再铺一层草。在墓口南北两侧地面上各放置一块片石。墓室为圆角长方形竖穴，长2.01、宽0.7、深0.88米。墓向35°。为使墓室口部齐平，墓室东壁上部加砌四层石头。墓室内有半墓室填土，估计是后来漏进去的。墓底葬一人，为成年女性。葬式为仰身直肢一次葬，头向东北，面向西，双手叠压放在腹部（图一六三）。

（2）随葬品

墓室内无随葬品。

BⅤM5

（1）墓葬形制

位于BⅤT2西北部，西为BⅤM3。墓室东半部分已毁。从残存状况分析，墓室依山而建，墓口横向盖一层木棍。墓室为圆角长方形竖穴，长1.5、宽0.7、深0.85米。墓向0°。填土为沙砾土，内含碎木和石块。墓底葬一人，为成年，性别不明。葬式为二次葬，上半身在正常解剖位置，头向东北。

（2）随葬品

墓室内无随葬品。

BⅤM6

（1）墓葬形制

位于BⅤT2南部，北为BⅤM5。墓口横向盖一层片石。墓室为圆角长方形竖穴，长1、宽0.34、深0.3米。墓向358°。填土为沙砾土。墓底葬一人，未成年，性别不明。葬式为仰身直肢一次葬，头向北，面向西。

（2）随葬品

墓室内无随葬品。

BⅤM7

（1）墓葬形制

位于BⅤT1中南部。墓口南部残存少量木棍。墓室为圆角长方形竖穴，长2.38、宽0.86、深0.76米。四壁不甚规则，北壁贴墓壁砌有十一层石头。填土为沙砾土，内含碎草。墓底葬一人，为成年男性。葬式为仰身直肢一次葬，头向东北，面向西，双手置于身侧，下肢微向右曲（图一六四）。

（2）随葬品

墓室内无随葬品。

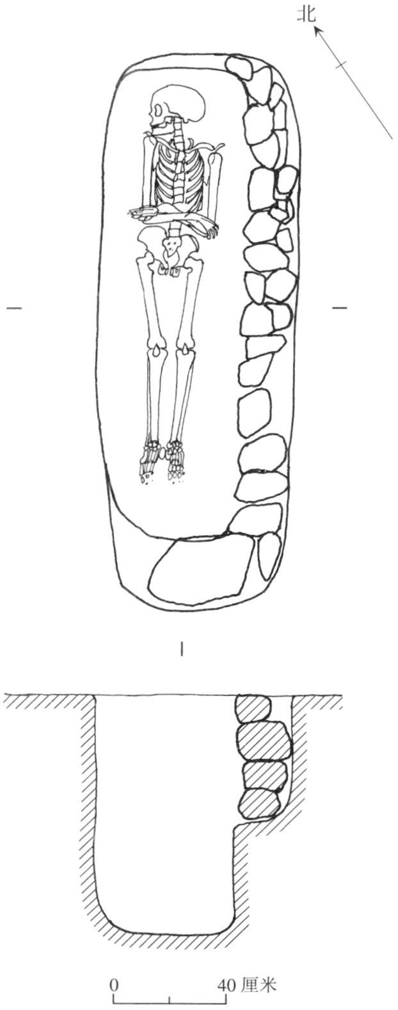

图一六三　BⅤM4平、剖面图

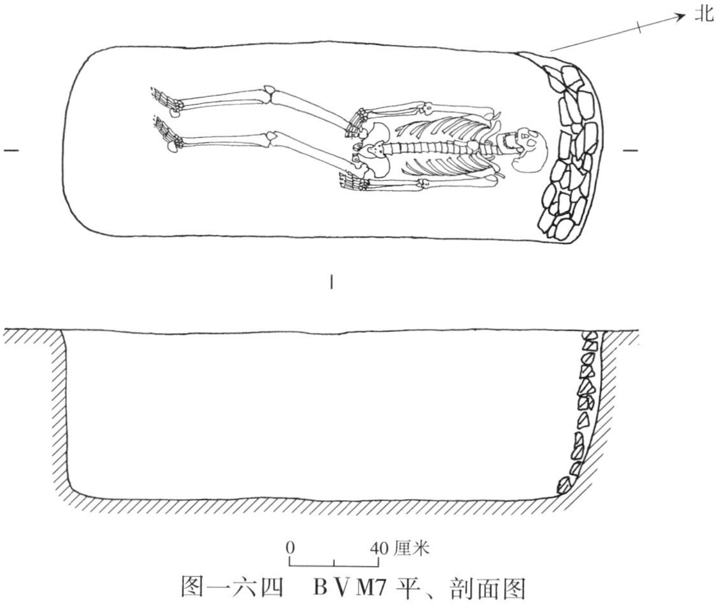

图一六四　BⅤM7平、剖面图

五　BⅥ号墓地

BⅥ号墓地位于下班迪村西北1.5千米处。地处塔什库尔干河南岸山前洪积台地上，地势西南高东北低，地表遍布戈壁砾石。墓葬分布在二级台地边缘，北临塔什库尔干河一级河滩地。从县城至班迪乡的公路从墓地西侧经过。根据台地走向布方12个，发掘面积300平方米，发现墓葬39座。此次发掘墓葬6座（见图七；彩版三，2）。

墓葬地面不见任何标志。从探方剖面上观察，地层堆积可以分为2层，第1层为洪积沙砾层，厚约0.5～1.5米，地层中偶见夹砂红陶片；第2层为原生的洪积砾石层。墓葬开口于第1层下。

大部分墓葬墓口横向盖一层片石，还有一部分墓葬墓口横向盖一层木棍或木板。墓室为圆角长方形竖穴土坑，较浅，内有土坯室或石室。密封较严密的墓室内填土较少。均为单人一次葬，葬式为仰身直肢，头向西北。无随葬品。

在墓地地表采集敛口罐1件（BⅥT9∶1）。仅存口沿部分。夹砂红陶。轮制，器表刮磨光滑。外壁及口沿内侧施红色陶衣。侈口，圆沿，束颈，鼓腹。口沿上有一圆孔，里面穿一根细绳。口径10.6、残高7.4厘米（图一六五）。

BⅥM1

（1）墓葬形制

位于BⅥT6东南部。墓口横向盖一层共五块较平木板，上面有砍削痕。最大一块长0.6、宽0.5、厚0.07米。墓室为长方形竖穴土坑，长1.8、宽0.8、深0.34米。墓向320°。墓室内有土坯室，长1.65、宽0.5、深0.34米。其中北、西两侧土坯保存较完整，东、南两侧土坯已坍塌。从西壁观察，共有四层土坯，采用错缝法垒砌。土坯长33、宽15、厚8厘米。墓底葬一人，为成年女性。保存较好，部分已呈干尸。葬式为仰身直肢一次葬，头向西北，面向西，右下肢微曲，右手置于身侧，左手小臂弯曲横置于腹部（图一六六）。

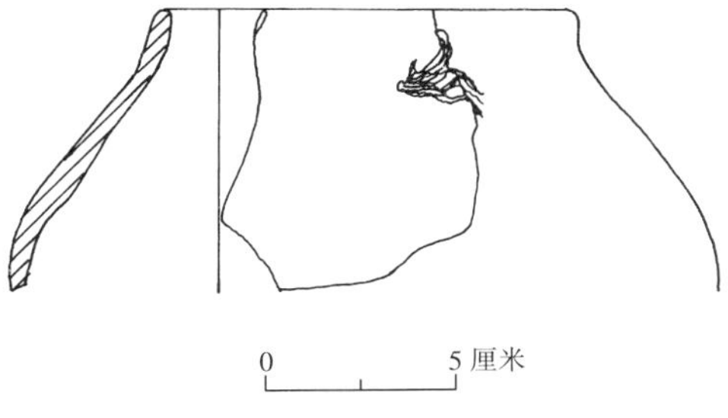

图一六五　BⅥ号墓地采集陶敛口罐（BⅥT9∶1）

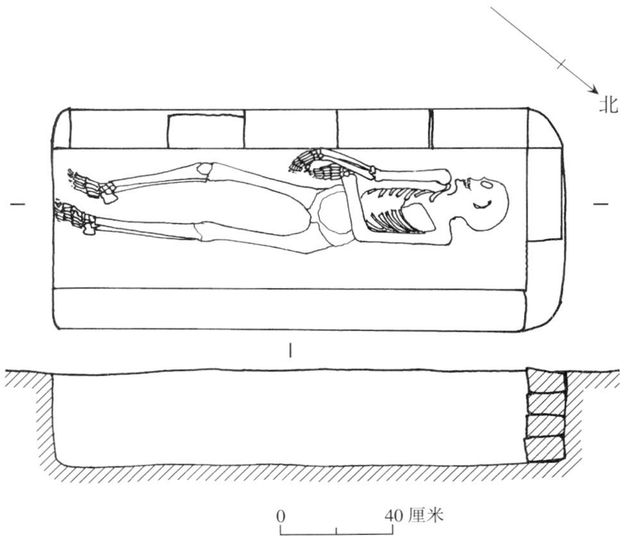

图一六六　BⅥM1平、剖面图

（2）随葬品

墓室内无随葬品。

BⅥM2

（1）墓葬形制

位于BⅥT4南部。墓口横向盖一层片石。墓室为圆角长方形竖穴土坑，长2、宽0.65、深0.5米。墓向320°。墓室内有土坯室，长1.8、宽0.44、深0.5米。土坯壁上部有四层土坯采用错缝法垒砌，下部为填土。土坯长33、宽15、厚8厘米。墓室内葬一人，为成年男性。葬式为仰身直肢一次葬，头向西北，面向西，左手弯曲横置于腹部。

（2）随葬品

墓室内无随葬品。

BⅥM3

（1）墓葬形制

位于BⅥT3中部。墓口横向盖一层石板，共九块，最大一块长0.6、宽0.3米。墓室为长方形竖穴土坑，北半部分较方，南半部分呈弧形。长2.45、宽0.78、深0.4米。墓向325°。墓室内有土坯室，南半部分土坯已坍。长2.3、宽0.57、深0.32米。由四层土坯水平砌成。墓底葬一人，为成年男性。葬式为仰身直肢一次葬，头向西北，面向上，双足并拢，双小臂交叉置于腹部（图一六七）。

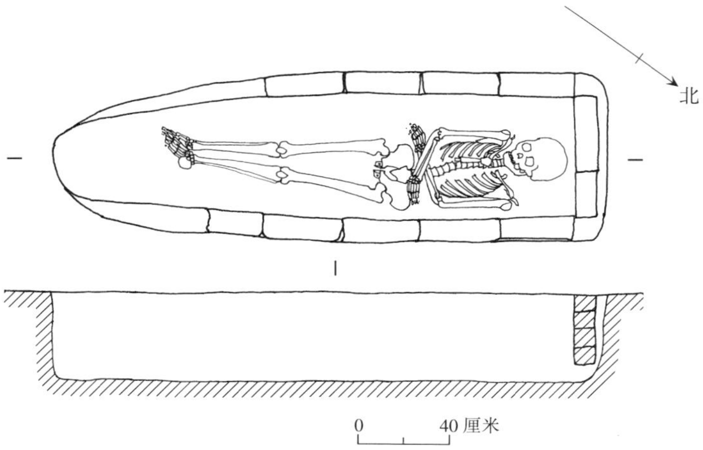

图一六七　BⅥM3平、剖面图

（2）随葬品

墓室内无随葬品。

BⅥM4

（1）墓葬形制

位于BⅥT8东南部。墓口盖一层木棍，共十八根，部分木棍上有砍削痕。墓室为圆角长方形

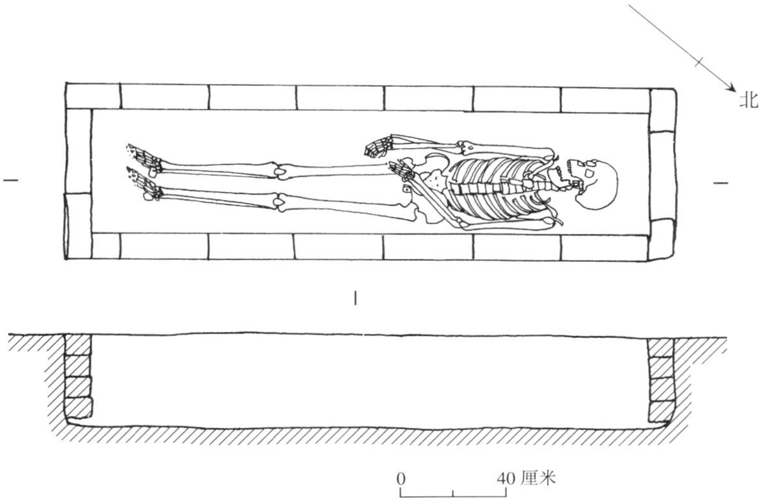

图一六八　BⅥM4 平、剖面图

竖穴土坑，长 2.3、宽 0.68、深 0.36 米。墓向 320°。墓室内有土坯室，长 2.1、宽 0.48、深 0.32 米。由四层土坯水平砌成。墓底葬一人，为成年男性，头向西北，面向西，右手置于身侧，左手置于右股骨上（图一六八）。

（2）随葬品

墓室内无随葬品。

BⅥM5

（1）墓葬形制

位于 BⅥT2 东南部。墓室为圆角长方形竖穴土坑，长 1.12、宽 0.68、深 0.32 米。墓向 330°。墓室内有土坯室，南壁无土坯，长 1.02、宽 0.23、深 0.32 米。由三层土坯水平砌成。墓底葬一人，为未成年人，葬式为仰身直肢一次葬，头向西北，面向西，身体微弯曲。

（2）随葬品

墓室内无随葬品。

BⅥM6

（1）墓葬形制

位于 BⅥT10 中南部。墓口盖一层片石，共五块。墓室为长方形竖穴土坑，长 2.14、宽 0.7、深 0.4 米。墓向 330°。墓室内有石室，长 1.88、宽 0.5、深 0.4 米。无底，四壁用大片石板垂直贴墓壁砌成。石板厚约 10 厘米。墓底葬一人，为成年男性。葬式为仰身直肢一次葬，头向西北，面向西，右手置于身侧，左手置于下腹部（图一六九）。

（2）随葬品

墓室内无随葬品。

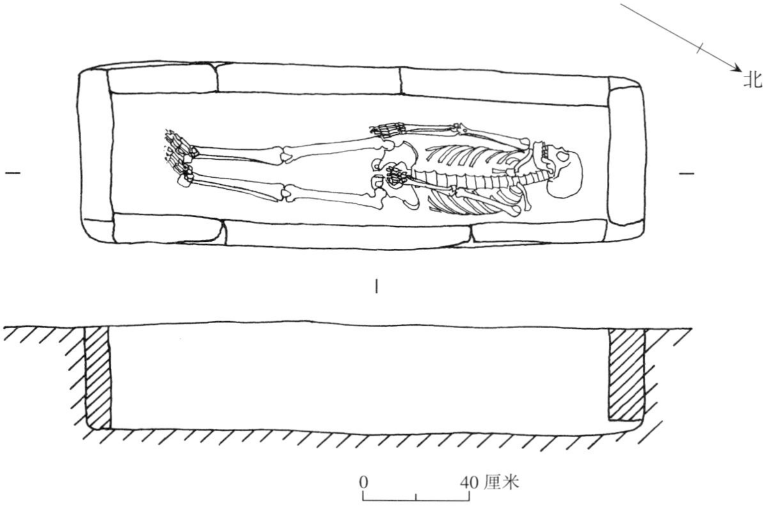

图一六九　BⅥM6平、剖面图

六　BⅦ号墓地

BⅦ号墓地位于辛迪村西3千米处，地处塔什库尔干河南岸一级台地上。台地呈东西向狭长形，较平坦。黄土堆积较厚，生长有茂密的植物。以前这里曾被辟为农田，地面上不时可以捡到夹砂红陶片。墓葬位于台地西南部，共3座，已全部发掘（见彩版三，3）。

3座墓葬呈“品”字形排列，地面有石围标志。石围由岩石块砌成，内填细沙砾。墓口横向盖一层片状石板。墓室为圆角长方形竖穴，里面原本是空的，墓室里的积土都是后来漏进去的。墓向西北。3座墓中除1座墓室是空的外，另外2座墓室内均埋葬有人，分别为一男一女。葬式均为单人仰身直肢一次葬，头向西北。墓室内无随葬品。

BⅦM1

（1）墓葬形制

地表有石围，平面呈圆角长方形，长3.2、宽1.6、高0.4米。是用岩石块砌成，其中南部石头皆垂直插立于地面上，其余三面石头皆水平放置，共有三层。石围内填细沙砾。墓口横向盖一层片状石板，共七块。墓室为圆角长方形竖穴，长1.8、宽0.74、深0.52米。墓向330°。墓室内有半墓室土，可能是从石缝中漏进去的。墓底葬一人，为成年女性。葬式为仰身直肢一次葬，头向西北，面向上，双腿交叉，双臂弯曲，双手置于颌下（图一七〇）。

（2）随葬品

墓室内无随葬品。

BⅦM2

（1）墓葬形制

西邻BⅦM1，西北为BⅦM3。地表有石围，平面呈圆角长方形，长4.5、宽1.3、高0.4米。

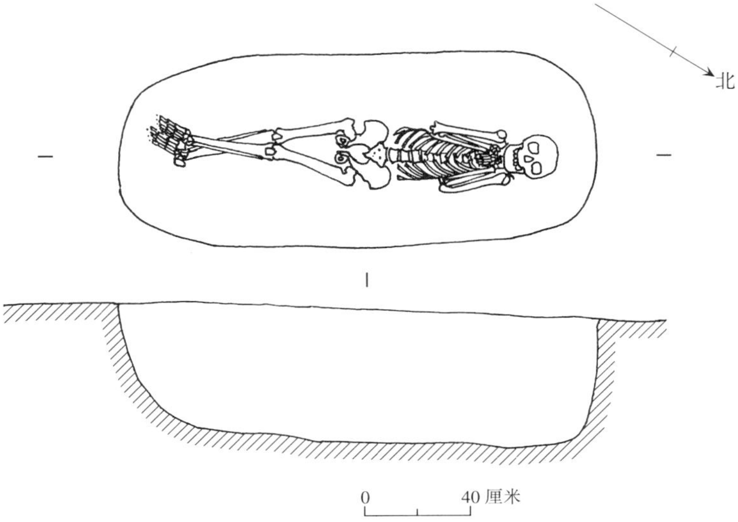

图一七〇　BⅦM1 平、剖面图

是用片石块在地面上插立一周构成。石围内填细沙砾。墓口横向盖两层片状石板，上层不整齐，下层七块水平排列，石间放少量细木棍。墓室为圆角长方形竖穴，长2、宽0.88、深0.7米。墓向330°。墓室填土为沙砾土。墓室内葬一人，为成年男性。葬式为仰身直肢一次葬，头向西北，面向西，双手置于腹部。

（2）随葬品

墓室内无随葬品。

BⅦM3

（1）墓葬形制

西邻BⅦM1，东南为BⅦM2。地表有石围，平面呈圆角长方形，长4.4、宽1.4、高0.35米。是用片石块在地面上插立一周构成。石围内填细沙砾。墓口放少量细木棍和杂草。墓室为圆角长方形竖穴，长1.95、宽0.6、深0.6米。墓向325°。墓室填土为沙砾土，含少量碎草。空墓。

（2）随葬品

墓室内无随葬品。

第四章　文化特征与年代

第一节　青铜时代墓葬分期及文化特征

本节对青铜时代墓葬中出土的陶器进行分组（形态特征分析），并综合考察墓葬的分布、排列、墓葬形制、葬俗葬式及其他随葬品等方面的关系，对这批墓葬进行分期，并对其文化特征进行分析研究。

一　陶器分组

下坂地墓地青铜时代 92 座墓葬中共出土各类陶器 87 件，器形有束颈罐、双耳罐、釜、钵、碗、杯和陶罐底。其中束颈罐 40 件，双耳罐 1 件，釜 4 件，钵 2 件，杯 16 件、碗 10 件，陶罐底 14 件。

由于各墓之间多缺乏地层学上的依据，每座墓又普遍只有 1 件陶器，而且每类陶器数量也很少，因此单纯依靠某一类或者几类陶器不足以进行类型学的分型定式研究。另外，虽然有 3 座墓存在束颈罐和碗、杯等不同类别器物共存的现象，但因数量太少，缺乏共性和普遍性，亦难以作为陶器分型定式的依据，因此我们在对这批陶器进行分组时主要根据典型器类的形态特征变化，参考其与不同器类间的共存关系，将之大概归类、分组。至于每一器类，由于证据不足，未进行分型定式研究。

1. 标型器的形态特征

在进行陶器分组时我们主要选取束颈罐、杯和钵等三类形态特征比较典型、出土遗迹单位明确的器物作为标型器。

束颈罐　40 件。以夹砂灰、红褐陶为主。侈口，束颈，鼓腹，饼状平底，边沿外侈。多素面。部分陶罐肩部有一道折棱。

除了具有上述共性之外，每个个体之间也存在差异，而且有 3 座墓存在束颈罐共存的现象，即 AⅡM36、AⅡM41 和 AⅡM52。有兴趣者可以进一步做式别方面的分析。

杯　16 件。以夹砂灰、红褐陶为主。器形多不规整。敞口，深腹，平底或者圜底。素面。

钵　2 件。夹砂红褐陶。敞口，浅弧腹，圜底。素面。

2. **陶器分组**

陶器形态差异很大，而且很少共存，仅3座墓存在不同器类的陶器共存的现象，即：AⅡM18为钵和双耳罐、釜共存，AⅡM31为束颈罐、碗共存，AⅡM62为束颈罐、杯共存。但是上述三组共存关系中，缺乏固定的组合形式和演变规律。

根据共存关系我们将绝大部分陶器分为两组。

第1组：以束颈罐为代表，共存器物有碗、杯和陶罐底等。该组器物形体小。以夹砂灰、红褐陶为主。多平底器，圜底器较少。多素面。

第2组：以钵为代表，共存器物有双耳罐、釜等。该组器物形体较大。以夹砂红褐陶为主。均为圜底器。素面。

二　墓葬分组

1. **有陶器墓葬分组**

基于陶器分组的基础上，我们对有陶器墓葬进行分期。与之对应，将64座有陶器墓葬分为两组：

（1）第一组：62座。即AⅠDM1、AⅡM1、AⅡM4～AⅡM6、AⅡM10、AⅡM12、AⅡM15、AⅡM16、AⅡM19～AⅡM22、AⅡM24、AⅡM26～AⅡM31、AⅡM35～AⅡM37、AⅡM40～AⅡM43、AⅡM45～AⅡM48、AⅡM51、AⅡM52、AⅡM55、AⅡM56、AⅡM58、AⅡM59、AⅡM61～AⅡM63、AⅡM84～AⅡM86、AⅡM87、AⅡM89～AⅡM93、AⅡM95、AⅡM97～AⅡM103、AⅡM105、AⅡM110、AⅡM112～AⅡM114。

（2）第二组：2座。即AⅡM18、AⅡM107。

2. **无陶器墓葬分组**

除去上述64座，还有4座墓出残陶器或陶片。在24座不出陶器墓中，5座墓出铜、木器，2座出动物骨骼，17座无随葬品。

综合考察这28座墓葬的墓葬形制、葬俗葬式及其他随葬品等方面的关系，也可分为两组。

第一组：27座。即AⅡM7～AⅡM9、AⅡM11、AⅡM14、AⅡM17、AⅡM23、AⅡM25、AⅡM32～AⅡM34、AⅡM38、AⅡM39、AⅡM44、AⅡM49、AⅡM50、AⅡM53、AⅡM54、AⅡM57、AⅡM88、AⅡM94、AⅡM96、AⅡM104、AⅡM106、AⅡM108、AⅡM111、AⅡM116。

第二组：1座（AⅡM109）。

3. **墓葬分组**

根据有陶器墓葬和无陶器墓葬的分组，并综合考察墓葬的墓葬形制、葬俗葬式及其他随葬品等方面的因素，我们初步将青铜时代92座墓葬分为两组。

第一组，包括有陶器墓葬和无陶器墓葬的第一组，共89座，即AⅠDM1、AⅡM1、AⅡM4～AⅡM12、AⅡM14～AⅡM17、AⅡM19～AⅡM59、AⅡM61～AⅡM63、AⅡM84～AⅡM106、AⅡM108、AⅡM110～AⅡM114、AⅡM116。

第二组，包括有陶器墓葬和无陶器墓葬的第二组，共 3 座，即 AⅡM18、AⅡM107、AⅡM109。

三 墓葬分期及文化特征

通过对两组墓葬的分析比较，发现两组墓葬文化面貌共性比较强，但是随葬器物变化十分明显，因此我们将 92 座墓葬分为两期。

1. 第一期

相当于墓葬分组中的第一组，墓葬主要分布在 AⅡ号墓地东部。计有墓葬 89 座，即 AⅠDM1、AⅡM1、AⅡM4～AⅡM12、AⅡM14～AⅡM17、AⅡM19～AⅡM59、AⅡM61～AⅡM63、AⅡM84～AⅡM106、AⅡM108、AⅡM110～AⅡM114、AⅡM116。

其文化特征表现为：

墓葬地表有石堆、石围石堆或石棺标志，墓葬形制可以分为土葬墓和火葬墓两大类。

土葬墓墓室为圆角长方形竖穴，墓室呈东南—西北向排列。大部分墓葬没有葬具，少数墓葬有简单的葬具。主要有棚木、框架式木葬具、铺草和石棺等。墓主头向西北或东南。按埋葬死者数量可以分为单人葬、多人合葬两种，多单人葬。合葬墓中存在双人合葬、三人合葬及人与骨殖合葬等几种。多一次葬，葬式以侧身屈肢葬为主，俯身屈肢葬、仰身直肢葬和仰身屈肢葬较少；二次葬数量较少。随葬品比较匮乏，一座墓多随葬 1 件陶器，个别墓放置 2、3 件。多置于人头部附近，还有部分置于胸前、腹部或足底。出土器物以陶器为主，还有木器、铜、银、骨、皮革制品、毛毡片及纺织品等。

火葬墓中两种埋葬方式共存。虽然没有出土随葬品可供参照，但是这些火葬墓与土葬墓混杂在一起，没有明显的区域划分。部分火葬墓中出土的陶罐、铜手镯等随葬品与土葬墓相同，因此这批火葬墓也属于第一期。

随葬品以陶器为主。陶器以夹砂灰陶、褐陶为主，素面。器形以束颈罐占大多数，还有一些碗、杯等。平底器比较流行。铜器比较常见，以手镯、耳环、足链等为主。随葬少量羊等动物。

2. 第二期

相当于墓葬分组中的第二组，墓葬大致分布在 AⅡ号墓地东部，位置较第一期的墓葬位置稍微靠西。计有墓葬 3 座，即 AⅡM18、AⅡM107、AⅡM109。

其文化特征表现为：

墓葬地表有石堆或石围石堆标志，墓葬均为竖穴土坑墓，无火葬墓。墓葬形制为圆角长方形竖穴，墓室呈东南—西北向排列。少葬具，且多为简易的木框架一类。墓主头向东南或南。单人葬墓 2 座，三人葬墓 1 座。单人葬 2 例，葬式为侧身屈肢葬；二次葬仅 1 例，人骨不完整。

随葬品匮乏，陶器、木器、铜器数量均很少。陶器为夹砂红陶，素面。器形为双耳罐、钵等。圜底器比较流行，第一组中的平底器不见（图一七一）。

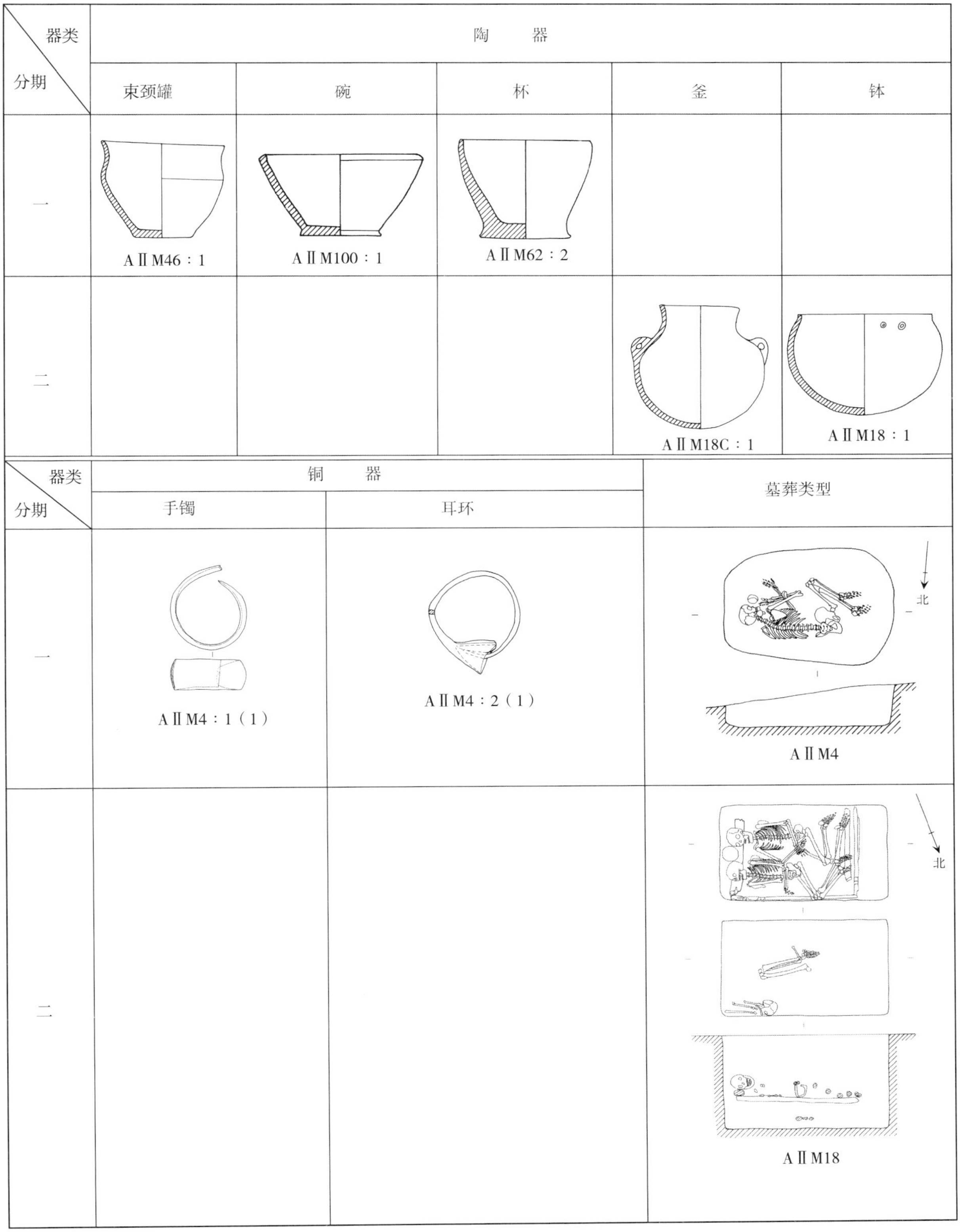

图一七一　青铜时代墓葬分期图

第二节　汉唐时期墓葬分期及文化特征

一　墓葬分组

墓葬共27座，但是出土陶器的墓葬仅2座，如果单纯根据陶器来对该时期墓葬进行类型学研究是不可行的，因此我们在综合考察这27座墓葬的墓葬形制、葬俗葬式及其他随葬品等方面的关系，特别是根据其墓葬形制可以分为竖穴和竖穴偏室两大类的特点，大致将这27座分为两组。

（1）第一组：26座。即AⅠM8～AⅠM10、AⅠM12～AⅠM17、AⅡM68、AⅡM70、AⅡM72～AⅡM74、AⅡM77～AⅡM83、AⅡM115、AⅡM117、AⅤM1、AⅤM4、AⅤM6。

其文化特征表现为：

墓葬主要分布在AⅠ号墓地和AⅡ号墓地西部。墓葬地表有石堆、石围石堆标志，封堆较高大、明显。墓葬可以分为土葬墓和火葬墓两大类。

土葬墓墓室为圆角长方形竖穴，墓室呈西南—东北向排列，墓主头向西南或南。少葬具，部分墓有简易箱式木棺等葬具。多单人葬，多人葬数量较少。多一次葬，葬式以仰身直肢葬为主；二次葬比较少，人骨较凌乱、不完整。

火葬墓5座，均为在墓室内火化后直接回填。

少随葬品，主要有陶、葫芦器和织物等。其中2座墓即出土陶器，有3座墓即出土铜、木、葫芦器，有1座墓出土动物骨骼。其余20座墓葬无随葬品出土。

（2）第二组：1座（AⅡM13）。

其文化特征表现为：

墓葬位于AⅡ号墓地东南。墓葬地表有石堆标志。墓室为圆角长方形竖穴偏室墓。墓室呈东南—西北向，墓主人头向东南。葬式为二次扰乱单人一次葬。随葬品主要有木器、铁器和马具等，不见陶器。竖穴内放置鞍、嚼齐备的马一匹。无葬具。

二　墓葬分期及文化特征

通过对两组墓葬的分析比较，发现两组墓葬之间文化面貌上差异很大，因此我们将下坂地墓地汉唐时期27座墓葬分为两期。

（1）第一期

相当于墓葬分组中的第一组。计有26座，即AⅠM8～AⅠM10、AⅠM12～AⅠM17、AⅡM68、AⅡM70、AⅡM72～AⅡM74、AⅡM77～AⅡM83、AⅡM115、AⅡM117、AⅤM1、AⅤM4、AⅤM6。

（2）第二期

相当于墓葬分组中的第二组。计有1座，即AⅡM13。

第三节 明清时期墓葬文化特征

以AⅢ、BⅠ、BⅣ、BⅤ、BⅥ、BⅦ 等六处墓地为代表的31座墓葬。墓葬地面标志多不存，从残存现象分析，墓葬地面原有封堆。墓口上横向铺一层木棍或石板，部分墓在木棍上再盖一层石板或草。墓室内不填土，迄今部分密封较严密的墓室内仅有少量漏进去的积土。墓室为长方形竖穴，较浅。石室墓较少，部分墓室用石头砌补过。BⅥ号墓地有一部分土坯墓。葬俗较统一，均为单人葬。其中一次葬占绝对多数，葬式为仰身直肢，头向北，面多朝向西方；二次葬极少。墓内死者以成年人居多，未成年人多不建墓室，而是直接埋入土中。墓内不见随葬品，仅仅是在墓地地面及墓室上层扰土中见少量陶片。

以前未见过类似的考古学材料发表。在现代民族学资料中有关于这方面的记载。据介绍，信仰伊斯兰教的穆斯林墓葬的墓葬形制，是墓室先挖竖穴，竖穴长2、宽1米，在离底尺许处向西掏偏洞。但若“遇沙漠、或水泥及浮杂易崩之地，不易作土圹者，则穿直圹，而以无底石椁嵌于下，中深三尺，长五尺，广二尺。无力造石者，以木代之亦可，惟不得用陶砖”①。

现代塔吉克民族的丧葬仪式具有典型的民族传统习惯。帕米尔高原的塔吉克族伊斯兰墓葬，地表建筑大致可分为三种类型：马鞍形墓、石堆墓和石围墓。富裕人家在马鞍形墓上建拱北，拱北内墙上绘花草等植物；太阳；乐器、提包、衣服等生活用品图案，有的还绘有人物、动物图案。石堆墓是在石板木棍或木板封顶后，在墓穴上堆积大小不一的石头。石堆一般高约0.6～0.7米。石围墓则是在地表用鹅卵石将墓穴砌围起来，平面呈长方形，大小与墓穴一样，一般长2、宽1米。

墓室为竖穴无底石椁墓，墓室用石板或木棍木板加土封盖，四壁用鹅卵石垒砌，墓穴底部不作任何铺设。墓穴一般长2、宽1米。“墓穴为长方形南北向的垂直穴。穴深男子齐腰，女子齐肩。尸体入穴时在白布外再裹上毛毡。头朝北，脚朝南，侧卧，面向西（表示朝向圣地麦加）。用石板封穴洞，然后上土”②。墓室里不放任何随葬品。有的学者认为，较早的伊斯兰墓葬大多属于石堆墓和石围墓。女性的墓穴较男性的深，这是塔吉克民族妇女地位低于男子的状况在墓葬中的反映，现已成为民族葬俗的一部分③。

这批墓葬无论地面建筑结构、墓葬形制，还是葬俗葬式等方面基本符合伊斯兰教教规，与塔

① 马邻翼：《伊斯兰教概论》第91、92页，商务印书馆，1933年。

② 新疆维吾尔自治区丛刊编辑组：《塔吉克族社会历史调查》，新疆人民出版社，1984年。

③ 马苏坤：《我国塔吉克族伊斯兰墓葬中的文化融合现象》，《西域研究》1991年第4期。

吉克民族现有的埋葬方式较为一致，但是局部又稍有不同，如部分墓葬墓室内有土坯室，死者头北脚南，面向西或向上，双手也不是完全放在身体两侧等。这应反映了随着时代的发展，塔吉克民族的墓葬形制也经历了一个不断演变、完善的过程。

已发掘明清时期的六处墓地虽然彼此相距较远，分布亦较为分散，但是无论是在墓葬形制，还是在葬俗葬式方面都存在一定的共性，所反映出的文化面貌基本一致，它们的时代应大致相同。我们认为这批墓葬可能是属于伊斯兰教传入以后的墓葬，初步推测其时代可能在明清时期。

第四节 墓葬年代

下坂地墓地经碳－14测定的标本有11个，如下表：

实验室编号	样品	样品原编号	碳－14年代（BP）	树轮校正后年代	
				1σ（68.2%）	2σ（95.4%）
BA06493	木炭	火葬墓采集	4055±45	2840BC（5.0%）2810BC 2660BC（2.1%）2650BC 2640BC（61.1%）2490BC	2860BC（10.3%）2810BC 2750BC（2.9%）2720BC 2700BC（82.2%）2470BC
BA06488	木	AⅡM114	3525±35	1910BC（24.1%）1860BC 1850BC（44.1%）1770BC	1950BC（95.4%）1750BC
BA06489	木	AⅡM32	3475±40	1880BC（68.2%）1740BC	1900BC（95.4%）1680BC
BA06491	木	AⅡM62	3425±45	1870BC（7.4%）1840BC 1780BC（60.8%）1660BC	1880BC（95.4%）1620BC
BA06492	木	AⅡM37	3300±35	1620BC（68.2%）1525BC	1680BC（95.4%）1490BC
BA06485	木	AⅡM18	2645±35	830BC（68.2%）790BC	900BC（95.4%）770BC
BA06486	木炭	AⅠM12	1860±35	80AD（7.9%）110AD 120AD（60.3%）220AD	70AD（95.4%）240AD
BA06487	木	AⅠM10	1740±35	245AD（68.2%）340AD	220AD（95.4%）410AD
BA06484	木	AⅡM13	1425±40	600AD（68.2%）655AD	550AD（95.4%）670AD
BA06483	木	BⅥM1	1350±35	640AD（68.2%）690AD	610AD（84.5%）720AD 740AD（10.9%）770AD
BA06490	木	AⅢM2	625±35		

注：所用碳－14半衰期为5568年，BP为距1950年的年代。

BⅥM1的数据明显偏早，从BⅥ墓地的总体文化特征分析，其和AⅢM2一样属于明清时期墓葬无疑。另外9个标本的年代除了第一个采自火葬墓的木炭标本时代稍早，距今4000余年外，剩余8个标本的年代大致落在距今3500～1400年这一时间段内，正好与墓葬的分期相吻合，其中AⅡM114、AⅡM32、AⅡM62和AⅡM37四个标本均属于青铜时代第一期；AⅡM18属于青铜时代第二期；AⅠM12、AⅠM10两座墓属于汉唐时期墓葬第一期；AⅡM13属于汉唐时期墓葬第二期。

据此我们初步推断下坂地墓地青铜时代墓葬和汉唐时期墓葬各期的绝对年代值大致如下：

青铜时代第一期墓葬的时代距今约3500～3300年；

青铜时代第二期墓葬的时代距今约2600年。

汉唐时期第一期墓葬的时代距今约1800年；

汉唐时期第二期墓葬的时代距今约1400年。

第五章 结 语

第一节 下坂地墓地与周边地区文化的关系

下坂地墓地是一处文化内涵丰富、埋葬现象复杂、时间跨度很长的遗存，它与这一时期周边地区的考古学文化存在一定的联系。下面拟就下坂地墓地三个时期文化遗存与新疆本地区已发现的以香宝宝墓地为代表的一批青铜时代墓葬、以山普拉墓地为代表的汉唐时期遗存以及周边地区的安德罗诺沃文化遗存、中亚楚斯特文化遗存之间的关系试做探讨。

一 “下坂地类型”的命名及其与安德罗诺沃文化的关系

1. 安德罗诺沃文化

安德罗诺沃文化（Andronovo Culture）是一支广泛分布于西伯利亚及中亚地区的青铜时代文化。是20世纪20年代，前苏联考古学家C. A. 捷普劳霍夫根据最初在米努辛斯克盆地阿钦斯克州附近安德罗诺沃村旁发掘的墓地而定名的[①]。安德罗诺沃文化年代约为公元前第2千年至公元前第1千年初。其分布地域西起南乌拉尔，东到叶尼塞河沿岸，北起西伯利亚森林南界，南达中亚草原。在南西伯利亚，该文化晚于奥库列夫文化（Okunev），早于卡拉苏克文化（Karasuk）；在中亚和南乌拉尔，晚于当地的铜石并用时代文化，早于塔扎巴格雅布文化等青铜时代文化和楚斯特文化（Chust）、萨尔马泰文化（Sarmatians）等早期铁器时代文化。有的研究者将该文化分为三期，早期为公元前18～前16世纪；中期为公元前15～前12世纪；晚期为公元前12～前8世纪。其文化类型主要有辛塔什塔—彼得罗夫卡类型（Sintashta-Petrovka）、阿拉库尔类型（Alkul）、费德罗沃类型（Fedorovo）、谢米列契类型（Semireche）、阿塔苏类型（Atasu）、Tautary等[②]。该文化在西部地区与木椁墓文化有密切联系。两种文化的遗迹在南乌拉尔交错分布。前者的文化因素往西渗入，迄于伏尔加河沿岸；后者的文化成分往东可到托

---

① 中国大百科全书考古编辑委员会编：《中国大百科全书·考古学卷》，中国大百科全书出版社，1986年。

② 爱莱娜·E·库孜米娜：《青铜时代的中亚草原：安德罗诺沃文化》，《新疆文物》1996第2期；Elena E. Kuzmina, *The Origin of Indo-Iranians*, Boston, 2007.

博尔河。这种融合现象在安德罗诺沃文化中期表现得尤其明显，推测中期文化的形成当有木椁墓文化居民参与。在东部地区，安德罗诺沃文化与西伯利亚森林地带居民亦有较密切的文化联系。

安德罗诺沃文化的居址多位于河谷、河湾等宜于农牧业的地方。形制为长方形半地穴式结构，屋顶用圆木柱支撑，屋内有隔墙、石灶等设施。

墓葬地表多有石围和石堆、土堆标志。墓室形制以长方形竖穴为主。有葬具，多为木椁或石棺等。流行单人葬，也有男女合葬。还有少量成年人埋在主石围内，附石围内葬儿童的家族合葬墓。早期火葬墓较流行，中期土葬墓开始增多，儿童则一律实行土葬。葬式为侧身屈肢。随葬品匮乏，主要有陶、木和金属器等。

陶器为手制。器形主要有罐形器和缸形器等，均为平底器。器表多装饰花纹，主要有篦形器压出的杉针纹、三角纹、“之”字纹、锯齿纹、折线几何纹等，也有用小棒端头压捺的圆形、椭圆形或三角形印纹。晚期出现附加堆纹。罐形器纹饰比较繁缛，用弦纹将器表分为唇、颈、肩及近底部等若干区，各区纹饰有一定组合规律。缸形器常饰杉针纹，比较简单。

在经济方面，狩猎经济已经衰退，锄耕农业和畜牧业在经济生活中占有重要地位，晚期开始形成半游牧经济。遗址和墓葬中发现有牛、马、羊等家畜的骨骼和炭化的麦粒，以及青铜镰刀、砍刀和石锄、石磨盘、石磨棒等工具。马在中期已用于乘骑。从出土随葬品推测当时已出现社会分工，有专门缝制衣服靴帽的皮革业和毛织业等。金属冶炼业得到进一步发展，采铜、锡、金的矿冶遗址也有发现。锻造或铸造技术得到使用，铸造时只用了合范法。从出土随葬品的种类来看，社会已出现贫富差别。

2. 下坂地类型与安德罗诺沃文化的关系

下坂地青铜时代第一期墓葬无论是墓葬形制、葬俗葬式还是出土随葬品等方面都与安德罗诺沃文化存在一定的联系。

在墓葬形制方面，两者墓葬地表都有石围或石堆标志，流行土葬墓，还有部分火葬墓。土葬墓墓室形制以长方形竖穴为主。

在葬俗葬式方面，多单人葬，多人合葬墓较少，葬式以侧身屈肢葬为主。土葬墓所占比例较大，火葬墓数量较少。火葬墓均存在墓室内火化后直接掩埋和火化后拣拾大块骨殖重新埋葬等两种方式。

在出土器物方面，下坂地墓葬中常见的束颈罐非常具有特色，它与安德罗诺沃文化中的典型器——缸形器的形制相似，只不过器形偏小。多素面，无安德罗诺沃文化中常有的刻划纹等装饰纹样。碗、喇叭形耳环和宽带状手镯等也是安德罗诺沃文化中的常见器形。

将下坂地青铜时代第一期墓葬的材料与安德罗诺沃文化诸类型的资料进行比较分析，初步推断下坂地墓地第一期墓葬与安德罗诺沃文化谢米列契类型关系比较接近（图一七二）。

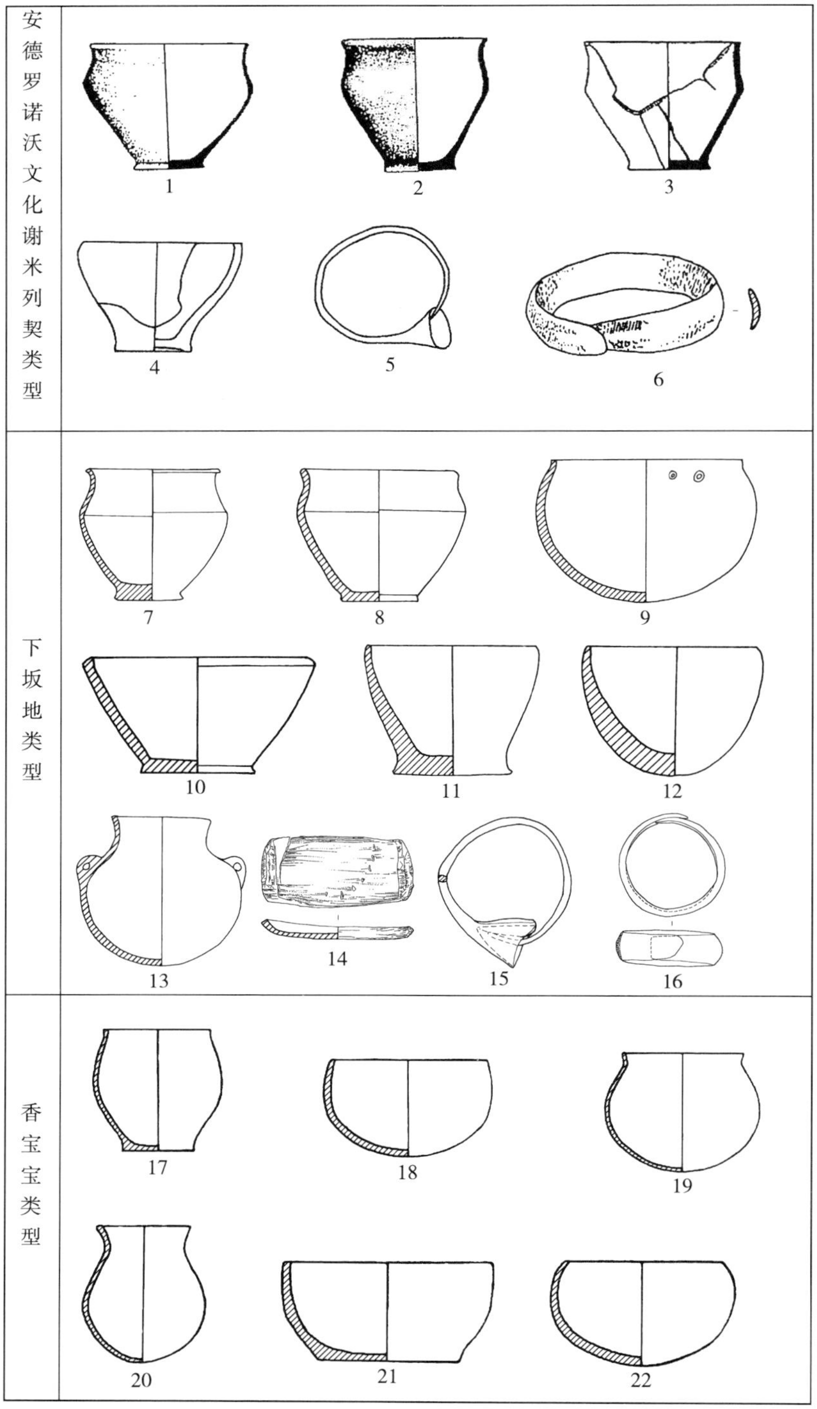

图一七二　下坂地类型、香宝宝类型与安德罗诺沃文化器物比较图

1～3. 陶缸形器［乌孙布拉克（Usunbulak Ⅰ）］　4、11、12. 陶杯（乌孙布拉克Ⅰ、下坂地AⅡM62∶2、下坂地AⅡM62∶17）　5、15. 铜耳环［塔什－特贝（Tash-Tyube）、下坂地AⅡM4∶2（1）］　6、16. 铜手镯（塔什－特贝、下坂地AⅡM42∶2）　7、8、17. 陶束颈罐（下坂地AⅡM5D∶1、下坂地AⅡM36∶2、香宝宝M5∶1）　9、18、19、22. 陶钵（下坂地AⅡM18∶1、香宝宝M37∶1、香宝宝M10∶3、香宝宝M39∶6）　10、21. 陶碗（下坂地AⅡM100∶1、香宝宝M39∶4）　13. 陶双耳罐（下坂地AⅡM18∶C∶1）　14. 木盘（下坂地AⅡM52A∶2）　20. 陶罐（香宝宝M10∶1）

据研究，在公元前三千纪中叶至公元前一千纪之间，欧亚草原上曾经发生了三次大的迁徙，其中在公元前16世纪左右，由于“青铜冶炼术的传播、马拉战车的使用、兼容畜牧和农耕的经济类型的普遍巩固”，“机动、精力充沛和资源丰富的畜牧者，利用马拉的轻便战车，向四面八方进军”①。这个时期曾经有一支安德罗诺沃文化的人群从欧亚草原南下，进入中亚费尔干纳盆地，与当地文化融合并创造了诸多地方性文化。塔扎巴格雅布文化和楚斯特文化是其中最为著名的两支地方性文化。“据托尔斯托夫的看法，所谓‘塔扎巴格雅布文化’乃是哈萨克和南西伯利亚的安德罗诺沃草原文化的变种。这些文化广泛分布于塔什干草原和山麓地带、花剌子模、撒马尔罕、费尔干纳盆地等地”②。

帕米尔地区与费尔干纳盆地仅有一山之隔，安德罗诺沃文化很有可能向东进入了帕米尔地区。正如有的学者指出的那样，该墓地出土的“筒形罐素面无纹，形体小且假圈足不明显，与典型安德罗诺沃文化有别，应当是安德罗诺沃文化末期的一种地方变体”③。因此下坂地青铜时代第一期墓葬所代表的这类考古学文化类型应是属于安德罗诺沃文化的变体，是在南下的安德罗诺沃文化的影响下产生的一种地方性文化，暂命名为“下坂地类型”。

从年代上来看，下坂地类型的年代与安德罗诺沃文化第二、三期的年代大致相当。但是考虑到安德罗诺沃文化从欧亚草原经中亚进入帕米尔时间应该还要稍晚一些，下限可能到公元前10世纪左右。

近年来在新疆地区也发现了一批属于安德罗诺沃文化的墓葬和遗址。除了塔什库尔干下坂地墓地外，还有塔什库尔干香宝宝墓地④、托里县萨孜村墓地⑤、塔城卫生学校古墓葬及遗址⑥、霍城县大西沟墓地⑦、尼勒克穷科克遗址⑧、尼勒克萨尔布拉克沟口遗址和阿克不早沟遗

① A. H. 丹尼、V. M. 马松主编：《中亚文明史》第一卷，中国对外翻译出版公司，2002年。

② 弗鲁姆金著，新疆维吾尔自治区博物馆译：《苏联中亚考古》第41页，1981年；吉谢列夫：《南西伯利亚古代史》，新疆社会科学院民族研究所，1981年；王治来：《中亚史纲》，湖南教育出版社，1986年；*The Bronze Age and Early Iron Age Peoples of Eastern Central Asia*, edited by Victor H. Mair, 1998.

③ 韩建业：《新疆的青铜时代和早期铁器时代文化》，文物出版社，2007年。

④ 新疆社会科学院考古研究所：《帕米尔高原古墓》，《考古学报》1981年第2期。

⑤ 新疆文物考古研究所、塔城地区文管所：《托里县萨孜村古墓葬》，《新疆文物》1996年第2期。

⑥ 李肖：《新疆塔城市考古的新发现》，《西域研究》1991年第1期；李肖：《塔城市卫生学校古墓群及遗址》，《中国考古学年鉴·1991》，文物出版社，1992年。

⑦ 新疆维吾尔自治区文物普查办公室、伊犁地区文物普查队：《伊犁地区文物普查报告》，《新疆文物》1990年第2期；张玉忠：《伊犁河流域的文化考古新发现》，《文博》1991年第6期。

⑧ 新疆文物考古研究所：《尼勒克县穷科克一号墓地考古发掘报告》，《新疆文物》2002年第3、4期；刘学堂、关巴：《新疆伊犁河谷史前考古的重要收获》，《西域研究》2002年第4期；刘学堂、阮秋荣：《新疆尼勒克穷科克台地第二次考古发掘收获丰硕》，《中国文物报》2003年4月4日。

址①、尼勒克喀拉苏遗址②、尼勒克汤巴勒萨伊墓地③、特克斯库克苏河西2号墓地④、石河子总场墓地⑤等。还有一些遗址和墓地也被某些研究者认为属于安德罗诺沃文化的范畴，如塔城市二宫乡下喀浪古尔遗址⑥、温泉县阿敦乔鲁遗址⑦等，但是限于资料的不完整性，其文化面貌尚不能最终确定。

---

① 阮秋荣：《尼勒克县吉林台遗存发掘的意义》，《新疆文物》2004年第1期。

该遗址和墓地已有研究者进行过介绍。由于相关资料尚未正式发表，所以大多语焉不详，下面详细介绍如下：2003年4~5月，新疆维吾尔自治区文物考古研究所在伊犁尼勒克县萨尔布拉克沟口发掘一处遗址，揭露面积约1000平方米。遗址被一批晚期墓葬所打破。通过发掘清理出一些卵石结构的石墙、石堆、硬面和灰坑等遗迹，地层中出少量陶片、石器、兽骨等随葬品。其中陶片多为夹砂灰、红陶，平口、方唇、平底或圈足。器形与安德罗诺沃文化的相同。6月，在萨尔布拉克墓地编号为M86、M87两座墓葬的封堆内清理出一些石列、碎石堆等遗迹，初步推断它们应该是2座遗址而非墓葬。在遗址的填土中出土了少量陶片，其器形与安德罗诺沃文化的较为相似。

此外，同年7月在萨尔布拉克沟西面的阿克不早沟墓地M56的封堆下偏南地面上有两个小石堆，其中一个石堆下有火烧的痕迹，石堆旁出土一件安德罗诺沃文化的"缸形器"。陶器为夹砂灰陶，斜直腹、平底。墓室位于石堆北，形制为不规则形竖穴。墓室内葬一人，为成年男性，葬式为二次葬，人骨散乱于墓室各处。无随葬品。发掘者认为M56可能晚于该石堆遗存。

② 新疆文物考古研究所：《尼勒克县喀拉苏遗址发掘简报》，《新疆文物》2008年第3、4期。

③ 汤巴勒萨依墓地位于尼勒克县喀拉托别乡喀尔沃依村东牧区草场中，喀什河上游南岸、汤巴勒萨依沟口东侧的河谷阶地上。2010年5~6月发掘墓葬26座。据介绍，墓葬大致可分为三个时期，即早期墓葬属于青铜时代，中期墓葬属于铁器时代，晚期墓葬已晚到唐代以后。其中早期墓葬7座，地表封堆平面呈不规则圆形，直径在8米左右，墓葬形制为竖穴土坑，墓向均为东西向，墓室近似方形，边长1.5~2.5米，一般东西稍长，墓深在0.6~1米之间。葬式以单人葬为主，一座双人合葬（M17），一座火葬墓（M16）。其中M16和M18被晚期墓葬打破，M23被晚期殉马坑打破。无葬具。墓主均侧身屈肢，头西脚东，面朝北，随葬品一般放置在头端，多为2~3件陶器（陶器旁出1~2根羊肋骨）。陶器主要有平底罐、圈足罐和杯等；铜器主要有耳环、手链和足链等。陶器均为素面，手制，夹砂灰陶，少量红陶，微敞口，折肩，深腹，圈足或平底。个别墓主双耳戴铜耳环、手链和脚链。

发掘者认为：这7座墓的墓室形制均为竖穴土坑，埋葬方式分为土葬和火葬两种，葬式均为侧身屈肢。墓主人鼻梁高挺，外形明显属典型的欧罗巴人种。墓葬出土的大口圆腹小底的圈足器、直壁微鼓腹的平底器及喇叭口形铜耳环与安德罗诺沃文化的同类器造型相同，说明二者在文化渊源上存在明显联系。初步推断其年代约在公元前13世纪，相当于安德罗诺文化中晚期。该批资料现存新疆文物考古研究所，由发掘者阮秋荣先生惠告，特此致谢！

④ 特克斯库克苏河西2号墓地位于特克斯县乔拉克铁热克乡阿特恰比斯村东约3千米，地处阔克苏河沟西侧台地上。墓葬数量约200座。2010年7~8月发掘墓葬93座。据发掘者介绍，其中7座墓葬属于安德罗诺沃文化。墓葬地表封堆可分为两种：一种为纯土堆；一种是在土堆上覆盖一层卵石（形似石堆墓）。墓室形制为竖穴土坑（个别在墓室西部有斜坡墓道）。有单人葬，也有双人合葬，葬式均为侧身屈肢，头西脚东，面部朝北，随葬品放置在墓主周围，一般随葬2~4件陶器。缸形罐折肩、圈足，从质地和形制上看属于安德罗诺沃文化的典型器物。该批资料现存新疆文物考古研究所，由发掘者阮秋荣先生惠告，特此致谢！

⑤ 该墓地位于石河子市北约5千米，地处玛纳斯河西岸约10千米。墓地分为两处，一处为石河子总场水泥厂古墓，一处为石河子总场良种场一连古墓。另外在水泥厂墓地西南发掘探沟1条。共清理墓葬5座。墓葬已遭到破坏，墓室为竖穴土坑，无葬具。单人葬，葬式为侧身屈肢葬，头向偏东。随葬品主要有陶、铜和石器等。陶器以夹砂红陶为主，夹砂灰陶较少。手制。器表有乳钉纹和刻划三角纹、菱形网纹、弦纹等纹饰。器形主要有罐、盆形陶罐、碗等。关于墓地的年代，原报告说，石河子墓葬的文化面貌和原苏联鄂毕河上游叶尔班第Ⅳ点有许多相似之处，年代相当于卡拉苏克时期。但是从陶器的形制和纹饰来看，与安德罗诺沃文化的典型器物相似，把它归入安德罗诺沃文化范畴似乎更为合适（资料见新疆文物考古研究所等：《石河子市古墓》，《新疆文物》1994年第4期）。

⑥ 于志勇：《塔城市二宫乡下喀浪古尔村古遗址调查》，《新疆文物》1998年第2期。

⑦ 李金国、吕恩国：《温泉县阿敦乔鲁遗存的考古调查和研究》，《新疆文物》2003年第1期。

除此之外，数十年来在伊犁、塔城、昌吉和乌鲁木齐地区等地还采集、出土了一批数量众多的青铜器。器形主要有刀、剑、管銎斧、空首斧、镰、凿、铲等①。这批铜器虽然不是经过正规、科学的考古发掘出土的随葬品，但是其类型和形制在中亚地区安德罗诺沃文化中多有发现，也应属于安德罗诺沃文化范畴。

对于这些资料有的学者已经开始关注并且进行了初步的研究和分期②。这些研究成果对于深化、认识安德罗诺沃文化的分布范围、区域特征及文化内涵演变等方面具有重要的意义，也为我们深入研究下坂地类型的文化性质提供了极大的借鉴意义。

二　下坂地类型与香宝宝墓地的关系

1. 香宝宝墓地概况

香宝宝墓地位于新疆塔什库尔干县县城东北约 4 千米。东距下坂地墓地直线距离约 40 千米。1976、1977 年中国社会科学院考古研究所新疆队在此清理墓葬 40 座③。墓葬地面有圆形石堆或圆形、长圆形、方形和长方形石围标志。墓室位于封堆或石围下，一般只有一个墓室，个别的有两个墓室。形制为圆形、椭圆形、圆口椭圆底、口大底小圆形和口大底小椭圆形等几种，均竖穴。有的墓葬口部棚盖木头，少葬具，有的墓有简易的木框形葬具，有的墓地铺一层树皮质的平纹编织物。葬式分火葬和土葬两种。火葬墓 19 座，可分为直接在墓室中火化和火化后再将骨灰埋入墓穴两种。土葬墓的葬式可分为一次葬和二次葬，一次葬以侧身屈肢葬为主，仰身直肢葬、俯身屈肢葬较少。均单人葬。二次葬骨架凌乱不完整。多人葬较普遍。随葬品主要有陶、铜、铁、金、木、石、骨器等，还有少量织物和羊、鸟等动物骨骼。

陶器均为夹砂陶，火候不高，陶色呈红褐色或灰褐色，斑驳不匀。手制。多素面，个别器物饰凸弦纹和指甲纹。器形有釜、罐、碗、钵、杯和纺轮等。铜器有镞、簪、泡、扣、手镯、耳环、指环、环、珠和牌饰等。铁器有小刀、镯、指环和管等。木器有盘、钻木取火器等。

2. 墓地分期

有的学者将新疆帕米尔地区的青铜时代和早期铁器时代文化大致分为四组，其中将香宝宝墓地归入第 2、3 组中④。笔者根据下坂地墓地的分期，认为香宝宝墓地的墓葬可以分为三期。

---

① 王博、成振国：《新疆巩留县出土一批铜器》，《文物》1989 年第 8 期；李肖、党彤：《准格尔盆地周缘地区出土铜器初探》，《新疆文物》1995 年第 2 期；王博：《新疆近十年发现的一些铜器》，《新疆文物》1987 年第 1 期。

② 韩建业：《新疆的青铜时代和早期铁器时代文化》，文物出版社，2007 年；邵会秋：《新疆地区安德罗诺沃文化相关遗存探析》，《边疆考古研究》（第 8 辑），科学出版社，2009 年；杨建华、张盟：《中亚天山、费尔干纳与帕米尔地区的早期铁器时代研究——与新疆地区的文化交往》，《边疆考古研究》（第 9 辑），科学出版社，2010 年。

③ 新疆社会科学院考古研究所：《帕米尔高原古墓》，《考古学报》1981 年第 2 期；中国社会科学院考古研究所编：《中国考古学中碳十四年代数据集（1965～1991）》，文物出版社，1991 年。

④ 韩建业：《新疆的青铜时代和早期铁器时代文化》，文物出版社，2007 年。

第一期，1座（M5）。地表有石堆标志，墓葬形制为椭圆形竖穴，墓口有南北向棚木。墓主头向西南。葬式为侧身屈肢一次葬。出土器物有陶器、铜、石、骨器等。陶器以Ⅱ式罐为代表。这是该墓地出土的仅有的2件平底罐。

第二期，8座，即M4、M9、M11、M13、M17、M33、M37、M40。地表多有石堆或石围标志，墓葬形制以椭圆形竖穴为主，圆形竖穴仅1座。部分墓口有棚木。墓主头向不一致，西南向、西北向和东南向各2座，东北向和东向各1座。葬式为侧身屈肢一次葬。出土器物有陶器、铜、石、骨器等，其中3座墓内出铁器。陶器以Ⅰ式釜、Ⅰ式罐为代表。

第三期，11座，即M7、M10、M14、M15、M19、M20、M21、M22、M28、M29、M39。地表多有石堆或石围标志，墓葬形制以椭圆形竖穴为主，圆形竖穴墓仅2座。部分墓葬墓口有棚木。墓主头向西南或西北，东南向仅1座。葬式有一次葬和二次葬两种，其中一次葬葬式均为直肢葬。二次葬有5座（M7、M10、M22、M29、M39）。出土器物有陶器、铜、石、骨器等。陶器以Ⅱ式釜为代表。其中两座墓内出铁器。

由此看出，香宝宝墓地以二、三期墓葬为主，二、三期墓葬应为香宝宝墓地文化主体。

3. 香宝宝墓地的年代

香宝宝墓地共测过五个碳－14数据，分别为M40为距今4270±90年、M21为距今2670±65年、M17为距今2530±65年、M13为距今2400±70年、M13为2370±70（为便于和下坂地墓地碳－14数据对比，亦采用碳－14半衰期为5568年，BP为1950年测得的数据），除M40数据明显偏早外，其余均为距今约2700～2400年①。这五个数据采自第二、三期4座墓葬中，代表了香宝宝墓地第二、三期的绝对年代。

4. 香宝宝与下坂地青铜时代墓葬文化特征上的异同

通过对香宝宝和下坂地墓地文化特征的分析、比较，表明两者除了在墓葬形制方面差别比较明显外，在葬俗葬式、葬具及出土遗物方面内涵基本一致，它们之间的差别仅仅是体现在数量上多寡。

（1）墓葬平面形状方面，主要有圆角长方形、圆形、椭圆形及近圆形几种。由于下坂地墓地位于黄土台地上，墓室比较规整，墓葬平面形状以圆角长方形为主，椭圆形、圆形墓次之。香宝宝墓地位于河床砂砾石堆积台地上，墓室多不规整，墓室平面形状以椭圆形为主，圆形或近圆形为辅，另有一例不清楚，不见长条形墓。

（2）墓葬形制及规格方面，墓室均为竖穴。下坂地墓室较小，火葬墓与土葬墓的墓葬规格完全不同；香宝宝较下坂地的墓室规格大，而且火葬墓和土葬墓的墓室规格基本一致。另外，在香宝宝墓地不见石棺墓。

（3）葬制方面，均流行土葬和火葬。只是下坂地墓地青铜时代墓葬以土葬为主，火葬仅占六分

① 中国社会科学院考古研究所编：《中国考古学中碳十四年代数据集（1965～1991）》，文物出版社，1991年。

之一左右；香宝宝墓地土葬和火葬数量几乎相等①。

（4）火葬墓葬法方面，在墓室内直接火化后掩埋和火化后拣拾大块骨殖异地重新掩埋两种葬法共存。其中香宝宝墓地火葬墓中采用在墓室内直接火化葬法的仅1例（M27），采用火化后拣拾大块骨殖异地重新掩埋葬法的18例。而下坂地墓地采用墓室内直接火化后掩埋葬法的占18例，采用火化后拣拾大块骨殖异地重新掩埋葬法的4例。

（5）在随葬品方面，均以陶器为主，其中下坂地墓地青铜时代墓葬多平底器，束颈罐占绝大多数，釜的数量很少；而香宝宝墓地多圜底器，釜占绝大多数，平底器比较少。两处墓地均出圜底罐，但是数量很少；金属器比较少，仅见少量铜、铁器。其中香宝宝墓地有5座墓出铁器，而且出铁器的墓葬与其他墓葬混杂一处，无明显的分布范围，有铁器墓葬和无铁器墓葬在墓葬形制、葬俗葬式和出土遗物等方面也无明显的差别。而下坂地青铜时代墓葬中不见铁器。

5.“下坂地类型”与“香宝宝类型”的年代序列

有的学者曾将香宝宝墓地命名为“香宝宝类型”②。笔者认为香宝宝类型应指香宝宝墓地中以第二、三期墓葬为代表的一类考古学文化。

从年代序列上看，“下坂地类型”与香宝宝墓地第一期相当，下坂地青铜时代第二期与香宝宝墓地的第二、三期（即“香宝宝类型”）年代相同。两者在年代序列和文化延续上具有前后衔接的特点。

三　下坂地青铜时代第二期墓葬与中亚地区诸文化的关系

前苏联曾在西帕米尔高原的帕米尔河、阿克苏河流域和阿赖山地区发掘了一批塞克时期的墓葬③。“这些古墓出土的陶器主要是圆球状陶器，以带塑造而不是胎模，表面经过涂饰，有几种凸凹形状，有的敞口，有的细口（带小柄），断面甚对称，一般未加装饰；天山出土物经过中度烧制，以

① 据原报告，香宝宝墓地实际上有墓室的墓葬37座，其中火葬墓19座，土葬墓18座。但是原划归火葬墓的M19、M20“墓室上部均散布有骨灰和未烧尽的残骨碎块，还夹杂有木炭，系火葬墓无疑，但在墓室底部却都埋有未经火化的骨架”。对照报告中所附该两座墓葬的平面图，笔者认为M19、M20墓室是为下层人骨修建的，上层骨灰是后来撒（散布）在墓室内的，应该归入土葬墓。对于墓室上部的骨灰，由于原报告对骨灰散落处填土的差别、具体层位等情况没有交代清楚，无法确知骨灰的来源。仅据现有资料推测其来源可能有三：一种情况是与下层人骨没有直接的关系，是回填时放入的其他个体的骨灰；一种情况是与下层人骨没有直接的关系，是经过一段时间之后再次打开后放入的其他个体的骨灰；还有一种情况是下层人骨在埋葬一段时间后出于某种原因二次被打开，将部分骨骼翻出就地火化后再回填的。诚如是，则香宝宝墓地中火葬墓应该是17座，土葬墓20座，火葬墓所占比例远较下坂地墓地高得多。

② 安志敏：《塔里木盆地及其周围的青铜文化遗存》，《考古》1996年第12期；陈戈：《关于如何认识和界定新疆青铜时代文化的讨论》，《中国文物报》1997年6月1日学术版；水涛：《中国西北地区青铜时代考古论集》，科学出版社，2001年。

③ （苏）伯恩施坦著，黄振华译：《塞族考古》，《新疆和中亚考古译文集》，新疆维吾尔自治区博物馆，1985年；弗鲁姆金：《苏联中亚考古》，新疆维吾尔自治区博物馆，1981年。

卵石为原料，断裂面呈红色。哈喇套出土物经过轻度烧制，以松土调水为原料，断裂面呈黑色。这些陶器都很结实，经常涂以红色或黄色，费尔干－阿赖地区的出土物有的还带几何纹。”① 在楚斯特文化中也见有圜底壶等圜底器②。下坂地墓地青铜时代第二期墓葬中出土的圜底钵、双耳圜底罐等与上述诸文化中所出的同类器较相似。

塞克墓葬的时代则约在公元前7～前4世纪，其时代大致与下坂地墓地青铜时代第二期墓葬的时代较为接近。楚斯特文化的年代在公元前二千纪后期和一千纪前期。但是楚斯特文化中出土的圜底钵已经有折肩的现象出现，与新疆地区库兰萨日克墓地③、包孜东墓地④、尼雅遗址⑤、山普拉墓地⑥和扎滚鲁克墓地⑦等地出土的折肩钵形制相同，从年代上看应该较下坂地墓地第二期墓葬年代晚。

关于下坂地青铜时代第二期墓葬产生的问题，有的学者认为“七河地和天山的塞克－乌孙文化是在南西伯利亚民族（尤其是安德罗诺夫阶段的民族）的强烈影响之下产生的……这种南西伯利亚影响还扩及西南部，并且显然到达东帕米尔，甚至可能绕过费尔干而直接从天山传到色勒库尔”⑧。下坂地墓地青铜时代第二期墓葬的产生不排除与上述民族大迁移活动有关。

四　下坂地汉唐时期墓葬与周边地区的关系

下坂地墓地汉唐时期第一期墓葬中出现箱式木棺类葬具，这类葬具在民丰尼雅遗址59墓地⑨和95墓地⑩、尉犁营盘墓地⑪与和静察汗乌苏墓地⑫都有出土。圜底罐在上述墓地中也有出土。下坂地

① （苏）伯恩施坦著，黄振华译：《塞族考古》，《新疆和中亚考古译文集》，新疆维吾尔自治区博物馆，1985年。

② A. H. 丹尼、V. M. 马松主编：《中亚文明史》第一卷，中国对外翻译出版公司，2002年。

③ 新疆文物考古研究所：《阿合奇县库兰萨日克墓地发掘简报》，《新疆文物》1995年第2期。

④ 新疆维吾尔自治区博物馆等：《温宿县包孜东墓葬群的调查和发掘》，《新疆文物》1986年第2期。

⑤ 新疆维吾尔自治区博物馆考古队：《新疆民丰大沙漠中的古代遗址》，《考古》1961年第3期。

⑥ 新疆维吾尔自治区博物馆：《洛浦县山普拉古墓发掘报告》，《新疆文物》1989年第2期；新疆文物考古研究所：《洛浦县山普拉Ⅱ号墓地发掘简报》，《新疆文物》2000年第1、2期；新疆维吾尔自治区博物馆、新疆文物考古研究所：《中国新疆山普拉：古代于阗文明的揭示与研究》，新疆人民出版社，2001年。

⑦ 巴音郭楞蒙古自治州文管所：《且末县扎洪鲁克古墓葬1989年清理简报》，《新疆文物》1992年第2期；新疆博物馆文物队：《且末县扎滚鲁克五座墓葬发掘报告》，《新疆文物》1998年第3期；新疆博物馆等：《新疆且末扎滚鲁克一号墓地》，《新疆文物》1998年第4期；新疆博物馆等：《且末扎滚鲁克二号墓地发掘简报》，《新疆文物》2002年第1、2期；新疆维吾尔自治区博物馆等：《新疆且末扎滚鲁克一号墓地发掘报告》，《考古学报》2003年第1期。

⑧ （苏）伯恩施坦著，黄振华译：《塞族考古》，《新疆和中亚考古译文集》，新疆维吾尔自治区博物馆，1985年。

⑨ 李遇春：《新疆民丰县北大沙漠中古遗址墓葬区东汉合葬墓清理简报》，《文物》1960年第6期。

⑩ 中日共同尼雅遗迹学术考察队：《中日共同尼雅遗迹学术调查报告书》（第一卷），1996年。

⑪ 新疆文物考古研究所：《尉犁县营盘15号墓发掘简报》，《新疆文物》1998年第2期；新疆文物考古研究所：《新疆尉犁营盘墓地1995年发掘报告》，《新疆文物》2001年第1、2期；艾克拜尔：《1995年尉犁县营盘墓葬发掘收获》，《新疆文物》1996年第3期；新疆文物考古研究所：《新疆尉犁县营盘墓地1999年的发掘》，《新疆文物》2001年第3、4期。

⑫ 新疆文物考古研究所：《和静县察汗乌苏古墓群考古发掘新收获》，《新疆文物》2004年第4期。

墓地汉唐第一期墓葬可能和上述遗存之间存在一定的联系。在时代上也比较接近。至于下坂地墓地汉唐第二期墓葬，限于资料的原因，目前尚无法做进一步分析。

第二节　关于下坂地墓地火葬墓的问题

一　两种火葬方式的选择问题

下坂地墓地共有火葬墓23座，火葬方式有两种，第一种是在墓室内火化后直接掩埋，第二种是在异地火化后再把成块的骨殖收集起来掩埋。统计分析发现：石棺火葬墓均采用第一种火葬方式，竖穴火葬墓则是两种火葬方式并存。

石棺火葬墓由于墓室浅小，容积非常有限，不可能将一具完整的尸体放进去火化，很有可能采取的是将骨骼火化的方式。至于这些尸体最初的埋葬状态则无从得知。

竖穴火葬墓中采取第一种方式的墓室也很浅小，其火化方式也应是骨骼火化；采取第二种火葬方式的墓室多比较大。有的墓内只有一堆骨殖，有的墓内有两、三堆骨殖，还有的是骨殖和尸体合葬。墓室内多放置随葬品。其中有两座墓的墓室结构比较独特：AⅡM57墓室规格与土葬墓墓室规格相同，但是在墓室北部靠墓壁斜向放置一块大片石，将墓室分为南、北两部分。墓室南部被火烧过，片石正面、墓底和墓室南半部分墓壁发红，烟熏痕明显；墓底靠近片石处有一堆灰烬，内含大量木炭、骨灰。北半部分由于被片石隔挡，墓壁不见火烧和烟熏的痕迹，底部有一层草。我们认为在进行火葬活动之前，先放入一块片石将墓室缩小，然后进行火葬活动。AⅡM86墓室规格与土葬墓的相同，但是在墓室内举行火葬活动前先用片石和土将墓室四周填上，仅在中间预留一个很小的墓坑。整个火葬活动就在小墓坑内进行，之后再把墓坑清理干净。在墓坑底放一块小片石，石上放置一堆捡拾干净的骨殖和一件陶器。

由此我们可以得出这样的结论：在下坂地墓地的火葬墓中，不同的火葬方式对墓室形制、大小的要求不同，火化方式也不同。不同的火葬方式决定其是否放入随葬品。采取第一种火葬方式的墓室一般比较小，有的墓室上部有石棺，有的墓葬还特意将墓室改小。这一类墓葬所采取的火化方式可能是骨骼火化，随葬品也比较少。至于这些火葬墓是否存在多次使用的现象，目前由于资料的限制还不得而知。采取第二种火葬方式的墓葬墓室一般比较大，有的墓室内只放置一堆骨殖，有的则放置二、三堆骨殖，有的甚至是骨殖和尸体合葬，放入骨殖的同时也放置一定数量的随葬品。

为什么在同一座墓地中采取两种火葬方式，其目的是什么？究竟什么人采用第一种火葬方式，什么人采用第二种火葬方式，目前尚无法做进一步推断。但是有一点是明确的，那就是火葬墓内残留的骨殖都比较厚大，应属于成年人所有。

二 火葬墓的成因

对于在同一墓地中火葬墓与土葬墓共存的现象，有的学者在分析香宝宝墓地时指出："帕米尔墓地的土葬与火葬，实际上是当时社会中财富占有阶层和贫穷阶层所实行的不同葬俗"，"实行火葬者可能由于生前生活极度贫穷而无法像土葬者那样随葬物品，实行火葬或许是希望灵魂摆脱现实的贫困而升入天堂"①。但是在下坂地墓地中随葬品的多寡与埋葬方式之间并不存在必然的联系，火葬墓如AⅡM62随葬品多达二十余件，数量远超土葬墓，而且种类更为丰富，不仅有陶器，还有木、铜器等。

统计数据表明，下坂地墓地特别是青铜时代第一期墓葬中实行一次葬的都是土葬墓，实行二次葬的是火葬墓。个别土葬墓虽然实行二次葬，但是属于迁葬后形成的空墓。从这些墓中迁出的骨骼，不排除也进行了火葬。另外，在我国东北地区也存在一次葬者未烧，专烧二次葬者的情况②。

三 火葬墓出现的原因

关于火葬墓出现的原因，大多数学者根据史料和民族学材料推断其可能源自原始宗教中灵魂不灭的观念。据《墨子·节葬下》记载："秦之西有仪渠之国者，其亲戚死，聚柴薪而焚之。熏上，谓之登遐，然后成为孝子。"这反映出人们希望通过火葬这种形式让亡者灵魂升天，以寄托生者的哀思和美好祝愿。笔者认为火葬的出现应该与借助火来净化尸身的古老信仰有关。古人希望通过火葬达到驱除不祥、涤荡污秽、纯净身体的目的。

火葬作为一种非常古老的葬俗，早在我国甘青地区的半山类型③、寺洼文化④和卡约文化⑤等均有存在。其方式有三种：一是焚烧后捡骨入罐下葬；二是先埋葬，然后再掘穴焚棺、尸；三是将焚烧的尸骨葬入墓穴。在中亚的安德罗诺沃文化、塔加尔文化、塔施提克文化和萨尔马特文化中均有火葬墓发现。在巴克特里亚的瓦克什文化中25%的墓葬为火葬⑥。"在早期图尔哈遗址中有一些埋以火葬骨灰的墓葬，在墓室内有凹穴，上面覆盖着扁平石板或者细长石块。地面上则撒以焚烧的细小人骨、灰烬和炭，坑内置石块，组成'卐'形，或者具有四根'辐条'的圆圈。在这些土坑中偶然也会见到一些模制的，烧制质量很差的陶器小残片，不过已无法将

① 刘学堂：《新疆地区早期火葬墓及其相关问题试析》，《西北民族研究》1997年第2期。

② 木易：《东北先秦火葬习俗试析》，《北方文物》1991年第1期。

③ 甘肃省博物馆等：《兰州花寨子"半山类型"墓葬》，《考古学报》第1980年2期。

④ 夏鼐：《临洮寺洼山发掘记》，《中国考古学报》第4册，1949年。

⑤ 青海省文物考古研究所等：《青海化隆县半主洼卡约文化墓葬发掘简报》，《考古》1996年第8期；青海省湟源县博物馆：《青海省湟源县大华中庄卡约文化墓地发掘简报》，《考古与文物》1985年第5期。

⑥ A. H. 丹尼、V. M. 马松主编：《中亚文明史》第一卷，中国对外翻译出版公司，2002年。

其形状复原了”[①]。在南亚的印度干达拉墓葬文化和巨石文化中同样存在。在印度河上游戈马尔墓葬文化中也有火葬墓的痕迹。其埋葬方式如下：“最初，在地上挖出一个圆形墓坑，深约1.5米，坑底铺上一层木材火葬堆，动物（当是用以献祭而被宰杀）则置于墓坑的中部，上面再覆一层木材堆及松散的土层，一端留出燃火的通道。然后用黏土封填，而在这黏土封填层的顶上又铺设一层木柴，死者便搁在上面，同时置放其他随葬品。整个墓葬用黏土封填，似乎火是在墓堆封闭后再点燃的，嗣后不再打开墓穴。”[②]。

下坂地墓地的火葬方式与我国西北地区早期文化有明显差异，与中亚、南亚地区早期文化中使用的火葬方式接近甚至相同。因此应该与后者之间的关系更为密切，有可能是在后者的影响下产生的。

第三节 结 语

通过对下坂地墓地三个时期墓葬的分析，试图展现下坂地墓地诸时期文化的发展变化进程及其与周边文化的关系。

1. 文化特征与年代

以下坂地青铜时代第一期墓葬为代表的下坂地类型是一支具有地域特色的地方性考古学文化类型，其与广布于欧亚草原的青铜时代最为重要的考古学文化之一——安德罗诺沃文化具有非常紧密的联系，可能是在安德罗诺沃文化的影响下产生的一种地方文化类型，其时代距今约3500～3300年，相当于安德罗诺沃文化的中晚期。

下坂地青铜时代第二期墓葬的文化内涵则与同地区的香宝宝类型相同，应属于同一考古学文化的遗存，其时代距今约2600年。

下坂地汉唐时期第一期墓葬可能与尼雅95墓地、营盘墓地时代相近，其时代距今约1800年。

下坂地汉唐时期第二期墓葬的时代则可能到了唐代。由于该类型墓葬仅一座，文化特征不明显，还无法进行更深入的讨论。

以BⅠ、BⅥ号墓地为代表的一批明清时期墓葬时代虽然较晚，但是对于研究帕米尔高原近代民族分布、种族构成、社会习俗等方面提供了十分难得的一批资料。其埋葬习俗与现代塔吉克民族的葬俗相吻合，如地面有石质封堆，墓室为圆角长方形竖穴，有石室或者土坯室；墓向西北，少部分因地势而略微呈北偏东；单人一次葬为主，有少量单人二次葬；葬式为仰身直肢；面向右侧，朝向麦加方向；一手置于腹部；无随葬品。

---

① A. H. 丹尼、V. M. 马松主编：《中亚文明史》第一卷，中国对外翻译出版公司，2002年。

② A. H. 丹尼、V. M. 马松主编：《中亚文明史》第一卷，中国对外翻译出版公司，2002年。

2. 文化联系

下坂地墓地，特别是以下坂地墓地第一期墓葬为代表的下坂地类型与香宝宝类型同处于帕米尔地区，地域上非常接近，文化内涵上联系紧密。属于同一地方性考古学文化的不同发展阶段。安德罗诺沃文化的分布范围虽然远离帕米尔地区，但是与下坂地类型之间存在着文化上的传承关系。

由于下坂地类型的遗存仅仅发现于帕米尔地区，遗迹点较少，仅就目前掌握的材料尚无法勾勒出其大致的分布范围，对于其族属、社会组织及经济形态等也无法做深入探讨①，这一切还有待今后考古材料来加以弥补。

① 韩康信先生曾经对香宝宝墓地出土的人头骨做过体质人类学分析，详见韩康信：《塔什库尔干塔吉克自治县香宝宝古墓出土人头骨》，《丝绸之路古代居民种族人类学研究》，新疆人民出版社，1993 年。

附表 下坂地墓地墓葬登记表

（长度单位：米）

墓地	墓号	封堆	墓葬形制		墓向（度）	人数	年龄	性别	葬俗			葬式				随葬器物	备注	时期
		形制	形制	尺寸					一次葬	二次葬	火葬	仰身直肢	仰身屈肢	侧身屈肢	俯身屈肢			
AⅠ号墓地	AⅠM1	石堆															无墓室	
	AⅠM2	石堆															无墓室	
	AⅠM3	石堆															无墓室	
	AⅠM4	石堆															无墓室	
	AⅠM5	石堆															无墓室	
	AⅠM6	石堆															无墓室	
	AⅠM7	石堆															无墓室	
	AⅠM8	石堆	圆角长方形	1.65×0.53－0.58	259°	1	成年	女		√		√				木盘1、木钵1、纺织品1		汉唐一期
	AⅠM9	石堆	椭圆形	2.2×1.9－0.8	90°/270°												无人骨	汉唐一期
	AⅠM10	石围	圆角长方形	2.11×0.77－0.59	270°	1	成年	女	√			√				陶罐1、纺织品1		汉唐一期
	AⅠM11	石堆															无墓室	
	AⅠM12	石围	不规则长方形	1.05×0.88－0.26	90°/270°						√							汉唐一期
	AⅠM13	石堆、石棺	圆角长方形	0.8×0.58－0.14	10°/190°						√							汉唐一期
	AⅠM14	石围	圆角长方形	1.9×（0.6～0.76）－0.56	270°	2	成年	男1、女1	√			√						汉唐一期
	AⅠM15	石围	长方形	2.36×0.8－0.67	263°	1	成年	女		√						葫芦罐1、布枕1		汉唐一期

续附表

墓地	墓号	封堆	墓葬形制		墓向（度）	人数	年龄	性别	葬俗			葬式				随葬器物	备注	时期
		形制	形制	尺寸					一次葬	二次葬	火葬	仰身直肢	仰身屈肢	侧身屈肢	俯身屈肢			
A Ⅰ号墓地	A Ⅰ M16		椭圆形	0.97×0.83－（0.2～0.28）	90°/270°						√							汉唐一期
	A Ⅰ M17		不规则长方形	1.24×0.71－（0.54～0.58）	108°/288°												空墓	汉唐一期
A Ⅰ D墓地	A Ⅰ DM1															陶罐底1、皮靴1		青铜一期
A Ⅱ号墓地	A Ⅱ M1	石堆	圆角长方形	1.1×0.7－（0.18～0.4）	306°	1	不详	不详		√						陶束颈罐1		青铜一期
	A Ⅱ M2	圆形石堆															无墓室	
	A Ⅱ M3	圆形石堆															无墓室	
	A Ⅱ M4	石堆	圆角长方形	1.3×（0.45～0.9）－（0.14～0.33）	86°	1	成年	女	√					√		陶束颈罐1、铜耳环2、铜手镯2		青铜一期
	A Ⅱ M5A	石堆	椭圆形	（0.53～0.92）－0.1	112°	1	婴儿		√					√		铜耳环1		青铜一期
	A Ⅱ M5B		圆角方形	0.5×0.45－（0.2～0.32）	85°	1	婴儿			√						纺织品残片2		
	A Ⅱ M5C		圆角长方形	0.5×0.35－（0.42～0.5）	280°	1	婴儿			√						陶杯1		
	A Ⅱ M5D		椭圆形	（0.3～0.4）－0.05	358°	1	婴儿			√						陶束颈罐1		

续附表

墓地	墓号	封堆	墓葬形制		墓向（度）	人数	年龄	性别	葬俗			葬式				随葬器物	备注	时期
		形制	形制	尺寸					一次葬	二次葬	火葬	仰身直肢	仰身屈肢	侧身屈肢	俯身屈肢			
AⅡ号墓地	AⅡM6	石围石堆	圆角长方形	1.5×1.3－0.54	277°	1	成年	男	√						√	陶束颈罐1		青铜一期
	AⅡM7		圆角长方形	1.16×0.73－(0.36～0.44)	160°/340°	1					√							青铜一期
	AⅡM8	石围石堆	圆角长方形	1.2×0.9－1.1	272°	1	成年	男	√						√			青铜一期
	AⅡM9	石堆	圆角长方形	1.28×1.2－0.64	123°/303°						√							青铜一期
	AⅡM10	石堆														陶罐底1	无墓室	青铜一期
	AⅡM11	石堆	圆角长方形	0.44×0.32－0.11	163°/343°											小动物骨骼		青铜一期
	AⅡM12	土堆	圆角长方形	0.96×0.61－(0.3～0.36)	104°/284°	1	不明	不明		√						陶束颈罐1		青铜一期
	AⅡM13	石堆	长方形竖穴偏室	竖穴2.2×0.74－1.2 偏室2×0.76－1.2	115°	1	成年	男	√			√				铁刀2、铁镞2、木钵1、木罐1、木刀鞘1、弓1、弓箙1、马鞍1、核桃4、残铁器1、马1、羊骨		汉唐二期

续附表

墓地	墓号	封堆	墓葬形制		墓向（度）	人数	年龄	性别	葬俗			葬式				随葬器物	备注	时期
		形制	形制	尺寸					一次葬	二次葬	火葬	仰身直肢	仰身屈肢	侧身屈肢	俯身屈肢			
AⅡ号墓地	AⅡM14	石堆	椭圆形	0.96×0.88－0.1	174°/354°						√							青铜一期
	AⅡM15	石围石堆	圆角长方形	0.84×0.54－0.52	278°	1	婴幼儿		√					√		陶罐底1		青铜一期
	AⅡM16	石堆	圆角长方形	0.75×0.42－0.32	255°	1	婴儿		√					√		陶罐底1		青铜一期
	AⅡM17	石围	椭圆形	0.63×0.44－(0.2～0.4)	105°/285°						√							青铜一期
	AⅡM18	石围石堆	圆角长方形	1.7×1－1	110°	3	成年	男1、女2	√	√				√		陶钵1、陶釜4、双耳罐1、带柄木勺1、铜戒指1、陶片1		青铜二期
	AⅡM19	石围	圆角长方形	0.87×0.6－0.7	276°	1	婴儿		√					√		陶杯1、铜泡1		青铜一期
	AⅡM20	石围	圆角长方形	1.16×0.76－0.8	276°	1	未成年	女	√					√		陶碗1、木片2		青铜一期
	AⅡM21	石围	圆角长方形	0.74×0.44－0.56	290°	1	婴儿		√					√		陶罐底1		青铜一期
	AⅡM22	石围	圆角长方形	0.76×0.56－0.6	255°	1	婴儿		√					√		残陶罐底1		青铜一期
	AⅡM23	石棺	圆角长方形	0.82×0.74－0.32	120°/300°						√					陶片1		青铜一期

续附表

墓地	墓号	封堆	墓葬形制		墓向（度）	人数	年龄	性别	葬俗			葬式				随葬器物	备注	时期
		形制	形制	尺寸					一次葬	二次葬	火葬	仰身直肢	仰身屈肢	侧身屈肢	俯身屈肢			
AⅡ号墓地	AⅡM24	石围	圆角长方形	1.36×0.85－1.34	247°	1	成年	男	√					√		陶束颈罐1		青铜一期
	AⅡM25	石围	圆角长方形	0.94×0.74－0.55	338°	1	不明	不明		√								青铜一期
	AⅡM26		圆角长方形	1.21×0.84－0.68	320°	1	成年	女	√						√	陶罐底1		青铜一期
	AⅡM27	石棺	椭圆形	0.64×0.74－0.36	67°/247°						√					陶罐底1、铜手镯1		青铜一期
	AⅡM28	石围	圆角长方形	0.76×0.46－0.4	105°	1	婴儿		√					√		陶束颈罐1		青铜一期
	AⅡM29		圆角长方形	1.44×1.2－0.7	232°	2	成年	男1、骨殖1	√		√			√		陶束颈罐1		青铜一期
	AⅡM30		圆角长方形	1.34×0.96－1.06	281°	1	成年	男	√						√	陶束颈罐1		青铜一期
	AⅡM31	石围	圆角长方形	1.34×1.1－0.94	259°	2	成年	男1、女1	√						√	陶束颈罐1、陶碗1、羊头1		青铜一期
	AⅡM32	石围	圆角长方形	1.35×1.1－0.88	280°	1	成年	女	√						√	银耳环2、铜手镯2、铜足链1、木钵1、木铲1		青铜一期
	AⅡM33	石棺	圆角长方形	0.81×0.76－0.3	72°/252°						√							青铜一期

续附表

墓地	墓号	封堆	墓葬形制		墓向（度）	人数	年龄	性别	葬俗			葬式				随葬器物	备注	时期
		形制	形制	尺寸					一次葬	二次葬	火葬	仰身直肢	仰身屈肢	侧身屈肢	俯身屈肢			
AⅡ号墓地	AⅡM34	石棺	圆角长方形	0.41×0.34－0.3	28°/208°						√					黄毛山羊1		青铜一期
	AⅡM35	石堆	圆角长方形	0.96×0.66－0.56	259°	1	婴儿		√					√		陶碗1		青铜一期
	AⅡM36	石围石堆	圆角长方形	1.4×1.16－1	270°	2	成年、婴幼	女1	√						√	陶束颈罐2、羊骨		青铜一期
	AⅡM37	石堆	椭圆形	0.86×0.68－0.48	80°/260°						√					陶束颈罐1		青铜一期
	AⅡM38	石堆	圆角长方形	0.7×0.32－0.4	85°/265°												空墓	青铜一期
	AⅡM39		圆角长方形	1.43×0.78－0.96	270°	1	成年	女	√					√		铜戒指1、铜耳环1、木铲1、木片1		青铜一期
	AⅡM40	石堆	圆角长方形	0.46×0.34－0.47	232°	1	婴儿		√						√	陶罐底1		青铜一期
	AⅡM41	石围石堆	圆角长方形	1.6×1.36－0.84	112°/292°	1	成年	不明		√						陶束颈罐2		青铜一期
	AⅡM42	石围	圆角长方形	1.15×0.88－1	292°	1	成年	女	√					√		陶束颈罐1、铜手镯2、铜耳环2、铜足链1		青铜一期

续附表

墓地	墓号	封堆	墓葬形制		墓向（度）	人数	年龄	性别	葬俗			葬式				随葬器物	备注	时期
		形制	形制	尺寸					一次葬	二次葬	火葬	仰身直肢	仰身屈肢	侧身屈肢	俯身屈肢			
A Ⅱ号墓地	A Ⅱ M43		圆形	0.81－0.7	320°	1	婴儿		√					√		陶罐底1		青铜一期
	A Ⅱ M44	石围	圆角长方形	0.65×0.4－0.5	68°/248°												空墓	青铜一期
	A Ⅱ M45	石围	圆角长方形	1.12×0.7－0.65	254°	1	成年	男	√				√			陶杯1		青铜一期
	A Ⅱ M46	石围	圆角长方形	1.06×0.72－0.74	110°	1	成年	女	√					√		陶束颈罐1		青铜一期
	A Ⅱ M47	石围	圆角长方形	1.44×0.85－0.93	276°	1	成年	女	√					√		陶束颈罐1、羊头1		青铜一期
	A Ⅱ M48	石围	圆角长方形	1.24×0.98－0.8	300°	1	成年	男	√					√		陶束颈罐1、羊头1		青铜一期
	A Ⅱ M49	石围	圆角长方形	0.7×0.5－0.42	160°/340°												空墓	青铜一期
	A Ⅱ M50	石棺	圆角长方形	0.8×0.35－0.36	98°/278°						√							青铜一期
	A Ⅱ M51		长方形	1.04×0.68－0.62	290°	1	未成年	女	√					√		陶束颈罐1		青铜一期
	A Ⅱ M52A	石堆	圆角长方形	1.25×1－0.7	19°	2	成年	男1、女1	√					√		陶束颈罐2、铜泡1、木盘1、木结具1		青铜一期
	A Ⅱ M52B		圆形	0.92－0.72	287°	1	婴儿		√					√		陶罐底1		
	A Ⅱ M53	石堆	圆角长方形	1.52×0.92－0.7	105°/285°												空墓	青铜一期
	A Ⅱ M54	石堆	圆角长方形	1.24×1－1.2	125°	1	成年	女	√					√		木单耳杯1、羊骶骨1		青铜一期

续附表

墓地	墓号	封堆	墓葬形制		墓向（度）	人数	年龄	性别	葬俗			葬式				随葬器物	备注	时期
		形制	形制	尺寸					一次葬	二次葬	火葬	仰身直肢	仰身屈肢	侧身屈肢	俯身屈肢			
AⅡ号墓地	AⅡM55	石围	圆角长方形	1.04×0.9－0.96	297°	1	婴儿		√					√		陶碗1		青铜一期
	AⅡM56	石堆	不规则长方形	1×0.85－0.8	294°	1	婴儿		√					√		陶罐底1		青铜一期
	AⅡM57	石堆	圆角长方形	1.14×0.78－1.08	75°/255°						√							青铜一期
	AⅡM58	石堆	圆角长方形	1×0.62－0.66	143°/323°											陶束颈罐1	无人骨	青铜一期
	AⅡM59	石堆	圆角长方形	1.9×1.5－0.5	19°/199°											陶碗1	无人骨	青铜一期
	AⅡM60																无墓室	
	AⅡM61	石堆	圆角长方形	1.52×0.78－0.82	270°	1	成年	男	√					√		陶束颈罐1、山羊头1		青铜一期
	AⅡM62	石堆	长方形	30.7×1.15－1.2	280°	3					√					陶杯10、陶束颈罐3、木钵1、木盘8、铜珠1组、纺织品1、羊骨1		青铜一期
	AⅡM63	石堆	圆形	0.58－0.24	80°/260°	1					√					陶束颈罐1		青铜一期
	AⅡM68	石堆	长方形	2.35×1.55－1.8	102°											动物骨骼		汉唐一期
	AⅡM69	石堆															无墓室	
	AⅡM70A	石堆	圆角长方形	1.7×0.6－0.5	101°/281°												空墓	汉唐一期
	AⅡM70B		椭圆形	1.1×0.9－0.72	90°/270°											陶片少许		
	AⅡM70C		不规则长方形	1.6×0.5－0.32	90°/270°												空墓	
	AⅡM70D		不规则长方形	1.05×0.5－0.35	90°/270°												空墓	
	AⅡM71	石堆															无墓室	

续附表

墓地	墓号	封堆	墓葬形制		墓向（度）	人数	年龄	性别	葬俗			葬式				随葬器物	备注	时期
		形制	形制	尺寸					一次葬	二次葬	火葬	仰身直肢	仰身屈肢	侧身屈肢	俯身屈肢			
AⅡ号墓地	AⅡM72A	石堆	长方形	2×0.38－0.32	80°/260°											动物骨骼		汉唐一期
	AⅡM72B		长方形	1.82×0.45－0.3	80°/260°											陶片、动物骨骼		
	AⅡM73	石堆	长方形	2.9×1.48－0.37	0°/180°												空墓	汉唐一期
	AⅡM74	石堆	椭圆形	0.73×0.55－0.9	0°/180°											马牙1		汉唐一期
	AⅡM75		长条形														无墓室	
	AⅡM76		椭圆形														无墓室	
	AⅡM77		圆角长方形	2.4×0.73－0.65	195°	1	成年	女		√		√				木钵1		汉唐一期
	AⅡM78		圆角长方形	2.32×0.8－0.64	10°/190°	1	成年	女		√								汉唐一期
	AⅡM79		圆角长方形	2.65×1.02－0.6	100°/280°												空墓	汉唐一期
	AⅡM80		圆角长方形	2.5×0.63－0.64	105°	1	成年	男		√								汉唐一期
	AⅡM81		圆形	1.1－1.1														汉唐一期
	AⅡM82		圆形	1.1－1.05													空墓	汉唐一期
	AⅡM83		圆形	1.06－0.8													空墓	汉唐一期
	AⅡM84	石围	圆角长方形	0.75×0.58－0.55	310°	1	幼儿		√					√		陶罐底1		青铜一期
	AⅡM85	石围	圆角长方形	0.65×0.38－0.6	50°	1	婴儿		√					√		陶罐底1		青铜一期
	AⅡM86	石围石堆	椭圆形	1.42×0.98－0.72	25°/205°	1					√					陶束颈罐1		青铜一期

续附表

墓地	墓号	封堆	墓葬形制		墓向（度）	人数	年龄	性别	葬俗			葬式				随葬器物	备注	时期
		形制	形制	尺寸					一次葬	二次葬	火葬	仰身直肢	仰身屈肢	侧身屈肢	俯身屈肢			
AⅡ号墓地	AⅡM87	石围	椭圆形	0.49×0.4－0.38	278°	1	婴儿		√					√		陶碗1		青铜一期
	AⅡM88	石围	圆角长方形	0.82×0.52－0.52	68°/248°	1				√								青铜一期
	AⅡM89	石围	圆角长方形	0.67×0.49－0.56	87°	1	幼儿		√					√		陶杯1、皮靴1双		青铜一期
	AⅡM90	石围	圆角长方形	1.26×1.02－0.84	80°	1	成年	男	√					√		陶束颈罐1		青铜一期
	AⅡM91	石围	圆角长方形	1.04×0.68－0.95	125°	1	成年	女	√					√		陶杯1		青铜一期
	AⅡM92	石围石堆	圆角长方形	0.97×0.68－0.72	318°	1	幼儿		√					√		陶束颈罐1		青铜一期
	AⅡM93	石围	圆角长方形	1.02×0.55－0.73	106°	1	幼儿		√					√		陶束颈罐1		青铜一期
	AⅡM94	石围	圆角长方形	0.47×0.36－0.52	285°	1	婴儿		√					√		木单耳杯1		青铜一期
	AⅡM95	石围	不规则长方形	0.56×0.42－0.63	160°	1	婴儿		√					√		陶杯1		青铜一期
	AⅡM96		不规则长方形	0.45×0.38－0.53	220°	1	婴幼儿		√					√				青铜一期
	AⅡM97		圆角长方形	1.4×0.77－0.7	273°	1	成年	男	√					√		陶碗1		青铜一期
	AⅡM98		圆形	0.71－0.65	270°	1	成年	女	√					√		陶碗1		青铜一期

续附表

墓地	墓号	封堆	墓葬形制		墓向（度）	人数	年龄	性别	葬俗			葬式				随葬器物	备注	时期
		形制	形制	尺寸					一次葬	二次葬	火葬	仰身直肢	仰身屈肢	侧身屈肢	俯身屈肢			
AⅡ号墓地	AⅡM99		圆角长方形	1.07×0.75－0.6	280°	1	成年	男	√					√		陶束颈罐1		青铜一期
	AⅡM100		椭圆形	1.1×0.9－0.65	273°	1	成年	男	√					√		陶碗1		青铜一期
	AⅡM101		椭圆形	1.16×0.92－(0.42～0.53)	272°	1	成年	女	√					√		陶束颈罐1		青铜一期
	AⅡM102	石围	圆角长方形	1.5×0.94－0.9	298°	2	成年	男1、骨灰1	√					√		陶束颈罐1		青铜一期
	AⅡM103	石围	圆角长方形竖穴偏室	竖穴1.3×0.86－0.82 偏室0.84×0.46－0.7	280°	1	成年	女	√					√		陶束颈罐1		青铜一期
	AⅡM104	石围	圆角长方形	1.31×0.86－1.02	263°	1	成年	男	√						√	木盘1、羊骨1		青铜一期
	AⅡM105	石围	圆角长方形	1.25×0.8－1.14	270°	1	成年	男	√					√		陶束颈罐1		青铜一期
	AⅡM106		椭圆形	0.66×0.41－0.2	80°/260°						√					陶片3		青铜一期
	AⅡM107		不规则长方形	1.14×0.85－0.35	180°	1	成年	女	√					√		陶钵1		青铜二期
	AⅡM108		椭圆形	0.65×0.47－0.34	115°/295°	1					√							青铜一期
	AⅡM109		圆角长方形	1.5×0.6－0.44	135°/315°	1				√						木单耳杯1		青铜二期
	AⅡM110	石围	长方形	4.5×1－0.84	118°/298	2					√					陶束颈罐1、木盘5		青铜一期
	AⅡM111	石棺	椭圆形	0.92×0.44－(0.1～0.25)	125°/305°	1					√					陶片1		青铜一期
	AⅡM112	石围石堆	圆角长方形	1.37×1.16－0.79	95°/275°	1				√						陶束颈罐1、铜珠1		青铜一期

续附表

墓地	墓号	封堆	墓葬形制		墓向（度）	人数	年龄	性别	葬俗			葬式				随葬器物	备注	时期
		形制	形制	尺寸					一次葬	二次葬	火葬	仰身直肢	仰身屈肢	侧身屈肢	俯身屈肢			
AⅡ号墓地	AⅡM113	石围石堆	圆角长方形	0.64×0.52－0.6	85°	1	婴幼儿		√					√		陶碗1		青铜一期
	AⅡM114	石围石堆	圆角长方形	1×0.62－0.79	120°	1	婴幼儿		√					√		陶束颈罐1		青铜一期
	AⅡM115		不规则长方形	2.16×1.22－0.4	90°/270°	1	成年	女		√						琉璃珠1、陶釜1		汉唐一期
	AⅡM116		长方形	1×0.55－0.52	115°/295°												空墓	青铜一期
	AⅡM117	石堆	圆角长方形	1.85×0.75－0.76	88°	1	成年	男	√				√					汉唐一期
	AⅡM118	石堆															无墓室	
AⅢ号墓地	AⅢM1	石堆															无墓室	
	AⅢM2	石堆	不规则	1.63×0.97－0.5	120°/300°					√								明清
AⅤ号墓地	AⅤM1	石堆				2	成年1，未成年1				√						无墓室	汉唐一期
	AⅤM2	石堆															无墓室	
	AⅤM3	石堆															无墓室	
	AⅤM4	石围石堆									√					石锥1、陶片1、动物骨骼	无墓室	汉唐一期
	AⅤM5	石堆															无墓室	
	AⅤM6	石堆														陶片2	无墓室	汉唐一期
	AⅤM7	石堆															无墓室	

续附表

墓地	墓号	封堆	墓葬形制		墓向（度）	人数	年龄	性别	葬俗			葬式				随葬器物	备注	时期
		形制	形制	尺寸					一次葬	二次葬	火葬	仰身直肢	仰身屈肢	侧身屈肢	俯身屈肢			
BⅠ号墓地	BⅠM1		圆角长方形	1.88×0.87－0.88	302°	1	成年	女	√			√						明清
	BⅠM2		圆角长方形	1.9×0.72－0.8	303°	1	成年	男	√			√						明清
	BⅠM3		圆角长方形	1.91×0.89－0.76	310°	1	成年	女	√			√						明清
	BⅠM4		圆角长方形	2.6×0.74－0.82	305°	1	成年	男	√			√						明清
	BⅠM5		圆角长方形	0.76×0.36－0.11	312°	1	婴儿		√			√						明清
	BⅠM6		圆角长方形	1.87×0.73－0.79	320°	1	成年	男	√			√						明清
	BⅠM7		圆角长方形	2.04×0.76－0.6	315°	1	成年	男	√			√				填土中出少许羊骨		明清
	BⅠM8		圆角长方形	2×1－0.6	310°	1	成年	男	√			√						明清
	BⅠM9		圆角长方形	1.9×0.7－0.38	315°	1	成年	女	√			√						明清
	BⅠM10		圆角长方形	1.12×0.42－0.23	300°	1	婴幼儿		√			√						明清
	BⅠM11		圆角长方形	2.24×0.84－0.45	330°	1	成年	女	√			√						明清
BⅣ号墓地	BⅣM1		圆角长方形	2.14×0.58－0.68	355°	1	成年			√								明清
	BⅣM2		圆角长方形	1.85×0.8－0.76	355°	1	成年	男	√			√						明清
	BⅣM3																无墓室	
	BⅣM4	石围石堆	圆角长方形	1.95×0.85－0.94	337°	1	成年	女	√			√						明清
BⅤ号墓地	BⅤM1	石室	圆角长方形	2.48×0.94－1	20°	1	成年	男	√			√						明清
	BⅤM2		圆角长方形	1.6×0.6－0.4	10°	1	未成年			√								明清
	BⅤM3		圆角长方形	1.3×0.55－0.4	20°	1	婴幼儿		√			√						明清
	BⅤM4	石室	圆角长方形	2.01×0.7－0.88	35°	1	成年	女	√			√						明清
	BⅤM5		圆角长方形	1.5×0.7－0.85	0°	1	成年			√								明清

续附表

墓地	墓号	封堆	墓葬形制		墓向（度）	人数	年龄	性别	葬俗			葬式				随葬器物	备注	时期
		形制	形制	尺寸					一次葬	二次葬	火葬	仰身直肢	仰身屈肢	侧身屈肢	俯身屈肢			
BⅤ号墓地	BⅤM6		圆角长方形	1×0.34－0.3	358°	1	未成年		√			√						明清
	BⅤM7		圆角长方形	2.38×0.86－0.76	15°	1	成年	男	√			√						明清
BⅥ号墓地	BⅥM1	土坯室	圆角长方形	1.8×0.8－0.34	320°	1	成年	女	√			√						明清
	BⅥM2	土坯室	圆角长方形	2×0.65－0.5	320°	1	成年	男	√			√						明清
	BⅥM3	土坯室	圆角长方形	2.45×0.78－0.4	325°	1	成年	男	√			√						明清
	BⅥM4	土坯室	圆角长方形	2.3×0.68－0.36	320°	1	成年	男	√			√						明清
	BⅥM5	土坯室	圆角长方形	1.12×0.68－0.32	330°	1	婴幼儿		√			√						明清
	BⅥM6	石室	圆角长方形	2.14×0.7－0.4	330°	1	成年	男	√			√						明清
BⅦ号墓地	BⅦM1	石围	圆角长方形	1.8×0.74－0.52	330°	1	成年	女	√			√						明清
	BⅦM2	石围	圆角长方形	2×0.88－0.7	330°	1	成年	男	√			√						明清
	BⅦM3	石围	圆角长方形	1.95×0.6－0.6	325°												空墓	明清

后　记

2003～2004年，新疆文物考古研究所承担了下坂地墓地的考古发掘，吴勇任领队，先后参加发掘工作的人员有新疆文物考古研究所张铁男、托乎提·吐拉洪、霍宝强、孙海涛，喀什地区文物管理所巴图尔·艾再孜、马木提·阿吉，塔什库尔干塔吉克自治县文体广播电视局地力·萨迪克等。

发掘一结束，整理工作随即展开。张铁男、霍宝强、孙海涛参加了部分资料的整理。田小红、胡望林等同志将墓葬图和器物图进行了数字扫描。

本报告由吴勇执笔。报告中墓葬底图、器物底图主要由吴勇绘制，由周金玲、哈斯也提·阿西木、吴勇等清绘。墓葬摄影主要由吴勇、张铁男完成，器物摄影由刘玉生完成。器物修复由伊力夏提·吐尔逊、佟文康完成。英文提要由中国社会科学院考古研究所丁晓雷翻译。

在墓地发掘和报告整理及编写过程中，得到了新疆维吾尔自治区文物局、喀什地区文物管理所、塔什库尔干塔吉克自治县文体广播电视局等单位的大力支持和帮助；得到考古所领导和诸同仁的指导和帮助；下坂地水利枢纽建设管理局对发掘工作给予了积极的配合。适值本报告付梓之际，谨向给予指导、帮助和关心的以上单位和诸位先生表示衷心谢忱！

吴　勇

Xiabandi Cemetery in Xinjiang

(Abstract)

Xiabandi Cemetery was located in the Xindi and Xia Baldir Villages of Baldir Township, Taxkorgan Tajik Autonomous County, Xinjiang. This cemetery was on the secondary terraces on the two banks of the middle reach of Taxkorgan River in the northeast of Pamir Mountains. To coordinate with the construction of the Xiabandi Water Control Project, in 2003 through 2004, Xinjiang Institute of Cultural Relics and Archaeology excavated all of the 178 tombs of this cemetery. In these tombs, 28 had mounds on the ground but neither graves nor grave goods found, therefore only 150 real tombs were excavated in this cemetery, from which 191 pieces (or sets) of grave goods made of pottery, wood, bronze, silver, stone, glass, iron, etc. were unearthed.

The whole cemetery consisted of ten clusters containing various numbers of tombs. The popular burial types were direct burials with some exceptions of cremation burials. The use of this cemetery lasted for very long time and could be roughly divided into three phases corresponding to the Bronze Age, the Han to Tang Dynasties and the Ming and Qing Dynasties. 92 tombs belonging to the Bronze Age were mainly distributed in three clusters including AⅡ and AⅠD; the 27 tombs belonging to the Han to Tang Dynasties were mainly distributed in three clusters which were AⅠ, AⅡ and AⅤ; the 31 tombs belonging to the Ming and Qing Dynasties were mainly distributed in six clusters including BⅠ, BⅣ, BⅤ and BⅥ.

The 92 tombs belonging to the Bronze Age could be divided into two sub-phases: the absolute dates of the 89 tombs of the sub-phase Ⅰ were around 3500 – 3300 BP and that of the three tombs of the sub-phase Ⅱ were around 2600 BP.

The 89 tombs of the sub-phase Ⅰ of the Bronze Age showed strong consistency and local characteristics in funeral customs. The direct burials mostly had small mounds on the ground and their orientations were mostly northwest. They seldom had burial furniture; some tombs were covered with a layer of wooden boards, wooden posts or stone slabs and a layer of reeds were padded on the bottom. Most of the tombs were single primary burials in flexed on side position with few exceptions of secondary burials. Among the grave goods, the jar with contracting neck, bowl, trumpet-shaped earring and wide-band-shaped bracelet are the typical ones similar to their counterparts in Andronovo Culture, because of which we named this sub-phase as Xiabandi Type of Andronovo Culture.

The tombs of the Han to Tang Dynasties could be dated into two sub-phases: sub-phase Ⅰ had 26 tombs, the absolute dates of which were around 1800 BP; that of the one tomb of sub-phase Ⅱ was around 1400 BP.

The tombs of the Ming and Qing Dynasties represented by the clusters BⅠ and BⅥ provided valuable materials for the researches on the distribution of the ethnic groups, the ethnic composition and folklore in the Pamir Mountains.

彩版

1.AⅠ号墓地

2. AⅡ号墓地（发掘前）

3. AⅡ号墓地（发掘后）

下坂地墓地外景

1. AⅢ号墓地

2. BⅠ号墓地

3. BⅣ号墓地

下坂地墓地外景

1. B Ⅴ号墓地

2. B Ⅵ号墓地

3. B Ⅶ号墓地

下坂地墓地外景

1. 陶罐底（A Ⅰ DM1：1）

3. 陶罐（A Ⅱ M1：1）

2. A Ⅱ M1

4. 陶束颈罐（A Ⅱ M5D：1）

5. 陶杯（A Ⅱ M5C：1）

青铜时代墓葬及出土器物

1.A Ⅱ M4 封堆

3. 陶束颈罐（A Ⅱ M4：3）

2. A Ⅱ M4

4. 铜耳环（A Ⅱ M4：2（2）、2（1））（左—右）

5. 铜手镯（A Ⅱ M4：1（1）、1（2））（左—右）

青铜时代墓葬 A Ⅱ M4 及出土器物

1. A Ⅱ M6 封堆

3. 陶束颈罐（A Ⅱ M12：1）

2. A Ⅱ M6

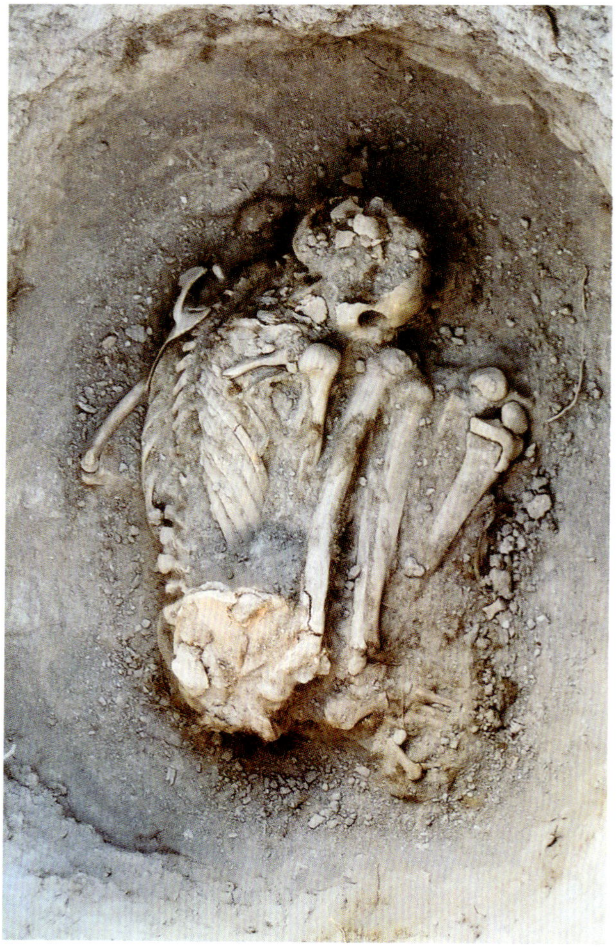

4. A Ⅱ M8

青铜时代墓葬及出土器物

1. AⅡM17

3. AⅡM18 墓室（上层）

2. AⅡM18 石围

4. AⅡM18 墓室（下层）

青铜时代墓葬 AⅡM17、AⅡM18

1. 陶钵（AⅡM18：1）

2. 陶双耳罐（AⅡM18：C：1）

3. 带柄木勺（AⅡM18：2）

4. 陶杯（AⅡM19：1）

5. 铜戒指（AⅡM18：3）

6. 铜泡（AⅡM19：2）

青铜时代墓葬AⅡM18、AⅡM19出土器物

1. A Ⅱ M20

2. 陶碗（A Ⅱ M20：1）

4. A Ⅱ M21 葬具

3. A Ⅱ M21

青铜时代墓葬 A Ⅱ M20、A Ⅱ M21 及出土器物

1. A Ⅱ M22 石围

2. A Ⅱ M23

3. A Ⅱ M24 墓口棚木

青铜时代墓葬 A Ⅱ M22~ A Ⅱ M24

1. A Ⅱ M24

2. 陶束颈罐（A Ⅱ M24：1）

3. A Ⅱ M25 墓口石盖板

4. A Ⅱ M26

5. 陶罐底（A Ⅱ M26：1）

青铜时代墓葬 A Ⅱ M24~A Ⅱ M26 及出土器物

1. A Ⅱ M27

2. 陶罐底（A Ⅱ M27：1）

3. 铜手镯（A Ⅱ M27：2）

4. A Ⅱ M28

5. 陶束颈罐（A Ⅱ M28：1）

青铜时代墓葬 A Ⅱ M27、A Ⅱ M28 及出土器物

1. A Ⅱ M29

2. 陶束颈罐（A Ⅱ M29：1）

3. A Ⅱ M30

4. 陶束颈罐（A Ⅱ M30：1）

5. 陶束颈罐（A Ⅱ M31：2）

青铜时代墓葬 A Ⅱ M29~ A Ⅱ M31 及出土器物

1.A Ⅱ M31

2. A Ⅱ M31 羊头

3. 陶碗（A Ⅱ M31：1）

青铜时代墓葬 A Ⅱ M31 及出土遗物

1. A Ⅱ M32

2. 木钵（A Ⅱ M32：1（1））、木铲（A Ⅱ M32：1（2））

3. 铜手镯（A Ⅱ M32：6、5）（左—右）

4. 铜足链（A Ⅱ M32：2）

5. 银耳环（A Ⅱ M32：4、3）（左—右）

青铜时代墓葬 A Ⅱ M32 及出土器物

1. A Ⅱ M34

2. A Ⅱ M34 羊

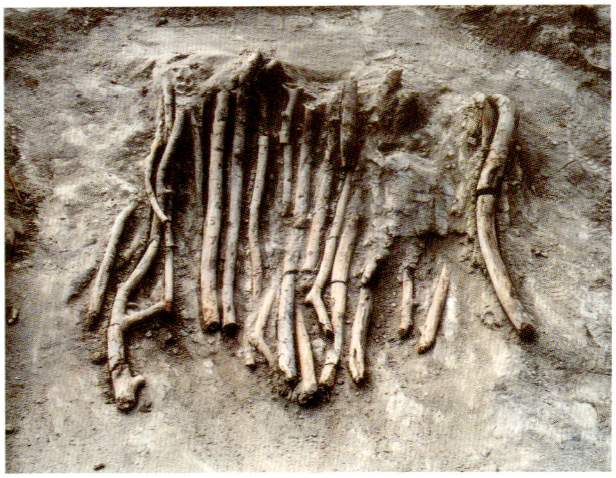

3. A Ⅱ M35 墓口棚木

4. 陶碗（A Ⅱ M35：1）

5. A Ⅱ M35

青铜时代墓葬 A Ⅱ M34、A Ⅱ M35 及出土器物

1. A Ⅱ M36

2. 陶束颈罐（A Ⅱ M36：1）

3. 陶束颈罐（A Ⅱ M36：2）

4. A Ⅱ M37

5. 陶束颈罐（A Ⅱ M37：1）

青铜时代墓葬 A Ⅱ M36、A Ⅱ M37及出土器物

1. A Ⅱ M39

2. 木铲（A Ⅱ M39：2）

3. 铜耳环（A Ⅱ M39：3）

4. 铜戒指（A Ⅱ M39：1）

5. A Ⅱ M40 墓口芨芨草

6. A Ⅱ M40

7. 陶罐底（A Ⅱ M40：1）

青铜时代墓葬 A Ⅱ M39、A Ⅱ M40 及出土器物

1. 陶束颈罐（AⅡM41：2）

2. 陶束颈罐（AⅡM41：1）

3. AⅡM43

4. 陶罐底（AⅡM43：1）

5. 陶杯（AⅡM45：1）

青铜时代墓葬AⅡM41、AⅡM43、AⅡM45及出土器物

1. A Ⅱ M42

3. 铜手镯（A Ⅱ M42：2、3）（左—右）

4. 铜耳环（A Ⅱ M42：5）

2. 陶束颈罐（A Ⅱ M42：1）

5. 铜足链（A Ⅱ M42：6）

青铜时代墓葬 A Ⅱ M42 及出土器物

1. AⅡM46

2. 陶束颈罐（AⅡM46：1）

3. AⅡM47

4. 陶束颈罐（AⅡM47：1）

5. 陶束颈罐（AⅡM48：1）

青铜时代墓葬AⅡM46~AⅡM48及出土器物

1. A Ⅱ M48

2. A Ⅱ M50

3. A Ⅱ M51

4. 陶束颈罐（A Ⅱ M51：1）

青铜时代墓葬 A Ⅱ M48、A Ⅱ M50、A Ⅱ M51 及出土器物

1.AⅡM52

4. 陶束颈罐（AⅡM52A：1）

2. 陶束颈罐（AⅡM52A：5）

5. 木结具（AⅡM052A：4）

6. 铜泡（AⅡM52A：3）

3. 木盘（AⅡM52A：2）

7. 陶罐底（AⅡM52B：1）

青铜时代墓葬AⅡM52及出土器物

1. A Ⅱ M54 石堆

2. A Ⅱ M54

4. A Ⅱ M55

5. 陶碗（A Ⅱ M55：1）

3. 木单耳杯（A Ⅱ M54：1）

青铜时代墓葬A Ⅱ M54、A Ⅱ M55及出土器物

1. A Ⅱ M57

2. 陶束颈罐（A Ⅱ M58：1）

3. A Ⅱ M61

4. 陶碗（A Ⅱ M59：1）

5. 陶束颈罐（A Ⅱ M61：1）

青铜时代墓葬 A Ⅱ M57~ A Ⅱ M59、A Ⅱ M61 及出土器物

1.AⅡM62 地表

2. AⅡM62

3. AⅡM62 墓壁上修补痕迹

4. 陶束颈罐（AⅡM62：1）

青铜时代墓葬AⅡM62及出土器物

1. 陶束颈罐（A Ⅱ M62：9）

2. 陶束颈罐（A Ⅱ M62：11）

3. 陶杯（A Ⅱ M62：2）

4. 陶杯（A Ⅱ M62：3）

5. 陶杯（A Ⅱ M62：4）

6. 陶杯（A Ⅱ M62：5）

青铜时代墓葬 A Ⅱ M62 出土陶器

1. 陶杯（A Ⅱ M62：7）

2. 陶杯（A Ⅱ M62：8）

3. 陶杯（A Ⅱ M62：10）

4. 陶杯（A Ⅱ M62：13）

5. 陶杯（A Ⅱ M62：16）

6. 陶杯（A Ⅱ M62：17）

7. 铜珠（A Ⅱ M62：6）

青铜时代墓葬 A Ⅱ M62 出土器物

1.A Ⅱ M62：12

2. A Ⅱ M62：14

3. A Ⅱ M62：15

4. A Ⅱ M62：18

青铜时代墓葬 A Ⅱ M62 出土木盘

1. 木盘（AⅡM62：20）

2. 木盘（AⅡM62：21）

3. 木盘（AⅡM62：22）

4. 木盘（AⅡM62：24）

5. 木钵（AⅡM62：19）

青铜时代墓葬AⅡM62出土木器

1. A Ⅱ M63

2. 陶束颈罐（A Ⅱ M63：1）

3. A Ⅱ M84 石围

4. 陶罐底（A Ⅱ M84：1）

青铜时代墓葬 A Ⅱ M63、A Ⅱ M84 及出土器物

1.A Ⅱ M86

2. 陶束颈罐（A Ⅱ M86：1）

3. A Ⅱ M87

4. 陶碗（A Ⅱ M87：1）

5. A Ⅱ M89

6. 陶杯（A Ⅱ M89：1）

青铜时代墓葬 A Ⅱ M86、A Ⅱ M87、A Ⅱ M89 及出土器物

1. A Ⅱ M90 石围

2. A Ⅱ M90

3. 陶束颈罐（A Ⅱ M90：1）

4. A Ⅱ M91

5. 陶杯（A Ⅱ M91：1）

青铜时代墓葬 A Ⅱ M90、A Ⅱ M91 及出土器物

1. A Ⅱ M92 人骨

2. 陶束颈罐（A Ⅱ M92：1）

3. 陶束颈罐（A Ⅱ M93：1）

4. 木单耳杯（A Ⅱ M94：1）

5. 陶杯（A Ⅱ M95：1）

青铜时代墓葬 A Ⅱ M92 ~ A Ⅱ M95 及出土器物

1. A Ⅱ M97

2. 陶碗（A Ⅱ M97：1）

3. A Ⅱ M98

4. 陶碗（A Ⅱ M98：1）

5. 陶束颈罐（A Ⅱ M99：1）

6. A Ⅱ M99

青铜时代墓葬 A Ⅱ M97 ~ A Ⅱ M99 及出土器物

1. A Ⅱ M100

3. A Ⅱ M101

2. 陶碗（A Ⅱ M100：1）

4. 陶束颈罐（ A Ⅱ M102：1）

5. A Ⅱ M102

青铜时代墓葬 A Ⅱ M100 ~ A Ⅱ M102 及出土器物

1. A Ⅱ M103

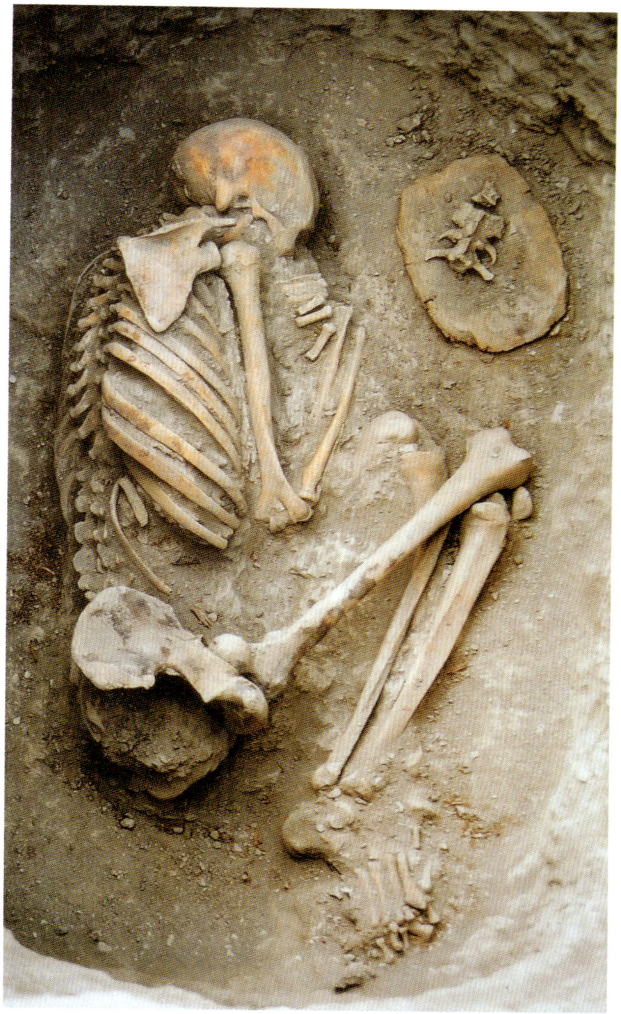

3. A Ⅱ M104

2. 陶束颈罐（A Ⅱ M103：1）

4. 木盘（A Ⅱ M104：1）

青铜时代墓葬 A Ⅱ M103、A Ⅱ M104 及出土器物

1. A Ⅱ M105 石围

2. A Ⅱ M105

3. 陶束颈罐（A Ⅱ M105：1）

4. A Ⅱ M106

青铜时代墓葬 A Ⅱ M105、A Ⅱ M106 及出土器物

1. A Ⅱ M108

2. 木单耳杯（A Ⅱ M109：1）

3.A Ⅱ M111

4. 陶束颈罐（A Ⅱ M112：1）

5. 陶碗（A Ⅱ M113：1）

6. 陶束颈罐（A Ⅱ M114：1）

青铜时代墓葬 A Ⅱ M108、A Ⅱ M109、A Ⅱ M111 ~ A Ⅱ M114 及出土器物

1. A Ⅱ M110

2. 陶束颈罐（A Ⅱ M110：1）

3. 木盘（A Ⅱ M110：2）

4. 木盘（A Ⅱ M110：3）

5. 木盘（A Ⅱ M110：4）

6. 木盘（A Ⅱ M110：5）

青铜时代墓葬 A Ⅱ M110 及出土器物

1. A Ⅰ M8

2. 木盘（A Ⅰ M8：1）

3. 木钵（A Ⅰ M8：2）

4.A Ⅰ M10

5. A Ⅰ M9

汉唐时期墓葬 A Ⅰ M8 ~ A Ⅰ M10 及出土器物

1. 陶罐（AⅠM10：1）

3. 葫芦罐（AⅠM15：1）

2. AⅠM15

4. AⅡM70发掘现场

5. AⅡM70

汉唐时期墓葬AⅠM10、AⅠM15、AⅡM70及出土器物

1. A Ⅱ M13

2. A Ⅱ M13 墓道

4. 木钵（A Ⅱ M13：7）

3. A Ⅱ M13 马鞍

5. 核桃（A Ⅱ M13：8）

汉唐时期墓葬 A Ⅱ M13 及出土遗物

1. A Ⅱ M77~A Ⅱ M80

3. 木钵（A Ⅱ M77：1）

2. A Ⅱ M77

4. A Ⅱ M117

汉唐时期墓葬 A Ⅱ M77~A Ⅱ M80、A Ⅱ M117 及出土器物

1. A Ⅱ M115

2. 琉璃珠（A Ⅱ M115：2）

3. 陶釜（A Ⅱ M115：1）

4. A Ⅴ M4

汉唐时期墓葬 A Ⅱ M115、A Ⅴ M4 及出土器物

1. A Ⅴ M1

2. B Ⅰ M8

3. B Ⅰ M11

4. B Ⅴ M1

汉唐、明清时期墓葬（1为汉唐，余为明清）